| 시편 51편 강해 |

새롭게 하소서

여기, 뼈가 저리고 창자가 끊어지는 심정으로 하나님 앞에 죄악을 토설하며
새로워지기 위해 절규하는 한 사내가 있다.
눈물범벅된 얼굴로 가슴을 치며 울고 또 울며 써 내려간 다윗의 처절한 참회의 서사시

| 소강석 지음 |

쿰란출판사

　시편 51편은 다윗이 밧세바를 범한 후 나단 선지자의 책망을 듣고 처절하게 회개한 고백들이 기록된 열아홉 절의 길지 않은 내용으로 되어 있다. 이 구절들을 본문으로 8편의 설교가 수록된 아주 유익한 강해집이 출간되었다. 오래 전 어느 이단의 교주가 이 본문으로 설교한 내용을 읽어본 바가 있다. 본문의 내용과는 판이하게 다른, 너무 기본이 갖춰지지 않은 엉터리 내용이었기에 엄청난 분노 속에 그 책을 쓰레기통에 던져버린 경험이 있다.

　그러다가 오랜만에 이 강해집을 만났다. 그때와는 전혀 다른 은혜와 감동과 찬탄을 느낄 수 있었다. 바로 소강석 목사의 설교 내용이 담겨 있는 이 강해집이다.

　소강석 목사는 개척을 한 후로 수만 명의 성도들이 모여서 행복한 신앙생활을 하면서 모범적으로 부흥하고 성장하는 교회를 지금까지 잘 이끌어 오는 능력 있는 목회자이다. 개척교회에서 대형교회로 성장하는 일은 아무나 하는 일이 아니다. 무언가 남다른 특별한 은사가 있지 않고서는 불가능한 일이다. 무엇보다 교회 부흥의 가장 큰 요소는 담임 목사의 설교라 할 수 있다. 새에덴교회의 성도들은 소 목사의 설교에 항상 넘치는 은혜를 받는 모습을 나는 가까이서 매주 거듭 목도하고 있다.

　그렇다면 소 목사의 설교에 어떤 장점이 있단 말인가? 특별히 《새롭게 하소서》라는 본 강해집의 내용을 통해 몇 가지로 그의 설교가 가지고 있는 장점과 특이한 점을 소개하고자 한다.

첫 번째 장점은 느헤미야처럼 설교자 자신이 먼저 설교를 듣는 성도의 입장에서 스스로의 허물과 실수를 드러내어 적용시킨다는 점이다(identification). 설교자들이 흔히 빠지기 쉬운 맹점 중 하나는 자신들이 하나님을 대변해서 말씀을 전하는 입장에 놓여 있다는 생각에 성도들에게만 일방적으로 교훈과 책망의 메시지를 전할 때가 많다는 점이다. 물론 설교자에게 그런 권위와 자격이 주어진 게 사실이긴 하지만, 설교를 전달하는 이 역시 허물과 실수가 있는 사람이라는 점을 간과해선 안 된다. 그래서 먼저 설교자 자신이 말씀을 통해 은혜를 경험함과 동시에 자신의 부족과 한계도 진솔하게 인정하고 드러내면서 성도들에게 전달하는 것이 필요하다.

본 강해집에서 소 목사는 "여러분"이라는 단어보다는 "우리"나 "저"라는 단어를 즐겨 사용함으로써 자신과 청중을 동일시하면서 하나님 앞에서 부족한 죄인임을 고백할 때가 많음을 본다. 이것은 하나님과 사람 앞에서 설교자가 취해야 할 겸손한 자세이기도 하지만, 무엇보다 설교를 듣는 청중들에게 신뢰감을 심어 줄 때 탁월한 힘을 발휘하는 효과가 있다.

두 번째 장점은 본문의 역사적 배경이나 당시의 관습이나 문화(historical background, custom, and culture) 등을 잘 드러내면서 성경의 핵심 주제나 메시지를 정확하게 추출해낸다는 점이다. 아무리 감동적인 예화를 사용하고 구체적인 적용이 주어진다 할지라도 본문에 관한 분석과 해석이 충실하지 못하다면 하나님의 말씀으로서 영양가는 떨어진다고 볼 수 있다. 소 목사는 시편 51편과 관련하여 주어진 본문들이 나오게 된 숨어 있는 배경 등을 잘 드러내면서 본문의 해석들이 곁길로 가지 않고 저자가 의도한 궤도에서 벗어나지 않도록 해주는 장점을 갖고 있다.

세 번째 장점은 필수적인 성경 원어(original language)와 이해하기 어려운 내용들을 쉽고 정확하게 잘 설명해 준다는 점이다. 이는 본문에 대한 기본적인 실력도 실력이지만 수준 높은 전문가들의 주석이나 저서들을 깊이 참조하고 연구한 결과라 볼 수 있다. 주어진 본문을 연구하고 분석하되 학자 못지않은 탐구력과 열정으로 성도들에게 양질의 영의 양식을 먹이려 최선을 다하는 점에 높은 점수를 준다.

네 번째 장점은 타고난 이야기꾼(storyteller)으로서 감동적인 예화와 예증과 경험담을 통해 본문을 쉽게 이해시킴으로 청중들에게 딴생각을 하거나 졸 틈을 주지 않는다는 점이다.

다섯 번째 장점은 수천 년 전 본문의 상황을 현실의 청중들 앞에 생생하게 재현해내는 거룩한 상상력(holy imagination)의 재능을 발휘한다는 것이다. 이는 마치 마른 꽃에 물을 줌으로 싱싱하고 아름다운 꽃으로 재생시키는 것과 같은 효과를 준다.

마지막으로 무엇보다 소강석 목사가 지닌 차별화된 큰 장점은 그의 설교가 통 큰 설교(big sermon)란 점이다. 보통 설교자들의 설교 내용이나 적용은 자기 교회와 성도들의 삶 안에만 머물 때가 많다. 한국교회 전체를 위하거나 민족의 앞날을 내다보며 회개를 촉구하고 회복을 위해 도전하는 설교는 찾아보기 힘들다. 하지만 소 목사의 설교는 언제나 새에덴교회를 넘어서서 한국교회 전체의 생태계와 대한민국의 미래와 비전을 바라보며 성경적인 대안을 제시하는 내용일 때가 많다. 본 강해집에도 그러한 그의 소망과 비전과 안타까움에서 기인된 해결책을 제시하는 내용이 많음을 확인해 볼 수 있다.

"왕대밭에 왕대 나고 졸대밭에 졸대 난다"는 말이 있다. 소강석 목사, 그는 누가 봐도 이 시대에 보기 드문 왕대 목사이다. 통 큰 목사에게서 한국교회와 나라와 민족을 위한 통 큰 설교가 나오는 법이다.

지금 한국교회는 세상으로부터 개독교라는 지탄을 받으며 종교개혁 500주년을 맞이하고 있다. 이런 비극적 현실에서 설교자 자신이 먼저 개혁을 위한 회개를 선행함으로 한국 강단이 새로워지고 한국교회가 하나 되어 하나님의 영광성과 거룩성을 다시금 회복하여 세상에 빛과 소금이 되어 인정받는 삶을 살아야 한다.

한국교회의 이미지 추락과 맞물려 반기독교적 문화와 사상의 침투가 더욱 강력하게 도전해오는 이때, 다윗의 처절하고도 철저한 회개가 소강석 목사와 새에덴교회 성도들뿐만이 아니라 이 책을 읽는 모든 이의 반성이 되어, 새로운 종교개혁의 불길이 자신에게서 시작되어 한국교회와 이 나라와 세계를 활활 불사르게 되기를 간절히 바란다.

2017년 10월 11일
신성욱 교수
(아세아연합신학대학교 설교학)

머리말

　시편 51편은 다윗의 뼈가 저리고 창자가 끊어지는 통회 자복의 고백입니다. 자신의 삶을 성찰하고 자성하며 개혁하는 노래입니다. 개혁이란 무엇입니까? 구습에서 벗어나 새롭게 사는 것이고 성경 혹은 하나님을 향하여 돌아가는 것입니다. 무엇보다 개혁은 나 자신부터 시작해야 합니다. 그런데 개혁은 아픔이 없이는 불가능합니다. 다윗 역시 폐부를 찌르고 도려내는 처절한 참회의 눈물 속에서 새롭게 태어날 수 있었습니다.

　저도 몇 달 전 성대 수술의 고통과 침묵 속에서 하나님과 깊고 친밀하게 소통하고 말씀을 묵상하면서 어깨가 빠지도록 원고를 정리하였습니다. 저 자신의 삶을 뒤돌아보아도 순간순간 고난과 시련이 많았습니다. 그때마다 하나님께 울부짖으며 사명의 길을 걸어왔습니다. 그래서 더욱더 내가 다윗이 되고 다윗이 내 안에 들어와 밤늦도록 원고를 썼습니다.

　가난한 신학생 시절 120원짜리 식권 사 먹을 돈이 없어 수돗물로 배를 채운 후, 허기진 배를 움켜쥐고 채플실에 올라가 울부짖으며 기도하였던 사명자, 방학이 되면 무등산 기도원에서 바위에 무릎을 꿇고 하나님의 은혜를 처절하게 갈구하였던 광야의 몸부림…

　저에게도 처절한 눈물과 첫사랑의 가슴 아픈 시절이 있었는데 어느덧 중견 목회자가 되어 배에 기름이 지고 순백의 영성과 광야의 야성을 잃어버리지는 않았는지 돌아보았습니다. 성대 수술 후에 침묵 속에서 다윗의 통회 자복의 심정을 더욱 뼈저리게 느낄 수 있었습니다. 그래서 예수 그리스도 안에서 내가 다윗의 심정 속으로 들어가고 다윗의 마음이 내 속으로 들어오면서 깊은 묵상과 성찰의 원고를 정리할 수 있었습니다.

종교개혁 500주년을 맞이해서 조금 늦은 감이 있지만 저부터 새로워지고 강단이 새로워지고 한국교회가 새로워졌으면 하는 소망으로 썼습니다. 지금 한국교회는 내외적으로 위기를 맞고 있습니다. 내부적으로는 교회의 분열과 다툼, 도덕성 상실, 이미지 추락, 외부적으로는 반기독교적 문화와 사상, 입법화의 공격으로 목회 생태계가 파괴될 위기에 처했습니다.

이러한 때, 한국교회는 새로워져야 합니다. 개인이 새로워지고 교회가 새로워져야 합니다. 그럴 때 시대를 변화시키고 재탄생시키는 거룩한 동력이 생기고 영향력을 발휘할 수 있을 것입니다. 늘 낮은 자리에서 섬겨주시는 새에덴의 장로님들, 성도들, 기도의 어머니 정금성 권사님, 배정숙 사모, 원고 교정을 위해 수고해준 동역자 김성우 전도사, 책을 출판해 주신 이형규 장로님께 감사드립니다. 모든 영광 하나님께 올려 드립니다.

2017년 9월 20일
소강석 목사 (새에덴교회)

목차

:: 추천사_ 신성욱 교수(아세아연합신학대학교 설교학) … 2
:: 머리말 … 6

1 참회의 길을 가르쳐 주소서 … 11
시편 51:1-3

2 우슬초로 정결케 하소서 … 47
시편 51:1-7

3 애통하고 통회하는 마음을 주소서 … 85
시편 51:4-6, 16-17

4 정한 마음, 정직한 영을 새롭게 하소서 … 123
시편 51:7-12

5 주의 영을 거두지 마소서 　163
　시편 51:7-12

6 구원의 즐거움, 자원하는 심령을 주소서 　197
　시편 51:7-12

7 사유의 열매를 맺게 하소서 　237
　시편 51:12-19

8 예루살렘 성을 다시 쌓아 주소서 　263
　시편 51:16-19

참회의 길을 가르쳐 주소서

1

> 시편 51:1-3
>
> "하나님이여 주의 인자를 따라 내게 은혜를 베푸시며 주의 많은 긍휼을 따라 내 죄악을 지워 주소서 나의 죄악을 말갛게 씻으시며 나의 죄를 깨끗이 제하소서 무릇 나는 내 죄과를 아오니 내 죄가 항상 내 앞에 있나이다"

진정한 참회의 필요성

■ 　　　　　시편 51편은 다윗의 참회록입니다. 다윗과 같은 위대한 성군도 엄청난 죄를 지었습니다. 그래서 그는 훗날 이 참회의 시편을 썼습니다. 우리의 삶도 돌아보면 하나님 앞에 행한 선한 일보다는 죄가 더 많은 것 같지 않습니까? 하나님이 기뻐하시는 일은 별로 한 것이 없고 하나님 앞에 내놓을 것은 죄밖에 없는 것처럼 느껴집니다.

이런 인생을 사는 우리도 다윗처럼 죽기 전에는 참회록을 써야 합니다. 저도 마찬가지입니다. 그렇게 발바닥이 닳도록 다니며 하나님의 영광을 위해서 산다고 하였지만, 돌이켜보면 제 인생도 하나님이 기뻐하시는 일보다는 맨날 죄만 지은 것 같고 자랑할 것이 허물뿐이라는 사실을 깨닫곤 합니다. 그래서 저도 죽기 전에는 반드시 내가 이런 죄를 짓고, 하나님 앞에 이렇게 불순종했으며, 이렇게 죄를 많이 범했다고 참회록을 쓰려고 합니다.

그러나 시편 51편을 잘 이해하고 주님 앞에 다윗의 심정으로 진정한 참회를 하면 우리가 일일이 참회록을 쓸 필요가 없습니다. 왜냐면 우리가 다윗의 심정으로 주님 앞에 모든 죄를 그때그때 회개하고 참회하면 주님이 우리의 모든 죄를 다 도말하여 주시고 지워버리시기 때문입니다.

이사야서를 보면 우리의 죄가 주홍 같을지라도 눈과 같이 희어질 것이요, 진홍같이 붉을지라도 양털같이 희게 될 것이라고 말하고 있습니다. 뿐만 아니라 죄를 도말하고 지워버릴 뿐만 아니라 기억조차 안 하신다고 하지 않았습니까?

> 사 1:18 여호와께서 말씀하시되 오라 우리가 서로 변론하자 너희의 죄가 주홍 같을지라도 눈과 같이 희어질 것이요 진홍같이 붉을지라도 양털같이 희게 되리라

> 사 43:25 나 곧 나는 나를 위하여 네 허물을 도말하는 자니 네 죄를 기억하지 아니하리라

> 시 51:9 주의 얼굴을 내 죄에서 돌이키시고 내 모든 죄악을 지워 주소서

> 시 25:7 여호와여 내 젊은 시절의 죄와 허물을 기억하지 마시고 주의 인자하심을 따라 주께서 나를 기억하시되 주의 선하심으로 하옵소서

우리가 죄를 그대로 숨겨 놓고 하나님 앞에 회개하지 않으면 그 죄는 지워지지 않습니다. 최후 심판의 날 그 죄는 밝혀지고 드러나게 됩니다. 그러니 아무리 우리의 비밀이 보장되고 완전 범죄를 했다 하더라도 우리가 회개하지 않으면 다 드러나게 되어 있고 심판대 앞에서 들통이 납니다.

그러나 우리가 죄를 짓는 즉시 참회하고 회개하면 주님은 기억조차도 안 하십니다. 우리의 죄를 도말하시고 완전히 지워버리십니다. 그래서 우리가 순간순간 주님 앞에 회개하고 주님 앞에 간절히 참회

를 하는 것입니다.

지금까지 지었던 모든 죄, 그리고 회개하지 않았던 모든 죄가 있으면 다 주님께 토해내 버려야 합니다. 진심으로 다 참회하고 회개해야 합니다. 그러면 우리가 더 이상 참회록을 쓸 필요가 없습니다. 주님이 도말하시고 지워버리시고 흰 눈과 같이 우리의 삶을 새롭게 해 주셨는데 무엇 때문에 고려장 속에 숨겨진 골동품 같은 것들을 꺼내 가지고 들추어 낼 필요가 있겠습니까?

진정한 참회를 해야 합니다. 우리의 영혼과 육체와 삶이 새로워져야 합니다. 그래서 저도 참회록을 쓰는 마음으로 다윗의 이 시편 51편을 연구하고자 합니다. 이 책을 통해 우리 모두에게 새로워지는 은혜가 있기 바랍니다. 우리의 마음과 삶이 다시 새롭게 거듭나는 새 역사가 있기 바랍니다.

♪ 내 평생 살아온 길 뒤를 돌아보니
　걸음마다 자욱마다 다 죄뿐입니다
　쓰리고 아픈 마음 가눌 길 없어서
　골고다 언덕길을 지금 찾아옵니다

♪ 새롭게 하소서 새롭게 하소서
　새롭게 하소서 늘 새롭게 하소서

　해 아래 새것이 없나니 이 죄인 살리신 주
　보라 새롭게 된 이 피조물 주의 놀라운 권능

찬양하세 우리 주 오 주여 영광 받으소서

새롭게 하소서 새롭게 하소서

새롭게 하소서 늘 새롭게 하소서

두 종류의 참회

■ 역사상 대표적인 참회록이 몇 가지 있습니다. 첫째는 어거스틴의 참회록입니다. 이것은 그야말로 신앙적인 참회록이라고 할 수 있습니다. 둘째는 톨스토이의 참회록이 있는데 이것은 문학적인 참회록이라고 할 수 있습니다. 셋째는 루소의 참회록입니다. 이것은 인간적인 차원의 참회록이라고 말할 수 있습니다.

참회는 크게 두 가지로 설명할 수 있는데, 하나는 인본주의적 참회요 또 하나는 신본주의적 참회입니다.

(1) 인본주의적 참회

인본주의적 참회란 하나님 앞에 죄를 고백하는 것이 아니라 사람들 앞에 죄를 자백하는 것입니다. 이것도 대단한 일이지만 우리가 반드시 먼저 알아야 될 것이 있습니다. 그것은 인간은 용서의 주체가 아니라는 사실입니다. 사람에게 죄를 고백하고 솔직히 털어놓으면 그 한 순간만큼은 마음이 평안할지 모릅니다. 그러나 사람은 우리의 죄를 용서하는 주체가 될 수 없다는 사실을 알아야 합니다.

그러므로 우리가 상담할 때 조심해야 합니다. 쓸데없는 자신의 허물, 말하지 말아야 할 모든 죄를 말해 버리면 참 곤란합니다. 물론 상담자가 비밀을 당연히 지켜주어야 하겠지만, 비밀을 지켜주지 않으면 문제가 됩니다.

한동안 우리 교회 몇몇 장로님들이 저를 오해하는 경우가 있었습니다. 우리 목사님께 무슨 이야기를 하면 강단에 가서 외쳐 버린다는 것이었습니다. 그래서 목사님께 하지 말아야 할 말은 하지 말자고 했다는 것입니다. 장로님들이 몰라서 하는 소리입니다. 저는 재밌고 은혜 있고 덕이 되는 이야기는 합니다.

그러나 그 사람의 프라이버시, 그 사람의 신앙생활에 있어서 덕이 되지 않는 이야기는 절대로 하지 않습니다. 특별히 그 사람의 프라이버시에 해당되고 저에게 은밀하게 상담했던 이야기는 절대로 말하지 않습니다. 저라고 해서 왜 그런 상담을 안 받았겠습니까?

"목사님, 저는 누구누구와 간음죄를 지었습니다. 저는 도둑질을 했습니다. 저는 도벽증이 있어서 이런 실수를 저질렀습니다."

그러나 저는 단 한 번도 그런 것들을 다른 사람에게 말한 적이 없습니다. 제 아내에게도 말하지 않습니다. 우리 정 권사님한테도 마찬가지입니다. 왜냐면 그런 말을 듣고 사람을 외모로 판단할 수 있기 때문입니다.

그럼에도 불구하고 아무리 입이 무겁고 그 사람의 비밀을 지켜준다 하더라도 사람 앞에서 의도적으로 죄를 자백하게 하고 고백하게 하는 일은 좀 삼갈 필요가 있습니다.

한동안 인천에서 어느 평신도의 전도훈련 집회가 있었습니다. 거기 가면 무조건 죄를 청중 앞에 자백하도록 합니다. 어떤 죄든지 청중 앞에 자백을 해야 용서가 된다고 했습니다. 하지만 그런 게 어디 있습니까? 죄는 주님 앞에 은밀하게 고백해야지, 왜 사람 앞에 고백합니까? 이것은 심리적으로 카타르시스의 효과는 있을지 몰라도 다시 생각해봐야 할 문제입니다. 한편 그렇게 사람 앞에 고백하면 스스로 결단의 효과가 있을 수 있습니다. 그러나 제 경우는 그렇게 고백하라니까 너무 은혜가 안 되었습니다.

그 집회에서는 도저히 입에 담기도 어려운 수치스러운 죄를 적나라하게 고백하는 것입니다. 이것을 어떻게 사람 앞에 고백을 합니까? 사람 앞에 고백한다고 하나님께 용서를 받습니까? 하나님 앞에 40일 금식하면서 이렇게 통회하고 자백해야 합니다.

"하나님, 나를 데려가 주시옵소서, 나 같은 것이 어떻게 목사를 합니까?"

다윗처럼 하나님 앞에서 통회하며 자백해야지 왜 사람 앞에 영웅심으로 고백하는 겁니까? 그것이 은혜를 끼치는 것입니까? 저는 도저히 역겨워서 멀미까지 났습니다. 그래서 그 자리를 나와 버렸습니다.

'인간이 얼마나 악하면 이렇게 악할 수 있단 말인가…'

물론 저도 똑같은 죄인이요 전적으로 부패한 인간입니다. 그러므로 주님 앞에서는 오십 보, 백 보일지 모르지만 그런 이야기를 들으니 멀미가 났습니다. 그래서 나와 버렸습니다. 그랬더니 다시 들어오라고 하는 것입니다. 그래서 "이 사람들아, 당신들이나 잘해요. 난 도저히 들을 수 있는 인내심이 없어져 버렸어요. 더 이상 집회 참석 못하겠네요" 했더니 그분들이 "목사님, 그러면 큰 목회 못합니다. 여기서 은혜를 받아야 큰 목회를 합니다." "개뿔이나 당신들이나 목회 잘해요."

그런데 지금 저는 하나님 은혜로 이렇게 목회를 하고 그분들은 여전히 100명도 못 넘는 목회를 하고 있습니다.

물론 그 안에는 평신도도 있었지만 그들에게 제가 분명히 이야기했습니다.

"이렇게 하는 것이 아닙니다. 먼저 하나님 앞에 통회 자복해야 하고 하나님 앞에 가슴을 쥐어뜯는 회개를 해야지, 무슨 사람들에게만 인위적으로 죄를 자백하도록 하게 합니까?"

사람은 우리의 죄를 용서해 줄 수 없습니다. 그리고 우리의 용서의 주체가 아닙니다. 그저 우리는 주님 앞에 통회하고 자복했더니 주님이 나에게 이런 용서와 기쁨을 주셨다고 간증해야 합니다. 그런 의미에서 인본주의적 참회는 절대로 성경적인 참회가 아니라는 사실을 말씀드리고 싶습니다.

(2) 신본주의적 참회

이는 하나님 앞에 먼저 죄를 고백하는 것입니다. 그래서 다윗이 이렇게 고백하지 않습니까?

"내가 주께만 범죄하여…"

시 51:4 내가 주께만 범죄하여 주의 목전에 악을 행하였사오니…

시편 51편 4절에서 다윗은 왜 내가 주께만 범죄하였다고 고백합니까? 사실은 밧세바라는 여인과 범죄한 것이 아닙니까? 그리고 우리아를 죽였으니 우리아에게 죄를 지은 것이 아닙니까? 그러나 이것은 히브리적 표현법으로서, 어떤 범죄이든지 그것은 곧 하나님 앞에 죄를 짓는 것이라는 사실을 고백하는 것입니다.

다시 말하면, 다윗이 밧세바에게 범한 죄는 먼저 주님께 범한 죄라는 사실을 시인하고 있습니다. 사람에게 죄를 지어도 그것이 하나님에게 죄를 짓는 것과 연결된다는 말입니다. 다른 말로 하면 다윗이 밧세바와 우리아에게 죄를 지었지만, 인간에게 범한 죄라도 거룩하신 하나님의 주권을 침입하게 된 것이요, 수평적 인간 관계의 파괴가 수직적인 신인 관계의 파괴를 가져온 것입니다.

또한 내가 죄라고 인식할 수 있는 것은 하나님의 법에서 벗어난 것으로 내가 하나님의 법을 기준으로 하고 그 법을 어긴 것이 하나님 앞에 죄입니다. 죄의 기준이 하나님의 법입니다. 그러므로 다윗은 인간에게 지은 죄도 먼저 하나님께 지은 것이라고 인식했습니다. 그런 의미에서 다윗은 이렇게 고백하지 않습니까?

"내가 주께만 범죄하였습니다. 내가 하나님 당신에 대해서 범죄하였습니다. 내가 먼저 하나님께 죄를 지었습니다. 그 죄로 말미암아 하나님과의 관계를 깨뜨려버렸습니다. 하나님과의 관계가 완전히 그 죄로 말미암아 망가져 버렸습니다."

이렇게 다윗은 신본주의적 회개를 하고 있습니다. 그래서 교부 어거스틴은 그의 참회록에서 이렇게 고백하기도 했습니다.

"주여, 내가 주 안에서 참회하기 전에는 내 마음에 참된 평안이 없었습니다."

그가 하나님 앞에 참된 회개와 참회를 하기 전에는 마음에 참 평안이 없었다고 합니다. 진정한 회개와 참회를 하고 나서야 자기 마음 속에 참 평안이 있었다고 고백합니다.

그렇습니다. 우리가 사람 앞에 우리의 죄를 자백한다고 평안이 오는 것이 아닙니다. 그건 심리적 평안이지 주님이 주시는 진정한 평안이 아닙니다. 우리는 먼저 하나님 앞에 회개해야 합니다. 하나님 앞에 우리의 마음을 참회해야 합니다. 그리고 다윗처럼 먼저 주님 앞에 고백해야 합니다.

"내가 주께만 범죄하여…나는 먼저 하나님 앞에 죄를 지었습니다. 나는 하나님 앞에 부정한 사람입니다. 나는 하나님 앞에 더러운 사람입니다. 정말 저는 이런 추악한 죄를 지었습니다."

이것이 신본주의적인 회개이고 하나님이 기뻐하시는 참회입니다. 하나님께서는 그 참회를 받으시고 비로소 우리 마음속에 진정한 용서와 참된 평안을 주십니다. 심리적으로 잠시 느끼는 그런 카타르시스적 평화가 아니라 주님만이 주시는 안도감, 그 영혼의 아늑함, 심령의 깊은 평화, 그것을 느끼게 됩니다.

우리 모두에게 이런 평안이 있기를 바랍니다. 하나님께서 진정한 영혼의 아늑함을 주시기 바랍니다. 아늑한 영혼의 포구에서 진정한 평안함과 평온함을 누리시기 바랍니다.

♪ 평화 평화로다 하늘 위에서 내려오네
　그 사랑의 물결이 영원토록 내 영혼을 덮으소서

1. 내 영혼의 그윽히 깊은 데서 맑은 가락이 울려나네
   하늘 곡조가 언제나 흘러나와 내 영혼을 고이 싸네

2. 내 맘속에 솟아난 이 평화는 깊이 묻히인 보배로다
   나의 보화를 캐내어 가져갈 자 그 아무도 없으리라

♪ 1. 내 맘에 한 노래 있어 나 즐겁게 늘 부르네
    이 노래를 부를 때에 큰 평화 임하도다

2. 주 십자가 지심으로 날 구원해 주셨으며
   주 예수님 고난 받아 나 평화 누리도다

[후렴] 평화 평화 하나님 주신 선물(선물)
       그 놀라운 주의 평화 하나님 선물일세

하나님과의 관계성 회복을 위한 참회

■　　　　　히브리어로 참회를 '나캄'이라고 합니다. '나캄'의 의미는 "후회하다, 회개하다" 이런 뜻인데, 동시에 "위로하다, 아늑함을 느끼다, 아주 평온하다"라는 뜻도 있습니다. 그러므로 진실한 회개와 참회를 하고 나면 영혼과 그 마음이 하나님께로부터 위로를

1_ 참회의 길을 가르쳐 주소서

받고 영적인 아늑함과 평온함을 느낀다는 의미입니다.

아늑하다는 말의 반대되는 말이 무엇입니까? 헐떡거리는 것입니다. 심장이 벌러쿵벌러쿵하는 것입니다. 그런 의미에서 히브리어로 '범죄하다'라는 말은 "아본"이라고도 하는데, "뒤틀리다, 체하다, 헐떡거린다"라는 의미가 있습니다. 그래서 죄를 지으면 심장이 벌러쿵벌러쿵하고 헐떡거리게 되는 것입니다.

그러나 그 죄를 회개하고 진정으로 하나님 앞에 참회하면, 그 영혼이 아주 아늑하고 평온함을 느끼게 됩니다. 이것이 바로 참회의 의미이기도 하고 결과라고 이야기할 수 있습니다.

요즘은 과학수사를 하기 때문에 어떤 범죄자라도 다 잡히게 되어 있습니다. 옛날에는 그러지 못했습니다. 그래서 자신을 잡으러 오는 사람이 없고 수사망이 좁혀오지 않아도 자기가 지었던 죄를 생각만 해도 심장이 헐떡거리고 벌러쿵벌러쿵거리게 된다는 말입니다.

우리가 등산을 하다가 가파른 길을 속력을 내서 가면 심장이 터질 정도로 뜁니다. 그러다가 시원한 그늘에서 쉬면 얼마나 아늑합니까? 시원한 바람이 불어오고, 나무 밑에 그늘이 있고, 그리고 달려가지 않으니, 얼마나 몸이 가볍고 마음과 육체가 아늑함을 느끼는지 모릅니다.

우리가 죄를 짓고 나면 그렇습니다. 쫓아오는 사람이 없고 잡으러 오는 사람이 없어도 항상 마음이 불안하고 쫓기는 것입니다. 그래서 잠언 28장 1절은 이렇게 말하지 않습니까? 악인은 쫓아오는 자가 없어도 도망가는 마음이라고 말입니다.

> 잠 28:1 악인은 쫓아오는 자가 없어도 도망하나 의인은 사자같이 담대하니라

죄를 짓고 계속 죄를 품고 있으면 얼마나 괴로운지 모릅니다. 이처럼 하나님 앞에 회개해야 하는데 회개하지 않고 계속해서 죄를 마음에 품고 있으면, 뼈가 아리고 살이 에이는 듯한 영혼의 고통을 느끼게 됩니다. 그래서 다윗은 시편 32편에서 이렇게 고백하고 있습니다.

> 시 32:1-3 허물의 사함을 받고 자신의 죄가 가려진 자는 복이 있도다 마음에 간사함이 없고 여호와께 정죄를 당하지 아니하는 자는 복이 있도다 내가 입을 열지 아니할 때에 종일 신음하므로 내 뼈가 쇠하였도다

하나님께 죄를 고백하고 토설하여 용서함을 받은 사람은 복되다고 합니다. 그러나 계속 그 죄를 품고 하나님께 토설하지도 않고 고백하지도 않는 사람은 하루종일 마음이 고통당하고 영원히 신음을 한다는 것이 아닙니까?

하나님 앞에 참회하지 않고 끝까지 죄를 품고 있는 사람은 뼈가 상하고 진액이 화하여 자신의 영혼과 육체가 여름 가뭄의 마름과 같이 된다고 고백하지 않습니까? 다윗이 그랬습니다. 그는 거의 완벽한 죄를 지었습니다. 완전 범죄를 했습니다. 그래서 겉으로는 태연한 척했습니다.

그러나 하나님께 진실한 회개를 하지 않으니 얼마나 영혼이 신음

하고 육체의 뼈가 쇠할 정도로 고통을 겪었는지 모릅니다. 심지어 주님의 손이 주야로 그의 영혼을 짓누르고 마음을 고통스럽게 하니 온 몸의 진액이 말라버려 여름 가뭄의 마름같이 될 정도라고 했습니다. 그래서 그는 시편 51편 8절에서도 이렇게 고백합니다.

시 51:8 내게 즐겁고 기쁜 소리를 들려 주시사 주께서 꺾으신 뼈들도 즐거워하게 하소서

회개하기 전에는 마치 주님께서 자신의 뼈를 꺾으실 정도로 고통스러웠다고 합니다. 다윗의 영혼과 육체가 쇠잔하게 되었다는 것입니다. 그러나 진정으로 하나님께 회개하고 용서의 자유와 기쁨을 얻게 되니 지금까지 당한 고통과 신음과 몸부림이 즐거움으로 변해버렸다는 것이 아닙니까?

특별히 다윗은 무엇을 위해 회개하고 참회했습니까? 무엇보다 하나님과의 관계성을 회복하기 위해 참회했습니다. 이처럼 다윗은 주님께 내가 주께만 범죄하였다고 고백합니다.

사실 죄는 우리아와 밧세바에게 지었습니다. 그러나 다윗은 인간에게 범한 죄도 거룩하신 하나님의 주권과 영광과 거룩성을 범한 것으로 이해했습니다. 다시 말하면 죄가 수평적 인간관계의 파괴를 가져왔을 뿐만 아니라 수직적인 거룩한 신인관계의 파괴를 가져왔다고 고백하는 것입니다.

다윗은 지금 하나님과의 거룩한 관계 회복을 위해서 통절하고 애통하는 마음으로 하나님께 회개하고 있습니다. 일반적으로 다윗의 범죄를 밧세바와의 간음, 그리고 우리아를 죽인 그 사건 자체로만 보고 이해하려고 합니다.

시편 51편은 밧세바와 간음한 것이 참회의 원인이 되고 동기가 된 것은 분명합니다. 그러나 그 자체만으로 다윗의 참회록을 이해하기에는 부족합니다. 오히려 다윗은 하나님과 자신의 관계성 회복을 더 중요하게 생각하고 있습니다. 그래서 다윗은 이런 고백을 하지 않습니까?

시 51:9 주의 얼굴을 내 죄에서 돌이키시고 내 모든 죄악을 지워 주소서

이 고백이야말로 하나님과의 관계성 회복을 애타게 간구하고 있는 심정을 잘 보여주는 것입니다. 또 다윗은 시편 51편 뒷부분에 가서 이렇게 고백합니다.

"하나님이 제사를 원하셨으면 제가 제사를 드렸을 것입니다. 그러나 주님은 저에게 상한 마음을 원하고 있지 않습니까?"

시 51:17 하나님께서 구하시는 제사는 상한 심령이라 하나님이여 상하고 통회하는 마음을 주께서 멸시하지 아니하시리이다

시편 51편 17절에서 다윗은 "하나님이 제사를 원하셨으면 제가 제사를 드렸을 것입니다"라고 말합니다. 무슨 말입니까? 외부적인 죄를 의식적 예식이나 제사로 해결할 것 같았으면 그냥 번제와 속죄제, 화목제를 드리면 될 것이었다는 말입니다. 그러나 하나님이 진정으로 원하시는 것은 상한 심령과 통회하는 마음이었기 때문에 이렇게 상한 마음과 통회하는 마음으로 하나님 앞에 회개하며 관계성을 회복하기 원한다는 것입니다.

물론 밧세바와의 범죄가 통회와 참회의 동기가 되었던 것만은 분명합니다. 그러나 다윗은 먼저 하나님 앞에서 통회하며 정결한 모습을 보이며 온전한 마음으로 설 수 있기를 원한다고 했습니다. 그는 하나님 보시기에 깨끗하고 정결한 모습으로 서기를 원했습니다.

그래서 시편 51편에서 가장 많이 나오는 단어, 가장 중심적인 핵심 키워드가 '정결'입니다. 이 정결이라는 단어가 계속 나오는데, 정결이라는 말을 많이 함으로써, 자신이 하나님 앞에 정결하게 되기를 원합니다. 그리고 여기서 구하는 정결은 일반적인 정결이 아닙니다. 절대적인 정결을 간구하고 있습니다.

왜 그렇습니까? 그는 지금 하나님 앞에 온전한 헌신을 하고 싶고, 하나님께 거룩한 사람이 되고 싶어합니다. 거룩이 무엇입니까? 하나님께 온전히 드려지는 것입니다. 그런데 이에 대한 전제조건은 정결이 있어야 합니다. 그런데 그가 간구하는 정결은 일반적인 정결이 아닙니다. 절대적인 정결을 간구합니다.

마치 용광로 속에 금을 펄펄 끓여 녹여서 찌꺼기를 완전히 다 빼고 하나도 없는 상태와 같은 모습으로 자기가 하나님 앞에 설 수 있기를 간구한다는 말입니다. 바로 그것이 하나님과의 온전한 관계 회복, 거룩한 관계 회복입니다. 이와 같은 절대적 정결이 있어야 그가 자신을 거룩하게 제물로 드릴 수 있기 때문입니다.

그가 구하는 정결은 거룩을 위한 정결이었습니다. 하나님께 나아가기 위한 정결이었습니다. 이것은 저의 언어로 표현한 것입니다. 바로 그가 구하는 정결은 일반적인 정결이 아니라 절대적 정결이라고 말입니다.

구약에서 사람들이 정결하고자 한 이유가 무엇에 있었습니까? 하나님 앞에 나아가려고 구했던 것이 아닙니까? 그러면 다윗은 이러한 절대적 정결, 온전한 정결을 무엇을 통해서 얻는다고 확신했습니까? 그는 바로 하나님 앞에 진실한 참회, 그리고 참된 회개를 통해서 절대적 정결을 소유할 수 있다고 생각했습니다. 그리고 그 정결이 하나님께 자신을 나아가게 하고 자신을 하나님께 거룩한 제물로 드림으로써 하나님과 자신의 온전한 관계를 이루게 해 준다고 생각했습니다.

다윗은 지금 하나님과의 온전한 관계 회복을 위해서 애통하고 통회하며 자복하고 있습니다. 우리도 하나님 앞에 온전한 정결을 소유해야 합니다. 절대적 정결을 얻어야 합니다. 흠과 티와 주름이 없는 거룩한 정결의 상태로 서야 합니다.

그리고 우리는 그런 정결한 마음과 삶을 하나님께 드려야 합니다. 그럴 때 우리와 하나님과의 관계는 참으로 온전한 관계가 됩니다. 하나님과 우리의 깨진 관계가 회복되고 정상적이고 아름다운 관계를 이루게 됩니다.

♪ 내 마음에 주를 향한 사랑이
　나의 말엔 주가 주신 진리로
　나의 눈에 주의 눈물 채워주소서
　내 입술에 찬양의 향기가
　두 손에는 주를 닮은 섬김이

나의 삶에 주의 흔적 남게 하소서
하나님의 사랑이 영원히 함께하리
십자가의 길을 걷는 자에게
조롱하는 소리와 세상 유혹 속에도
주의 순결한 신부가 되리라
내 생명 주님께 드리리

세상이 주는
거짓된 참회들

■　　　　　　세상에는 참된 참회의 길이 없습니다. 이 세상 어떤 종교에도 진정한 회개와 참회의 길이 없고 용서받는 길도 없습니다.

어느 날 인도의 한 남자가 보리수 밑에서 수행하고 있는 석가모니를 찾아왔습니다. 이 남자는 굉장히 부자였는데 젊은 날 부인과 어린 자식들을 버려두고 재산을 다 정리하여 다른 여자와 딴살림을 차렸습니다. 그래서 본처와 어린 자식들은 하루아침에 거지가 되어 처량하게 살았지만 이 남자는 꽃다운 미녀와 함께 꿈 같은 세월을 보냈습니다.

그러나 세월이 흘러 그 많던 재산도 다 없어져 버리고 이 남자는 늙고 쇠잔하게 되니 함께 살림을 차린 여자에게 버림을 받았습니다. 할 수 없이 본처에게 돌아갔는데 본처는 그동안 이를 악물고 악바리로 살아서 제법 부자가 되었습니다. 하지만 본처는 남자를 받아들이지 않습니다. 젊은 날 자기를 버리고 간 것을 생각하고 자기 혼자 세 자식들을 키우며 서럽게 살아온 것을 생각하니 이가 갈려서 남자를 받아줄 수가 없는 것입니다.

남자는 여인에게 애걸복걸 빕니다.

"여보! 지난 날 내가 잘못했소. 내가 이렇게 용서를 비오. 이제라도 나를 좀 받아주시구려."

그러자 여자가 발악을 합니다.

"아이고 못살아. 이제 와서 잘못했다고 해서 뭐가 달라진다야, 꼴도 보기 싫으니 썩 꺼져버려."

그러니 이 남자는 성장한 아이들을 설득합니다.

"아들들아! 옛날엔 이 애비가 잠시 생각을 잘 못해서 그랬던 것이다. 이 애비가 정신이 나가 그만 실수를 한 것인데 그래도 너희들은 내 자식이 아니더냐? 그리고 너희도 나와 같은 남자가 아니더냐? 남자는 정신이 나가면 한 번쯤은 그럴 수 있느니라. 같은 남자로서 이 애비를 너희라도 이해를 하고 어머니 좀 설득을 해 주지 않겠니?"

그러자 큰아들이 아버지 말에 공감합니다. 그리고 어머니를 설득하자 어머니가 하마터면 까무러칠 뻔했습니다. 결국 이 남자와 여자는 석가모니를 찾아갔습니다. 남자가 말합니다.

"부처님! 저는 지난날의 죄를 다 뉘우쳤습니다. 잘못을 빌고 회개했습니다. 그러니 부처님께서도 제 입장을 이해할 수 있으시지요?"

석가모니가 고개를 끄덕끄덕하였습니다. 그러자 여자가 억장이 무너지는 말을 합니다.

"부처님! 내가 지난 모진 세월들을 어떻게 살아온 줄 아십니까? 그

1_ 참회의 길을 가르쳐 주소서

러니 내가 어떻게 저 남자를 용서하고 받아들일 수 있단 말입니까? 부처님도 이런 제 마음을 이해할 수 있겠습니까?"

이번에도 석가모니가 고개를 끄덕끄덕하였습니다. 그러자 남자가 다시 말합니다. "부처님! 이제 부처님이 저의 잘못을 용서해 주십시오. 지난날의 죄악을 용서해 주십시오."

그때 석가모니가 말하기를 "나는 죄를 용서할 능력이 없소이다"라고 했습니다. 그러자 남자가 다시 말합니다.

"부처님! 당신이 죄를 용서해 주지는 못한다 하더라도 제가 잘못을 뉘우쳤으니 이제 내 아내와 자식들과 함께 살 수 있지 않겠습니까?"

석가모니가 미소를 지으며 살짝 끄덕끄덕했습니다. 그러자 옆에 있던 여자가 분을 못 참고 머리에 차고 있던 비녀를 빼어 있는 힘을 다해 가슴을 찌르니 심장에서 붉은 피가 터져 나와 죽어버렸습니다. 이 모습을 본 석가모니가 이렇게 말했습니다. "업보중생제도 불능이니라. 자기가 지은 죄는 반드시 다 자기가 당하는 것인 바 이를 어떤 제도로도 막을 길이 없느니라."

석가모니도 자기에게 죄를 용서할 능력이 없다고 했습니다. 그 역시 죄를 용서하는 길을 가르쳐 주지 못한 것입니다. 그래서 그는 업보 이야기만 했습니다. 그러나 우리의 죄를 용서해 주실 수 있는 분은 예수 그리스도 한 분뿐입니다. 예수 그리스도의 보혈만이 우리의 죄를 사해줄 수 있습니다. 할렐루야!

♪ 나의 죄를 씻기는 예수의 피밖에 없네
　다시 정케 하기도 예수의 피밖에 없네

(후렴) 예수의 흘린 피 날 희게 하오니
　　귀하고 귀하다 예수의 피밖에 없네

　　나를 정케 하기는 예수의 피밖에 없네
　　사죄하는 증거도 예수의 피밖에 없네

　석가모니 후에 이 세상에 위대한 성현 공자가 왔습니다. 그러나 공자도 논어 '팔일(八佾)' 편에서 이런 말을 했습니다. "획죄어천 무소도야(獲罪於天 無所禱也)라. 자기가 지은 죄는 하늘을 향해서도 빌 수가 없다." 즉 죄는 누구도 용서받을 수 없다는 말입니다.
　그러므로 다른 종교에서는 죄를 지으면 스스로 고행을 해야 합니다. 그 죄에 대한 업보, 업을 받아야 합니다. 철저한 인과응보의 원리입니다. 그만큼 금욕을 하거나 선행을 해야 됩니다. 그러니 얼마나 괴로움이 많고 마음의 고통이 크겠습니까?
　"단종애사"라는 소설을 아십니까? 1455년에 등극한 세조는 그의 어린 조카 단종과 그의 측근들을 다 몰아내고 왕위에 올랐던 사람입니다. 그가 일으킨 쿠데타는 도덕적으로 보면 용서받을 수 없는 일이었습니다. 물론 정치 논리와 국가의 상황으로만 본다면 어느 정도 합리화할 수는 있습니다. 왜냐면 당시 관료와 대신들은 썩을 대로 썩어 있었기 때문입니다.
　어린 나이에 임금에 오른 단종은 그야말로 허수아비였습니다. 그의 어머니 현덕왕후와 측근들에 의해서 나라는 제멋대로 요리되고 있었습니다. 아무리 왕족을 중심으로 하는 왕권 사회를 유지해 간다 하더라도 이제 열한 살밖에 안 되는 왕이 어떻게 한 나라를 이끌어 갈 수 있겠습니까? 그 사회가 어떻게 유지가 되겠습니까? 주변 강대국들과 함께 어깨를 나란히 하고 살아가기에는 단종의 리더십이 턱없이 부족했습니다.

시대적으로 강력한 조정이 필요했던 게 사실입니다. 그래서 수양대군도 처음에는 단종을 잘 도와서 조정과 나라를 받들려고 노력했습니다. 세조라고 처음부터 단종을 몰아내고 왕위에 오를 뜻이 있었던 것은 아닙니다. 하지만 그렇게 하는 것이 대세요, 또 측근들이 단종을 제거하고 왕위에 올라야 한다고 얼마나 떠받들었는지 모릅니다.

수양대군도 '역사가 처한 운명이라면 나는 그 역사적 소명에 순응해야 되겠다. 오히려 이것이 잘된 일인지도 모른다' 이렇게 생각하며 단종을 제거하고 왕위에 올랐습니다.

그러나 아무리 그가 시대적 소명이니, 역사적 사명이니, 연약한 나라와 백성을 지키기 위해서는 강한 군왕이 필요하다느니, 이렇게 아무리 합리화하고 정당화한다고 해도 얼마나 자신의 마음이 괴로웠겠습니까? 가슴이 옥죄어 왔겠습니까? 매일매일 세조는 마음속으로 얼마나 눌림을 당하고 고통을 당했는지 모릅니다.

그러던 어느 날, 세조가 침전에 들었을 때 꿈속에 단종의 어머니인 현덕왕후가 나타났습니다. 그녀는 세조의 친형수이기도 했습니다. 현덕왕후 역시 단종의 시해사건과 맞물려 세조의 세력에 무참히 짓밟히고 시해를 당한 여인이었습니다. 그런데 그 여인이 꿈속에 나타나서 세조를 향하여 손가락질을 하면서 이렇게 말했습니다.

"당신은 우리 단종의 숙부이면서 친조카인 단종을 죽였소. 그리고 형수인 내게도 죽음을 안겨주었소. 천하에 당신 같은 불한당은 없을 것이오."

그러면서 세조를 향하여 저주의 가래침을 뱉어 버렸습니다.

"에이 저주나 받고 뒈져버려라, 이놈아, 에이 퉤퉤퉤…"

그러자 세조는 꼼짝없이 꿈속에서 현덕왕후가 뱉는 침을 얼굴에 맞아야 했습니다. 그녀의 침에는 얼마나 역한 냄새가 났는지 모릅니다. 그 냄새가 너무 참기 어려워서 코를 쥐고 킁킁거리는데 누가 옆에서 흔들어 깨운 것이었습니다. 옆에서 자고 있던 중전이었습니다.

"전하, 악몽을 꾸셨나 보군요."

세조는 땀을 비 오듯 흘렸습니다. 중전이 손을 들어 세조의 이마를 짚어보니 열이 상당히 높았습니다. 온몸이 불덩이였습니다.

"전하, 신열이 높사옵니다. 어인 일입니까? 어의를 부르겠사옵니다."

그러자 세조가 이렇게 말합니다.

"중전, 업보인가 보오. 이는 업보가 분명하오. 그러지 않고서야 어찌 이런 일이 있을 수가 있겠소."

중전이 말합니다.

"전하! 업보라뇨. 무슨 말씀이신지요?"

세조가 신음소리를 안으로 삭히며 간신히 말을 합니다.

"내가 조카를 죽게 만들었지 않소. 그리고 형수인 현덕왕후마저도 시해를 하였소. 그런데 꿈에 현덕왕후가 나타나 나를 꾸짖으며 내게 침을 뱉었소이다."

세조는 한숨을 푹푹 쉬며 다시 잠을 청했습니다. 그러나 눈은 더욱 말똥말똥해지고 더 이상 잠이 오지 않았습니다. 이리 뒤척 저리 뒤척

꿍꿍대는 세조의 눈앞에 지나간 일들이 주마등처럼 펼쳐졌습니다.

어린 단종을 안고 어르는 일이며 단종이 왕위에 올랐을 때 어떻게든 그를 위해 일하겠다고 마음먹던 일들이 스쳐 지나갔습니다. 드디어 측근들이 거사를 해야 한다고 종용하던 일과 그렇게 할 수 없다던 자신의 모습도 어른거렸습니다.

마침내 측근의 종용에 못 이겨 도저히 인간으로서는 할 수 없었던 일을 자행한 자신의 모습이 눈앞에 어른거렸고 거기에 현덕왕후와 귀여운 단종의 모습도 겹쳐 보였습니다. 그러니 그간에 세조는 얼마나 괴로웠겠습니까? 그렇게 괴로웠지만, 어디 가서 빌 곳이 없었고 참회할 방법을 몰랐단 말입니다. 누구에게 가서 빌고 누구에게 가서 참회를 한단 말입니까?

이튿날 아침 잠자리에서 일어난 세조는 깜짝 놀랐습니다. 지난 밤 꿈에 현덕왕후가 나타나 침을 뱉은 자리마다 이유를 알 수 없는 종기가 돋기 시작한 것이었습니다. 그 종기는 온 몸으로 퍼졌습니다. 온 몸이 가렵기 시작하더니 종기가 난 곳마다 살이 물러터지고 악취가 코를 찔렀습니다. 어떤 야사에 의하면 그 종기는 나중에 문둥병으로 발전했다는 이야기도 있습니다.

세조는 어의를 불러들였습니다. 진맥을 마친 어의가 입을 열었습니다.

"전하, 황공하옵게도 소신의 힘으로는 전하의 병은 치료가 불가능하옵니다."

세조가 근심스러운 표정으로 어의에게 물어봅니다.

"그러면 이유가 무엇이더냐? 어떻게 해야 하겠느냐?"

어의가 대답합니다.

"소신이 알기로는 업보의 병이니 업을 녹이는 것이 급선무일 것 같습니다. 전하, 황공하오나 명산대찰을 찾아가 부처님께 기도를 올리시옵소서."

"그것은 국법으로 금지되어 있는 것, 절대로 조선이라는 나라는 절에 가서 빌 수 없도록 금지되어 있거늘, 짐이 먼저 국법을 어길 수는 없지 않겠는가."

"하오나 전하, 주상전하가 계시고 나서야 국법이 있는 것이옵니다. 아무리 국법이라 해도 이것은 주상전하께서 병을 치료하기 위한 방편이옵니다."

"방편이라…"

"그러하옵니다. 전하…따라서 전하께서 비밀리에 행차를 다녀오시면 되오리라 사료되옵니다."

이렇게 해서 세조는 시종 한 사람만 대동하고 명산대찰을 찾았다고 합니다. 오대산의 월정사로 갔다고 하는데, 아마 여기서부터는 꾸며낸 이야기가 아닌가 싶습니다. 왜냐면 세조가 단종을 죽이고 현덕왕후까지 시해하고 아주 부도덕하게 왕이 되었다는 것을 조선인이라면 다 알고 있지 않습니까? 그런데 이런 세조의 업보가 부처의 자비로 해결되었다는 것을 세인들에게 알리려고 아마 측근들이 꾸며낸 이야기가 아닌지 추측을 해봅니다.

월정사에서 불공을 드리고 난 세조는 상원사로 갑니다. 계곡물이 너무나 맑았습니다. 세조는 어린 시절 시녀들 품에 끼어 멱감던 일이 생각나 혼자 빙그레 웃었습니다.

'참 천진난만한 시절이었지, 그때가 좋았어, 어른이 되고 나니 세상 살이가 너무 복잡하구나, 다시 어린 시절로 돌아갈 수는 없을까.'

세조는 문득 멱을 감고 싶어졌습니다. 그동안 남 앞에서 몸을 보일 수 없었기 때문에 마음대로 옷을 벗지도 못했습니다. 그러나 지금은 시종 한 사람만 있습니다. 그래서 시종과 함께 그 계곡에서 몸을 씻었습니다. 그런데 그때 병이 깨끗하게 고침을 받았다는 것입니다. 그래서 세조가 월정사와 상원사에 큰 녹을 내렸다는 이야기가 전해집니다.

특별히 강릉에서 가장 기름진 땅이라고 알려진 논 500섬지기를 상원사에 바쳤다는 것 아닙니까? 그때부터 묘전, 묘답이라는 말이 생겨났다고 합니다.

다시 말씀드리지만 이것은 세조가 조카를 시해하고 왕위에 오른 것들을 그의 측근들이 합리화하고 정당화시키기 위해서 꾸며낸 이야기일 것입니다. 아무튼 경국대전에서 불교를 금했는데, 그때부터 은근하게 불교를 존중해주고 절에 가는 것을 완화시켜 주었다고 합니다.

그렇게 함으로써, 자신의 부도덕한 정치 행세를 정당화시켜서 누이 좋고 매부 좋고, 꿩 먹고 알 먹고, 도랑 치고 가재 잡고, 마당 쓸고 돈 줍는 작업을 하게 된 것입니다. 하지만 분명한 것은 세조는 꿈에 단종의 어머니가 나타나서 침을 뱉을 정도로 무의식 속에서까지 죄의식으로 얼마나 괴로웠겠습니까?

얼마나 괴롭고 고통스러웠으면 꿈속에서 현덕왕후가 침까지 뱉었겠습니까? 침 뱉은 자리가 실제로 종기가 났는가, 안 났는가, 이것까지는 알 수 없습니다만, 분명한 것은 세조가 고통스러워하고 괴로워했다는 것입니다.

그런데 문제는 참회할 수 있는 길이 없었다는 것입니다. 세조는 그 방법을 몰랐습니다. 그러니 얼마나 고통스럽게 살았겠습니까? 평생 동안 그 마음이 짓눌리고 심령의 짓눌림을 받았을 것입니다. 그래서 나중에 원각사를 짓기도 하고 또 김시습을 통해서 진혼제를 드렸다고 합니다. 이 모든 것은 세조가 얼마나 고통스럽고 괴로워했는지를 우리에게 보여주는 내용이기도 합니다.

일본 사람들은 어떤 잘못을 후회하고 참회할 때 떡을 바다에 던지는 문화가 있다고 합니다. 우리나라 같은 경우는 연날리기를 했습니다. 자신의 마음의 고통과 후회와 탄식을 연과 함께 하늘로 날린다는 의미였습니다.

또 무속신앙을 가진 사람들은 푸닥거리를 했습니다. 어떤 면에서 푸닥거리도 심리적인 카타르시스에 굉장한 도움을 준다고 할 수 있습니다. 예를 들면, 점쟁이가 죽은 사람으로 둔갑하기도 합니다. 며느리가 시어머니한테 큰 잘못을 저질렀거나 아들이 아버지한테 너무 잘못하면 무당이 그 시어머니와 아버지의 영혼을 불러옵니다. 그러면 푸닥거리를 통해서 시어머니, 아버지와 화해를 시켜 주는 것입니다.

그러나 이것은 모두 사탄의 속이는 영의 장난이고, 하나님을 섬기지 못하게 하는 역사입니다. 심리적으로 볼 때는 굉장히 카타르시스를 느낀다고 할 수 있습니다. 점쟁이를 통해서 죽은 시어머니, 아버지와 화해를 하니 우선 그 당시는 마음에 평안이 오고 또 안도감을 느꼈던 것입니다.

그러나 그것은 다 위장된 평화이고 속이는 거짓된 평화입니다. 왜냐면 그렇게 해서 우리의 죄가 용서받을 수도 없고 사함을 받을 수도 없기 때문입니다. 또한 거기에는 절대로 참된 참회의 길이 없을 뿐만 아니라 용서받는 방법도 없습니다. 그러니 얼마나 한탄할 일입니까? 죄를 지어도 참회할 길이 없고 악행을 저질러도 용서 받을 길이 없으니 말입니다.

하나님께서 주신 진정한 참회의 길

■ 그러나 하나님께서는 우리에게 진정으로 참회의 길을 열어주셨다는 것이 얼마나 감사합니까? 그 참회의 길이 무엇입니까? 바로 우리의 죄를 하나님께 가지고 나가는 것입니다. 우리의 죄의 보따리를 십자가에 가지고 나와서 던져버리는 것입니다. 십자가 앞에 나아와 나의 죄를 고백하고 통회하고 자복하는 것입니다.

그러기 전까지는 얼마나 우리가 헐떡거리고 가슴이 벌렁벌렁하고 벌러쿵벌러쿵했을까요? 얼마나 우리의 죄가 우리의 영혼을 짓누르고 우리의 심령을 짓눌러왔습니까? 그런데 하나님은 예수 그리스도를 이 땅에 보내셨습니다. 그리고 예수님을 십자가에 죽게 만드셨습니다.

예수님이 십자가에서 죽으심으로써 흘리신 피가 우리의 모든 죄를 용서하도록 만드셨습니다. 그래서 우리가 주님 앞에 나아가기만 하면 주님께서 우리에게 말씀하십니다.

"소자야, 너희 죄가 용서를 받았느니라, 딸아, 네 죄가 사함을 받았느니라, 너희 죄가 주홍같이 붉을지라도 눈과 같이 희어질 것이요, 진홍같이 붉을지라도 양털같이 희게 되리라."

이렇게 하나님은 예수 그리스도의 십자가와 보혈을 통해서 우리에게 참회의 길을 열어주셨습니다. 용서받을 수 있는 방법과 은총을 내려주셨습니다. 그러므로 우리에게 참회의 길이 있다는 것이 얼마나 큰 축복입니까?

예수 그리스도의 십자가와 보혈을 통하여 우리가 정결하게 되고 깨끗하게 되고 하나님과 온전한 관계로 회복될 수 있다는 게 얼마나 기쁜 일이요, 복된 일입니까? 그러므로 우리가 예수 그리스도의 보혈의 능력을 찬양하는 것이 아닙니까? 예수 그리스도의 보혈의 권세를 노래하는 것입니다.

> ♪ 1. 죄에서 자유를 얻게 함은 보혈의 능력 주의 보혈
> 　　시험을 이기고 승리하니 참 놀라운 능력이로다
>
> 　2. 육체의 정욕을 이길 힘은 보혈의 능력 주의 보혈
> 　　정결한 마음을 얻게 하니 참 놀라운 능력이로다
>
> [후렴] 주의 보혈 능력 있도다 주의 피 믿으오
> 　　　주의 보혈 그 어린양의 매우 귀중한 피로다

그렇습니다. 우리가 하나님 앞에 참된 참회만 하면 하나님은 나의 모든 죄를 지워 주시고 씻어 주십니다. 예수 그리스도의 보혈로 정결

하게 해 주십니다. 우리를 새로 거듭나게 하십니다. 우리를 새롭게 해 주십니다. 우리의 영혼과 육체가 새로워집니다. 정결한 사람이 되는 것입니다. 얼마나 감사합니까?

더러운 옷을 입고 서 있던 여호수아

■ 이것은 개인의 회개뿐만이 아닙니다. 한국교회 전체의 거시적 회개운동도 함께 일어나야 합니다. 개인을 넘어서 한국교회가 보혈의 정결함을 입어야 합니다. 요즘 한국교회가 얼마나 많은 사회적 지탄과 비난을 받고 있습니까? 교회의 영광성과 거룩성은 실추되고 이미지는 땅바닥까지 추락하였습니다.

교회와 관련한 방송보도와 신문기사를 보면 대부분 부정적인 사건만 나옵니다. 한국교회의 선한 영향력이나 복음에 관련한 내용은 거의 나오지 않습니다. 방송국이나 신문사에 교회와 관련한 기사를 요청해도 그 편견과 차별의 벽을 넘기가 어렵습니다.

타종교에 대해서는 그렇게 관대하고 완만하게 보도를 상세하게 잘 해주면서 유독 한국교회에 대해서만은 부정적인 시각을 갖고 있습니다. 절대로 예수, 십자가, 교회 이런 단어들을 사용하지 않으려고 합니다. 물론 반기독교 세력의 교묘한 공격 때문이기도 하지만, 먼저 우리가 회개하고 잘못을 돌이켜야 합니다. 한국교회의 이미지 쇄신을 위해서 노력해야 합니다.

스가랴서를 보면, 하나님께서 스가랴에게 몇 가지 환상을 보여주시는데 그중 하나가 대제사장 여호수아에 관한 환상입니다. 스가랴가 환상 가운데 보니 여호수아가 하나님 앞에 서 있었습니다. 그런데 어떤 모습으로 서 있느냐면 마치 불에 그을린 나무의 모습으로 서 있습니다. 다시 말하면, 여호수아가 너무 추잡스럽고 천박하고 더러운 모습으로 서 있었습니다. 그 모습을 보고 사탄이 여호수아를 얼마나 조롱하는지 모릅니다.

> 슥 3:1-3 대제사장 여호수아는 여호와의 천사 앞에 섰고 사탄은 그의 오른쪽에 서서 그를 대적하는 것을 여호와께서 내게 보이시니라 여호와께서 사탄에게 이르시되 사탄아 여호와께서 너를 책망하노라 예루살렘을 택한 여호와께서 너를 책망하노라 이는 불에서 꺼낸 그슬린 나무가 아니냐 하실 때에 여호수아가 더러운 옷을 입고 천사 앞에 서 있는지라

이게 무엇을 의미하는 환상인 줄 아십니까? 지금 이스라엘의 대제사장 여호수아는 이스라엘 백성의 대표입니다. 그런데 대제사장이었음에도 불구하고 하나님 보시기에 너무 추잡스럽고 더러운 옷을 입고 있었습니다. 다시 말해, 바로 그 모습이 하나님 보시기에 세속적이고 부정결한 모습이었습니다. 따라서 이 환상은 인간적이고 세상적으로 볼 때는 이스라엘 백성들이 메대 바사의 권력 때문에 성전 건축을 못하는 것처럼 보였지만 영적으로 볼 때는 사탄의 장난과 계략 때문에 성전을 못 짓고 있다는 것을 보여줍니다.

대제사장이
더러운 옷을 입게 된 이유

■   여기에 대한 배경을 알아야 하는데, 바벨론 포로로 끌려간 남왕국 유다 백성이 고레스 왕의 칙령으로 예루살렘으로 돌아왔습니다. 그들이 예루살렘에 돌아와서 제일 먼저 한 일은 하나님의 성전을 건축하는 일이었습니다. 하나님의 성전을 건축하기 시작할 때 얼마나 감격했는지 모릅니다. 너무나 감격해서 울며 기쁨으로 성전을 지었습니다. 그런데 사마리아인들이 방해를 하였습니다. 그래도 그들은 믿음으로 하나님의 집을 지어 나갔습니다.

그러자 사마리아 백성들이 메대 바사의 아닥사스다 왕에게 상소를 올렸습니다. 요즘으로 말하면 민원을 넣은 것입니다.

"저 남유다 놈들이, 메대 바사를 배반하려고 성전을 짓고 있습니다."

그러자 아닥사스다 왕이 진노하여 당장 중지령을 내렸습니다. 그래서 16년 동안 하나님의 성전 건축이 중단되었습니다. 사실은 스룹바벨과 여호수아가 죽을 각오를 하고 성전 건축을 진행했어야 하는데, 세상 권력에 주눅이 들고 기가 죽어서 그만 성전 건축이 중단되고 말았습니다. 온 백성이 한 마음, 한 뜻으로 똘똘 뭉쳐 기도하며 믿음으로 밀어 붙였으면 할 수 있는 일을 그들은 기도하지도 않고 포기해 버린 것입니다.

사마리아 사람들이 투서를 하고 진정을 내면 그들은 더 강한 진정을 내고 아닥사스다 왕을 설득했어야 하는데 그들은 그만 세상 권력 앞에 무릎을 꿇어 버리고 말았습니다. 그래서 지금 사탄이 대제사장을 조롱하고 모욕하고 있는 것입니다. 아니, 그것은 이스라엘 전 민족을 조롱하고 모욕하는 것입니다. 바로 그런 조롱을 받고 있는 대제사장 여호수아, 아니 이스라엘 백성들의 모습이, 불에 그을린 나무와 같고 추잡하고 더러운 옷을 입은 여호수아의 모습과 같다는 것입니다.

타다 남은 나무가 얼마나 추잡스럽게 보입니까? 옛날 부엌에서 사용하던 부지깽이가 기억 나십니까? 이 부지깽이는 지팡이도 아니고 막대기도 아닙니다. 불에 타다 남은 그을린 부지깽이가 얼마나 추잡스럽게 보입니까? 더구나 이스라엘의 대제사장은 영광스러운 옷을 입어야 합니다. 그가 세마포 옷을 입든지 대제사장의 정복을 입어야 영광스럽게 보일 것 아닙니까? 그러나 환상을 보니, 가장 추잡스러운 옷을 입고 있습니다.

대제사장을 정결케 하심

■   그렇다고 대제사장 여호수아가, 원래부터 "세속 - 부정"의 상태였습니까? 아니었습니다. 원래는 정결의 상태였습니다. 그의 믿음이 세속화되고 타락하게 되자 부정한 상태가 되었습니다. 그러므로 대제사장 여호수아는 원래 거룩하고 정결한 사람이었기에 다시 하나님 앞에 정결을 입을 수 있고 정결화 과정을 통해 거룩함을 회복할 수 있습니다. 그래서 하나님께서 여호수아가 입고 있던 더러운 옷을 벗기고 아름다운 옷을 입혀 주시지 않습니까?

정결한 관을 대제사장 여호수아에게 씌워 줍니다. 또 깨끗한 옷을 입혀 주십니다. 이것은 하나님께서 하나님의 방법으로 정결화 작업을 해 주시고 또 거룩하게 하시겠다는 말씀입니다.

> 슥 3:4-5 여호와께서 자기 앞에 선 자들에게 명령하사 그 더러운 옷을 벗기라 하시고 또 여호수아에게 이르시되 내가 네 죄악을 제거하여 버렸으니 네게 아름다운 옷을 입히리라 하시기로 내가 말하되 정결한 관을 그의 머리에 씌우소서 하매 곧 정결한 관을 그 머리에 씌우며 옷을 입히고 여호와의 천사는 곁에 섰더라

하나님께서 이렇게 대제사장 여호수아에게 정결함을 회복하도록 하시지 않습니까? 물론 이것은 스가랴의 환상을 통해서 보여주는 사건이지만 그래서 여호수아도 깨닫고, 자신과 온 이스라엘 회중을 위해 특별 속죄제를 드렸을 것입니다. 정결을 위한 속죄제, 또 속죄를 위한 속죄제, 그리고 제사를 드려서 정결함을 회복했을 것입니다.

뿐만 아니라, 번제와 화목제를 드림으로써 하나님과 아름다운 관계를 갖고 다시 성전 건축을 재개했을 것입니다. 원래는 거룩하고 정결한 상태였는데 지금 내 모습이 너무나 세속적이고 부정한 상태라고 생각되면 빨리 정결부터 회복해야 합니다. 거룩을 회복해야 합니다. 한국교회도 정결함과 거룩을 회복해야 합니다. 여호수아가 입었던 더러운 옷을 벗어 버리고 아름다운 옷을 입은 것처럼 한국교회도 다시 거룩한 세마포 옷을 입어야 합니다.

"주여, 우리가 눈물의 참회를 통하여 영혼과 육체가 새로워지게

하옵소서. 한국교회가 회개함으로 하나님 앞에서 온전히 새로워지게 하옵소서. 한국교회의 영광성과 거룩성이 다시 회복되게 하여 주시고 하나님과의 관계가 회복되게 하옵소서. 우리 모두 정결한 존재가 되게 하시고 거룩한 헌신으로 삶을 새롭게 하옵소서."

♪ 1. 내 주의 보혈은 정하고 정하다
　　내 죄를 정케 하신 주 날 오라 하신다

　2. 약하고 추해도 주께로 나가면
　　힘 주시고 내 추함을 곧 씻어 주시네

　[후렴] 내가 주께로 지금 가오니
　　십자가의 보혈로 날 씻어주소서

우슬초로 정결케 하소서

2

시편 51:1-7

"하나님이여 주의 인자를 따라 내게 은혜를 베푸시며 주의 많은 긍휼을 따라 내 죄악을 지워 주소서 나의 죄악을 말갛게 씻으시며 나의 죄를 깨끗이 제하소서 무릇 나는 내 죄과를 아오니 내 죄가 항상 내 앞에 있나이다 내가 주께만 범죄하여 주의 목전에 악을 행하였사오니 주께서 말씀하실 때에 의로우시다 하고 주께서 심판하실 때에 순전하시다 하리이다 내가 죄악 중에서 출생하였음이여 어머니가 죄 중에서 나를 잉태하였나이다 보소서 주께서는 중심이 진실함을 원하시오니 내게 지혜를 은밀히 가르치시리이다 우슬초로 나를 정결하게 하소서 내가 정하리이다 나의 죄를 씻어 주소서 내가 눈보다 희리이다"

술주정뱅이 남편 이야기

■   옛날 어느 시골교회에 신앙생활을 열심히 하는 한 여집사님이 있었습니다. 그런데 남편이 술주정뱅이였습니다. 그는 술만 먹었다면 악질적으로 집사님을 구타하고 교회를 못 나가게 했습니다. 그리고 끄덕하면 "목사가 니 서방이냐, 그러려면 목사하고 살아라!" 하고 소리쳤습니다. 얼마나 말도 안 되는 소리입니까? 그래도 그 집사님은 끝까지 참고 남편 구원을 위하여 열심히 기도했습니다.

그러던 어느 날, 서울에서 유명한 부흥 강사가 와서 그 교회 부흥집회를 하였습니다. 그 여집사님은 '이런 능력 있는 신령한 주의 종이 와서 집회를 할 때 우리 남편이 한번이라도 교회 나와서 설교 듣고 변화를 받으면 얼마나 좋을까?' 그런 마음으로 금식하며 기도했습니다.

이 기도 때문인지 부흥회 이튿날 저녁에 남편이 교회에 왔습니다. 그런데 그냥 온 것이 아니라 술을 잔뜩 마시고 교회로 왔습니다. 처음에 남편은 집에 일찍 들어왔습니다. 일찍 들어와서 보니 마누라가 집에 없는 것입니다.

"아휴, 또 교회에 갔구먼."

그가 마누라를 찾으러 교회로 갔는데 때마침 부흥강사의 설교가 클라이맥스에 이르렀습니다. 뒤에서 부인을 두루두루 찾으면서 설교 내용을 가만히 들어보니까 이 부흥강사가 하는 설교가 전부 자기보고 하는 소리로 들렸습니다.

그 남편이 또 오해를 하였습니다.

'마누라가 내 하는 일을 교회 목사에게 다 꼬아 바쳤구나. 오랜만에 오는 부흥강사도 내 숨은 일을 다 알아버리니, 이 교회 담임목사에게는 우리 마누라가 얼마나 고자질을 했겠는가!'

부아가 나고 창피해서 견딜 수가 없었습니다. 그때 목사님의 설교가 끝나고 불이 꺼지더니, '주여 삼창'을 하며 통성기도를 하는 것이었습니다. 불을 꺼놓고 온 성도가 회개하고 눈물바다를 이루는데 이 남자가 더듬더듬 마누라가 앉아 있는 자리로 찾아갔습니다.

그리고 자기 마누라의 머리채를 잡고 입을 수건으로 막은 채 교회 바깥으로 끌고갔습니다. 교회 뒤에 있는 콩밭으로 끌고 가서 머리채를 휘어잡고 마누라의 몸을 발로 지근지근 밟았습니다. 얼마나 패버렸던지 마누라의 몸은 녹초가 되고 반죽음이 되어 버렸습니다.

그런데 문제가 생겼습니다. 마누라가 말도 못하고 끙끙 앓고 신음하는 소리가 뭔가 좀 이상했습니다. 정신을 차려 라이터 불을 켜서 보니까 그렇게 두들겨 팬 여자가 자기 마누라가 아니었습니다. 세상에, 하필이면 자기 동네 면장 부인이었던 것입니다.

아이고, 야단났습니다. 옛날에는 시골에서 면장 사모님이 얼마나 높았습니까? 그런데 면장 사모님을 얼마나 쥐어 패버렸는지, 간이 콩알만해가지고 그 자리에 엎드려 백배 사죄를 구했습니다.

"죄송합니다. 죽을죄를 지었습니다. 우리 마누라인 줄 알고 팼는데 면장님 사모님이 걸려 들었구만요. 용서해 주십시오."

그러나 면장 사모님이 이렇게 으름장을 놓았습니다.

"아니야, 너 같은 놈, 징역 가서 10년이고 20년이고 콩밥 좀 먹고 와야 해."

그러자 이 남자가 에라이 모르겠다 하고 도망을 가 버렸습니다.

어떻게 도망갔는 줄 아십니까? 자기 마누라인 줄 알고 얼마나 발차기를 하고 지근지근 밟아댔는지 신발 한 짝이 벗겨진 것입니다. 그 신발 한 짝이 벗겨졌는지도 모르고 걸음아 나 살려라 하고 줄행랑을 쳐버렸습니다.

신발만 한 짝 벗어놓고 간 줄 아십니까? 얼마나 주먹질을 했는지 그만 시계가 풀어져서 아예 시계를 풀어놓고 주먹질을 해댄 것입니다. 집에 가서 한숨 돌리고 보니까 신발 벗어놓고 왔지, 시계까지 풀어놓고 왔지, 분명히 자기가 때렸다는 증거는 남게 될 것입니다.

그러니 어떻게 발뺌을 할 수 있겠습니까? 거기다가 예배 보는 여자를 끌고 나왔으니 종교집회 방해죄까지 걸렸습니다. 그냥 때린 것도 아니고 옷을 찢고 벗기며 때렸습니다. 그러니 변태, 강간, 폭력죄에 자기 마누라도 아닌 면장 사모님을 때렸으니 아마 최소한 10년 이상은 감방살이를 할 것 같았습니다.

그러니 잠이 옵니까? 얼마나 마음이 불안하고 초조한지 잠을 한숨도 못 이룬 채 뜬눈으로 밤을 새웠습니다. 눈을 한시도 붙이지 못하고 날이 밝자마자 그는 용기를 내서 면장님 댁으로 갔습니다. 가보니 면장과 면장 부인이 상세하게 고소장까지 다 써 놓았습니다.

면장님이 그에게 뭐라고 말을 했는지 아세요?

"이놈아, 너는 최하가 10년이야. 그리고 두들겨 패놓고 도망을 갔으니 아마 15년 동안은 넉넉히 감방살이를 할 것이다."

그러자 이 남자가 넙죽 절을 하며, "면장님, 죽을 죄를 지었습니다.

같은 남자로서 모르고 그랬으니 용서해 주십시오. 제발 용서해 주십시오. 용서만 해 주시면 뭐든지 면장님께서 하라 하시는 대로 다 하겠습니다. 무슨 말씀이든지 다 듣겠습니다."

그러자 면장이 이렇게 말을 합니다.

"그럼 자네, 내가 하라는 대로 하겠는가?"

"예 무슨 말씀이든지 분부만 하십시오. 용서만 해 주신다면 다 하겠습니다."

"그러면 지금까지 살면서 지은 죄를 종이에 다 상세히 쓰고 나에게 약속을 해야 되겠네. 첫째, 나는 일생 동안 술을 마시지 않겠습니다. 둘째, 나는 일생 동안 아내를 때리지 않겠습니다. 셋째, 나는 죽을 때까지 예수 믿고 교회를 나오겠습니다. 넷째, 이것을 이행하지 않으면 언제든지 다시 고소할 수 있습니다."

이렇게 쓰고 이 남자가 자기 도장을 찍었습니다. 왜 그런지 아십니까? 그 면장은 바로 그 교회 장로님이셨습니다. 그래서 그 여집사의 기도 제목을 알고 이때 전도 한 번 하자고 미리 여집사님하고 각본을 다 짰던 것입니다.

어쨌든 이 남자가 도장을 찍고 죄 용서함을 받았습니다. 죄 용서함을 받으니까 이때처럼 마음이 평안하고 행복한 적이 없었다는 것입니다. 당장 돌아와서 드디어 다리를 쭉 펴고 잠을 잤습니다. 지금까지 한숨도 못 잤으니 얼마나 피곤하겠습니까? '이제야 두 다리를 쭉 펴고 눕겠구나' 하고 잠을 잤습니다.

그리고 그 남편은 저녁부터 부흥회 참석을 했습니다. 그날 저녁 담임목사님과 부흥강사에게 안수기도를 받고 그 다음 주일부터 교회에 잘 다녔을 뿐 아니라, 훗날 훌륭한 일꾼이 되었다는 이야기입니다.

용서를 받은 사람의 마음이 이렇게 평안하고 행복하다는 것입니다. 생각해 보십시오. 옛날 수십 년 전에 그 남자는 면장 부인을 때리고 얼마나 공포의 밤을 뜬눈으로 새웠겠습니까? 사실은 그렇게 두렵게 떨지 않아도 다 용서받기로 되어 있었는데 말입니다. 그런데 면장님과 사모님께 용서를 받으니 얼마나 마음이 평안하고 그 영혼이 아늑하며 행복을 느꼈겠습니까?

다윗이 바로 이러한 용서를 구하고 있습니다. 특별히 다윗은 하나님 앞에 용서와 사죄를 통해서 하나님과의 관계 회복을 간절히 바라고 있습니다. 하나님과의 온전한 관계 회복을 통해서 오는 그 평안함, 그 영혼의 아늑함, 진정한 행복을 누리고 싶었습니다.

이것은 오늘 우리도 마찬가지입니다. 우리가 어떻게 이런 참된 평안과 행복을 누릴 수 있습니까? 진정한 자유와 사죄의 기쁨을 어떻게 누릴 수 있단 말입니까? 그것은 반드시 참회와 회개를 통해서만 가능합니다. 참된 회개와 참회만이 하나님께서 우리를 참으로 평온한 사람으로 만들어 주시고 진정 행복한 사람으로 빚어주시는 것입니다.

우리에게도 이런 은혜가 있어야 합니다. 주님 앞에 진정한 참회와 회개를 통해서 새 사람이 되어야 합니다. 우리의 심령이 새롭게 빚음을 받아야 합니다. 그래서 이 땅에서 가장 행복하고 평화로운 성도가 되어야 합니다.

♪ 나는 행복해요 죄 사함 받았으니
　아버지 품 안에서 떠나 살기 싫어요

나는 행복해요 사랑이 샘 솟으니
이 세상 무엇이든 채우고도 남아요

주님 한 분밖에는 아는 사람 없어요
가슴 깊이 숨어 있는 주를 사랑하는 맘
주님 한 분밖에는 기억하지 못해요
처음 주를 만난 그 날 울며 고백하던 말

정결과 거룩의 관계

■ 이러한 평안과 행복을 위해서는 반드시 정결이 필요합니다. 정결이란 말은 히브리어로 "타호르"라고 하는데, 부정이 전혀 없는 상태, 그야말로 하나님 보시기에 정상적이고 온전한 상태를 말합니다. 정결이 구비되어야 우리가 하나님께 나아갈 수 있습니다. 그리고 하나님께 참된 헌신을 할 수 있습니다. 이것이 하나님 보시기에 진정한 거룩이 되는 것입니다.

다윗은 하나님 앞에 정결을 입기 원하고 정결의 은혜를 사모하고 있습니다. 그런데 다윗은 일반적 정결을 구하는 것이 아닙니다. 중립적 상태의 정결을 구하고 있지 않습니다. 절대적 정결, 거룩한 정결, 하나님께 나아가고 온전한 헌신을 하기 위한 정결을 사모하고 있습니다.

그렇다면 다윗은 왜 거룩이라는 말을 쓰지 않았을까요? 왜 정결이라는 말을 쓰고 있을까요? 왜 하나님 앞에 거룩을 사모하지 않고 정결을 사모하고 있을까요? 왜냐면 다윗은 정결과 거룩의 관계를 너무나 잘 알고 있었기 때문입니다.

거룩이라는 것은 원래 하나님의 영역이고 하나님만의 것입니다. 사실 인간은 하나님의 그 온전한 거룩을 부분적으로 받는 것뿐입니다. 거룩은 하나님의 것이고 하나님의 영역에만 존재하는 것입니다.

그런데 정결은 인간의 영역이라고 할 수 있습니다. 그래서 성경을 보면 "정결하신 하나님", 또 "우리 하나님은 정결하시다" 이런 표현이 없습니다. 오직 우리 하나님을 향해서는 항상 "거룩하신 하나님, 우리 하나님은 거룩하시다" 이런 표현이 있을 뿐입니다. 그러므로 인간은 하나님의 그 거룩을 부분적으로 받는 것뿐입니다.

그런데 그 하나님의 온전하신 거룩을 받기 위해서는 반드시 정결이 있어야 됩니다. 다시 말하면 우리가 정결한 상태가 되어야 하나님께 나아갈 수 있고 하나님께 헌신할 수가 있는 것입니다. 그리고 그때 우리는 하나님의 거룩에 참여하기도 하고 또 하나님의 온전하신 거룩을 부분적으로 받게 됩니다.

그런데 다윗은 지금 너무나 부족한 상태에 있습니다. 이렇게 부정한 사람이 어떻게 거룩을 구할 수 있단 말입니까? 어떻게 하나님의 거룩에 참여하려고 하겠습니까? 그래서 그는 먼저 정결을 목마르게 사모하고 있습니다. 일반적인 정결도 아니고 절대적 정결을 사모하고 있습니다. 온전한 정결, 거룩한 정결을 사모하고 있습니다.

카바스, 타하르, 히테

■ 저는 이 다윗의 시편 51편을 연구하고 구조 분석을 하면서 다윗이 얼마나 온전한 정결, 절대적인 정결을 사모하고 있는지 발견했습니다. 그 근거를 제시해 볼까요? 1절입니다.

> 시 51:1 하나님이여 주의 인자를 따라 내게 은혜를 베푸시며 주의 많은 긍휼을 따라 내 죄악을 지워 주소서

1절에서 다윗은 하나님께 자신의 죄악을 지워달라고 기도하고 있습니다. 이 구절에서 "지워달라"는 말을 히브리어로 "레헤"라고 표현했습니다. 이 말의 원형은 "마하흐"라는 말인데 "닦아내다, 지우다"라는 뜻입니다.

하나님께서 내 모든 죄를 지워 없애주고 도말해 달라고 기도하고 있습니다. 그러면 어떻게 구체적으로 지우고 닦아내고 도말해 달라고 합니까? 그 다음 구절에서 다윗은 좀더 구체적인 예를 들어서 표현하고 있습니다.

> 시 51:2 나의 죄악을 말갛게 씻으시며 나의 죄를 깨끗이 제하소서

2절에서 다윗은 자신의 죄악을 말갛게 씻으시며 자신의 죄를 깨끗이 씻어 달라고 기도하고 있습니다. 여기서 "말갛게 씻으시며"라는 말

은 "카바스"라고 하는데, "더러운 것을 제거하다", "의복을 빨다"라는 뜻입니다.

"카바스"라는 단어는 주로 레위기에서 정결의식과 관련하여 많이 사용된 표현입니다. 레위기를 보면 일반적으로 가볍게 부정하게 된 사람들은 자신의 의복을 빨아서 부정을 제거했습니다. 그때마다 카바스라는 단어를 많이 썼습니다. 그러므로 카바스는 일반적 정결의식과 관련하여 사용된 단어입니다.

그 다음에 "나의 죄를 깨끗이 제하소서"라고 했습니다. "제하소서"라는 동사는 "타하르"라고 하는데, 좀더 심각한 부정으로부터 정결함을 받을 때 썼던 단어입니다. 비근한 예로, 제사장이 한센병 환자의 병을 진찰한 후에 그의 병이 깨끗해졌음을 선포할 때 사용되는 단어였습니다. 다윗은 마치 자신이 심각한 한센병에 걸려 격리되어 있는 사람처럼 생각했습니다.

비참한 지경에 처한 한센병 환자가 완치되어 깨끗함을 입게 되었다는 제사장의 선포를 간절하게 기다리는 것처럼, 자신이 그 모든 심각한 부정으로부터 깨끗해졌다는 하나님의 선포를 다윗은 지금 간절히 바라고 있는 것입니다.

7절을 보면 정결을 위한 더 구체적이고 강력한 동사를 사용하였습니다.

> 시 51:7 우슬초로 나를 정결하게 하소서 내가 정하리이다 나의 죄를 씻어 주소서 내가 눈보다 희리이다

7절에 정결하게 한다는 말은 히브리어로 "테핫 테히니"라고 하는데 이 동사의 원형이 "하타"입니다. 이 "하타"라는 말은 원래 "도덕적으로 잘못하다, 범죄하다"라는 뜻입니다. 그런데 "하타"의 피엘 형(히브리어 동사의 강조 형태) "히테"가 되면 그 의미가 "죄를 닦아내고 속죄하다"라는 정반대의 뜻이 됩니다. 하나님 앞에 특별하게 드리는 속죄제 제사 때 대부분 이 단어가 쓰입니다.

특별히 속죄제를 드릴 때 번제단, 향단, 그리고 속죄소 지성소에 들어가서 피를 뿌리거나 발랐습니다. 그렇게 함으로써 죄를 닦아내고, 사람의 죄를 속죄할 때 쓰는 말이 대부분 "히테"라는 단어입니다.

> 레 8:15 모세가 잡고 그 피를 가져다가 손가락으로 그 피를 제단의 네 귀퉁이 뿔에 발라 제단을 깨끗하게 하고 그 피는 제단 밑에 쏟아 제단을 속하여 거룩하게 하고

그러므로 다윗은 지금 이 단어를 가지고 점층법, 강조법적인 표현을 하고 있습니다. 다윗은 카바스(외식적 정결), 타하르(나병으로부터의 정결), 그 다음에 히테(속죄의식의 정결, 제단 뿔의 정결) 이러한 동사들을 사용함으로써, 절대적 정결을 사모하고 하나님의 거룩에 참여하고 싶어하는 자신의 갈급한 마음을 강력하게 표현하고 있습니다.

그래야 그가 절대적 정결을 통하여 하나님께 나아가며 진정한 헌신을 통해서 참된 거룩을 소유할 수 있다고 확신했기 때문입니다. 그리고 그때에야 비로소 하나님과 자신이 올바른 관계를 맺을 수 있다고 확신했기 때문입니다.

다시 말해, 맨 처음에는 자신의 죄를 지워버리고 없애버리기 위해서 먼저 "카바스"라는 동사를 썼습니다. 이 카바스라는 단어는 일반 정결예식에서 사용한 표현입니다. 다음으로는 "타하르"라는 단어를 썼습니다. 이 타하르는 한센환자가 병에서 고침을 받고 정결예식을 통해서 깨끗함을 입을 때 주로 쓰여졌던 단어입니다.

다음으로는 "히테"라는 동사를 썼습니다. 이 히테라는 단어야말로 한센환자가 고침받고 정결하다고 선포받는 것보다 훨씬 더 강력한 표현입니다. 부정해지고 오염되었던 성소의 기물이 정결해지고 깨끗해진다는 표현을 할 때 "히테"라는 표현을 썼습니다.

가령, 어떤 사람이 엄청난 죄를 지었다고 합시다. 이건 부정을 넘어서 아주 크나큰 악행입니다. 또 이스라엘의 모든 백성들이 집단적으로 죄를 지었다고 합시다. 그때 그들의 죄를 닦아내고 그들의 죄를 다 씻어버리는 속죄의 역사를 "히테"라고 표현했습니다.

이처럼 다윗은 점층법과 또 반복 강조를 통해서 그가 얼마나 절대적 정결을 사모했는가를 보여주고 있습니다. 그 정결을 통해 얼마나 하나님께 나아가고 자신을 하나님께 드리고 싶어했는가를 보여주고 있습니다. 그렇게 함으로써 그가 얼마나 하나님과 올바른 관계를 이루기를 원했는지를 잘 보여주고 있습니다.

오늘 우리도 이런 다윗의 마음을 가져야 합니다. 다윗의 사모함을 소유해야 합니다. 카바스의 은혜를 달라고 간구해야 합니다. 타하르의 은혜를 사모해야 합니다. 아니, '히테'의 은혜를 달라고 기도해야 합니다.

그렇게 함으로 우리가 다윗처럼 절대적 정결을 소유하고 그 정결한 상태로 하나님께 나아가며 우리의 마음과 몸과 삶을 거룩한 제물로 드려야 합니다. 그래서 하나님과 올바른 관계를 이루며 이 땅에서 가장 행복하고 평안하고 복된 삶을 살아가야 합니다.

> ♪ 내 마음에 주를 향한 사랑이 나의 말엔 주가 주신 진리로
> 나의 눈에 주의 눈물 채워주소서
> 내 입술에 찬양의 향기가 두 손에는 주를 닮은 섬김이
> 나의 삶에 주의 흔적 남게 하소서
> 하나님의 사랑이 영원히 함께하리 십자가의 길을 걷는 자에게
> 순교자의 삶을 사는 이에게
> 조롱하는 소리와 세상 유혹 속에도
> 주의 순결한 신부가 되리라 내 생명 주님께 드리리

한센환자는 아닙니까?

■　　　　　　다윗은 이렇게 카바스와 타하르, 히테의 은혜를 달라고 기도하면서 또 하나의 구체적인 표현을 하고 있습니다. 바로 "우슬초"라는 단어입니다. "우슬초로 나를 정결하게 하소서. 내가 정하리이다." 이렇게 기도하고 있습니다.

우슬초라는 식물은 히브리어로 "에조브"라고 하는데, 이것을 다발로 묶어서 주로 피를 뿌리고 정결수를 뿌립니다. 다발로 묶은 우슬초

를 "마조람"이라고 하는데, 이스라엘 전통에 의하면 세 개를 묶어서 피를 뿌리고 정결수를 뿌렸다고 합니다.

"우슬초로 피를 뿌리라"는 명령은 출애굽기 12장에 최초로 등장합니다. 하나님께서 애굽의 장자를 치는 재앙을 내리실 때, 죽음의 사자가 문설주와 좌우 인방에 피가 묻어 있는 집은 건너 뛸 것이라고 약속하셨습니다. 그래서 이스라엘 백성들에게 우슬초 다발로 유월절 어린양의 피를 문설주와 좌우 인방에 뿌리도록 했습니다. 그 피를 보고 죽음의 사자가 그냥 지나갔습니다.

> 출 12:22-23 우슬초 묶음을 가져다가 그릇에 담은 피에 적셔서 그 피를 문 인방과 좌우 설주에 뿌리고 아침까지 한 사람도 자기 집 문 밖에 나가지 말라 여호와께서 애굽 사람들에게 재앙을 내리려고 지나가실 때에 문 인방과 좌우 문설주의 피를 보시면 여호와께서 그 문을 넘으시고 멸하는 자에게 너희 집에 들어가서 너희를 치지 못하게 하실 것임이니라

하나님께서는 이스라엘 백성들이 출애굽한 이후 시내 광야에서 레위기의 말씀을 계시해 주셨습니다. 그때 한센병에서 고침 받고 정결함을 얻기 위해 피를 찍어 뿌릴 때도 우슬초를 사용하라고 했습니다.

> 레 14:4-6 제사장은 그 정결함을 받을 자를 위하여 명령하여 살아 있는 정결한 새 두 마리와 백향목과 홍색 실과 우슬초를 가져오게 하고 제사장은 또 명령하여 그 새 하나는 흐르는 물 위 질그릇 안

> 에서 잡게 하고 다른 새는 산 채로 가져다가 백향목과 홍색 실과
> 우슬초와 함께 가져다가 흐르는 물 위에서 잡은 새의 피를 찍어

　이 말씀을 기억하면서 다윗은 하나님께 우슬초로 자기를 정결하게 해달라고 기도하고 있습니다. 하나님께서 직접 우슬초 다발을 들고 자신의 얼굴과 영혼과 심령과 모든 부위에 피를 뿌리고 정결수를 뿌려달라는 것입니다. 그렇게 해서 자신이 하나님 앞에 절대적 정결을 소유하고 싶다는 것입니다.

　자신은 지금 단순히 죄만 지은 것이 아니라 이미 영혼과 육체가 한센병에 걸린 것처럼 부정해져 있다는 것을 말합니다. 그러니 하나님만이 자신을 정결하게 하고 하나님의 거룩에 동참하게 하실 수 있다는 것입니다.

　이러한 다윗의 마음과 간절함을 이해하기 위해서 우리는 구약에서 한센환자가 어떻게 정결함을 입게 되었는지 그 과정을 살펴볼 필요가 있습니다. 원래 구약 백성들에게 한센환자는 하나님 앞에서의 교만과 하나님을 대적함으로써 생긴 병이라고 인식되어 있습니다. 그래서 웃시야 왕도 교만하다가 한센병에 걸리지 않았습니까?

　일반적으로 한센환자는 하나님의 저주의 결과라고 생각했습니다. 다른 병이야 의사가 고치면 됩니다. 그런데 한센병은 먼저 제사장에게 가서 확진을 받아야 했습니다. 나중에 고침을 받았다 하더라도 반드시 제사장에게 가서 확인을 받아야 했습니다. 제사장에게 고침을 받았다는 확진과 선포를 받아야 했습니다.

　그 이유는 한센병은 일반적인 병과는 달리 하나님이 직접 징계하

서서 나타나는 것이라고 생각했기 때문입니다. 그렇기 때문에 제사장들 곧 하나님의 종들이 확진하고 판단하며 정결까지 선포하게 했던 것입니다.

그런데 한센병의 가장 궁극적인 원인이 바로 죄와 교만 때문이라는 것입니다. 그 교만 죄로 생긴 한센병 환자들의 모습은 피부가 썩고 곪아 떨어져 마치 죽은 시체와 가장 흡사한 모습이었습니다. 하나님께서는 이것을 매우 부정하게 보셨습니다.

다윗의 심령이 이 모습과 같았다는 것입니다. 자기가 하나님 앞에 범죄하고 자신의 심령이 마치 한센환자와 같다는 것입니다. 아니, 자신의 몸이 한센병 걸린 사람과 다를 바가 없다는 것입니다. 그는 한센환자가 정결함을 받는 것처럼 반드시 자신도 하나님께 정결함을 받기를 원했습니다. 우슬초로 자신을 정결하게 해 달라고 말입니다.

우리도 마찬가지입니다. 죄를 지으면 심령이 문드러지게 되어 있습니다. 우리의 영혼이 한센환자의 피부처럼 곪고 썩고 문드러지게 된단 말입니다. 우리 육신은 아무런 일이 없는 것처럼 보이지만 우리의 속사람은 썩어가고 곪아가고 문드러져 간다는 것입니다.

오늘 우리의 속사람이 그런 한센환자는 아닙니까? 우리의 심령이 한센병에 걸린 사람처럼, 속된 말로 나병환자처럼 그렇게 문드러지고 곪아가고 있지는 않습니까? 겉으로는 멀쩡하지만 우리의 심령이 그렇게 병들어 있지는 않습니까?

오늘 우리는 하나님 앞에 나와야 합니다. 진정한 회개와 참회를 통하여 정결함을 받아야 합니다. 절대 정결, 온전한 정결을 받아야 합니다. 그 정결한 상태로 하나님께 나아가야 합니다. 그리고 하나님께 나를 드려야 합니다. 참된 거룩에 동참해야 합니다. 그래서 하나님과의 관계가 아주 아름답고 복되고 정상적인 관계를 이룰 수 있기를 바랍니다.

♪ 주여 우리의 죄를 용서하여 주소서
　지난 날의 잘못을 사하여 주옵소서
　주여 주여 나의 죄를 위하여
　주여 주여 십자가를 지셨네
　주님 가신 그 길을 나도 걸어야 하네
　주님 가신 그 길을 나도 걸어야 하네

한센환자에게 임한 우슬초 피 뿌림의 감격

■　　　　　구약시대에 한센환자는 발병 즉시 제사장에게 진찰을 받아야 했습니다. 그래서 제사장이 한센환자라고 확진을 하면 그는 당장 옷을 찢고 머리를 풀며 윗입술을 가리고 이렇게 외쳐야 합니다.

"부정하다, 부정하다, 여러분, 저는 부정한 사람입니다. 그러므로 어서 빨리 저에게서 떠나십시오. 저의 부정이 여러분에게 옮아가면 안 됩니다."

이렇게 외치며 그는 진영 안에서 살 수 없었습니다. 다시 말하면 마을에서 살 수 없었습니다. 마을을 떠나 동굴이나 다리 밑에서 살아야 했습니다.

> 레 13:44-46 이는 나병 환자라 부정하니 제사장이 그를 확실히 부정하다고 할 것은 그 환부가 그 머리에 있음이니라 나병 환자는 옷을 찢고 머리를 풀며 윗입술을 가리고 외치기를 부정하다 부정하다 할 것이요 병 있는 날 동안은 늘 부정할 것이라 그가 부정한즉 혼자 살되 진영 밖에서 살지니라

이처럼 한센병은 하나님 앞에 아주 부정한 병이었습니다. 그렇다면 구약에서 한센환자는 어떻게 정결함을 입었을까요? 한센환자는 완치가 판명된 뒤라도 반드시 다음과 같은 네 가지 정결 절차를 밟아야 했습니다. 이것이 레위기 14장에 나타나 있습니다.

(1) 먼저 정결한 새 두 마리와 더불어 백향목, 홍색실, 우슬초가 사용되는 정결예식이 시작됩니다.

정결한 새 두 마리 중 한 마리를 질그릇에 담아 물 위에서 모가지를 비틀어 죽입니다. 그리고 목에서 피를 받아 백향목과 홍색실, 우슬초로 일곱 차례를 뿌립니다. 그 뒤 다른 새 한 마리는 들판으로 날려 보냅니다. 세상 말로 재수가 좋은 새입니다.
왜 날려 보냅니까? 그의 모든 부정결을 전가시켜서 들판으로 훨훨 날려 보냈습니다. 얼마나 은혜스러운 의식인지 모릅니다. 옷을 빤 다

음 몸의 모든 털을 밀고 목욕을 한 뒤 진영 안으로 들어와 7일간 자기 집 밖에서 보냅니다. 진영 안으로 들어오긴 하는데 7일 동안 자기 집 밖에서 기다려야 했습니다.

> **레 14:3-8** 제사장은 진영에서 나가 진찰할지니 그 환자에게 있던 나병환부가 나았으면 제사장은 그 정결함을 받을 자를 위하여 명령하여 살아 있는 정결한 새 두 마리와 백향목과 홍색 실과 우슬초를 가져오게 하고 제사장은 또 명령하여 그 새 하나는 흐르는 물 위 질그릇 안에서 잡게 하고 다른 새는 산 채로 가져다가 백향목과 홍색 실과 우슬초와 함께 가져다가 흐르는 물 위에서 잡은 새의 피를 찍어 나병에서 정결함을 받을 자에게 일곱 번 뿌려 정하다 하고 그 살아 있는 새는 들에 놓을지며 정결함을 받는 자는 그의 옷을 빨고 모든 털을 밀고 물로 몸을 씻을 것이라 그리하면 정하리니 그 후에 진영에 들어올 것이나 자기 장막 밖에 이레를 머물 것이요

(2) 7일째에 그는 다시 옷을 빤 다음 몸의 모든 털을 밀고 목욕을 해야 했습니다.

다시 한 번 부정을 씻는 의식입니다.

> **레 14:9** 일곱째 날에 그는 모든 털을 밀되 머리털과 수염과 눈썹을 다 밀고 그의 옷을 빨고 몸을 물에 씻을 것이라 그리하면 정하리라

(3) 8일째는 성소에 와서 하나님께 제사를 드려야 했습니다.

한센병에서 나온 사람은 하나님께 드릴 제사를 위해 세 마리의 희생 짐승과 소제물, 그리고 기름 한 병을 준비해서 올라가야 했습니다. 먼저 그는 속건제를 드려야 했습니다. 이때 제사장은 속건제 어린 숫양을 잡아서 그 피를 손가락에 찍어서 한센병에서 나온 사람의 오른쪽 귓부리와 엄지손가락과 엄지발가락에 발랐습니다.

귓부리와 엄지손가락과 엄지발가락은 신체의 말단 등을 의미합니다. 신체의 말단에 제사장이 어린 양의 피를 바르는 것입니다. 피에 이어 제사장은 기름을 왼편 손바닥에 부은 후 오른 손가락으로 찍어 지성소를 향해 성소의 마당에 일곱 번 뿌립니다. 그리고 남은 기름을 똑같은 방식으로 그의 말단 부위에 바른 다음, 마지막에 머리에 바릅니다.

> 레 14:10-12 여덟째 날에 그는 흠 없는 어린 숫양 두 마리와 일 년 된 흠 없는 어린 암양 한 마리와 또 고운 가루 십분의 삼 에바에 기름 섞은 소제물과 기름 한 록을 취할 것이요 정결하게 하는 제사장은 정결함을 받을 자와 그 물건들을 회막 문 여호와 앞에 두고 어린 숫양 한 마리를 가져다가 기름 한 록과 아울러 속건제로 드리되 여호와 앞에 흔들어 요제를 삼고

> 레 14:14-18 제사장은 그 속건제물의 피를 취하여 정결함을 받을 자의 오른쪽 귓부리와 오른쪽 엄지 손가락과 오른쪽 엄지 발가락에

바를 것이요 제사장은 또 그 한 록의 기름을 취하여 자기 왼쪽 손 바닥에 따르고 오른쪽 손가락으로 왼쪽 손의 기름을 찍어 그 손 가락으로 그것을 여호와 앞에 일곱 번 뿌릴 것이요 손에 남은 기름 은 제사장이 정결함을 받을 자의 오른쪽 귓부리와 오른쪽 엄지 손 가락과 오른쪽 엄지 발가락 곧 속건제물의 피 위에 바를 것이며 아 직도 그 손에 남은 기름은 제사장이 그 정결함을 받는 자의 머리에 바르고 제사장은 여호와 앞에서 그를 위하여 속죄하고

귓부리와 손가락, 발가락에 피를 바르고 기름을 바르는 것은 모두 다 그 사람의 머리부터 발끝까지 온몸에 정결의식과 속죄의식을 해 주는 것입니다.

"이제 당신은 깨끗함을 받았다, 그대야말로 이제 정결함을 입은 사람이다."

이런 예식을 해 주고 선포를 하고 있는 것입니다.

(4) 마지막으로 양 두 마리를 속죄제와 번제로 바칩니다.

먼저 속죄제 양을 제물로 드린 다음, 번제의 양을 소제와 함께 드 립니다. 물론 가난한 사람들은 비둘기 두 마리로 번제와 속죄제를 대 치했습니다. 하나님의 양보안입니다. 그러나 아무리 가난한 집이라도 속건제 숫양은 반드시 필수적으로 드려야 했습니다.

레 14:19-22 또 제사장은 속죄제를 드려 그 부정함으로 말미암아 정

> 결함을 받을 자를 위하여 속죄하고 그 후에 번제물을 잡을 것이요 제사장은 그 번제와 소제를 제단에 드려 그를 위하여 속죄할 것이라 그리하면 그가 정결하리라 만일 그가 가난하여 그의 힘이 미치지 못하면 그는 흔들어 자기를 속죄할 속건제를 위하여 어린 숫양 한 마리와 소제를 위하여 고운 가루 십분의 일 에바에 기름 섞은 것과 기름 한 록을 취하고 그의 힘이 미치는 대로 산비둘기 둘이나 집비둘기 새끼 둘을 가져다가 하나는 속죄제물로, 하나는 번제물로 삼아

이렇게 할 때 한센환자는 비로소 완전한 정결을 입게 됩니다. 이런 정결을 입을 때에만 언제든지 하나님께 나아올 수 있고 하나님께 헌신할 수 있으며, 비로소 하나님의 거룩에 참여하게 되고 거룩한 삶을 살게 됩니다.

이 정결예식의 시작은 바로 우슬초로 피를 뿌림으로써 시작됩니다. 새 한 마리를 질그릇에 담아 흐르는 물 위에서 죽입니다. 새 피를 받아 백향목과 홍색실을 담습니다. 홍색실을 왜 담았을까요? 아마 피의 양이 적어서 흐르는 물과 피를 섞지 않았을까 추측해 봅니다. 새 피와 섞은 물이 좀더 피처럼 진하게 보이도록 하기 위해 담은 것 같습니다.

그런데 백향목은 왜 넣었을까요? 백향목도 일종의 정결과 연관된 나무였습니다. 나무가 깨끗하고 향내가 나며 방부제가 들어 있기 때문입니다. 그렇게 해서 우슬초로 그 피를 한센병으로부터 나은 사람의 얼굴에 뿌립니다. 그러면 얼굴이 우슬초의 피로 얼룩지지 않겠습

니까? 그럴 때 정결함을 얻게 되고, 죄사함을 받는 것입니다.

그러면 피 뿌림 받은 사람은 감격해 합니다. "나는 죄사함을 받았다. 나는 깨끗하다. 나는 이제 정결한 사람이 되었다. 아, 나는 가정으로 돌아갈 뿐만 아니라 사회생활을 정상적으로 할 수 있고 이제 언제든지 하나님 성전에 들어갈 수 있다."

이들은 너무나 기뻐서 7일 이상 세수도 안 하고 목욕도 안 했다고 합니다. 그리고 얼굴을 씻지도 않았다고 합니다. 왜냐면 우슬초로 피 뿌린 그 흔적이 너무나 좋아서 그 핏자국을 물로 씻어내지 않는다는 것입니다. 얼마나 감사하면 그랬겠습니까?

뿐만 아니라, 제사장이 속건제물의 피를 취하여 정결함을 받은 자의 오른쪽 귓부리와 엄지손가락과 오른쪽 엄지발가락에 바릅니다. 이는 다 온몸의 끝이 아닙니까? '머리부터 발끝까지 나는 정결함을 받았다' 이런 의미에서 온몸의 끝에 피를 바릅니다.

그러면 그게 거의 마지막 예식 아닙니까? 그때 피 뿌림을 받은 사람은 또 감격합니다. "아, 나는 죄사함을 받았다, 나는 정결함을 받았다, 나는 깨끗한 사람이다." 그렇게 외치면서 너무나 기뻐서 7일 이상 세수를 안 할 뿐만 아니라 목욕도 안 했다고 합니다.

우슬초로 피 뿌림의 흔적뿐만 아니라 자기 몸이 정결함을 입은 것이 너무나도 좋고 감격해서 얼굴도 안 씻고 온몸을 씻지도 않는다는 것입니다. 얼마나 감격하고 환희로 가득하면 그 핏자국을 안 씻었겠습니까? 그 핏자국이 자신을 정결하게 하였기 때문이었습니다.

다윗은 지금 이와 같은 간절한 마음으로 하나님이 우슬초로 직접 자신에게 피를 뿌려달라고 하는 것입니다. 그리고 하나님의 손으로 자신에게 피를 발라달라고 합니다. 다윗은 이렇게 간절하게 기도하고 있습니다.

> 시 51:7 우슬초로 나를 정결하게 하소서 내가 정하리이다 나의 죄를 씻어 주소서 내가 눈보다 희리이다

오늘 우리도 마찬가지입니다. 우리가 예수님께 피 뿌림을 얻는다는 것이 얼마나 귀한 일인 줄 아십니까? 얼마나 귀한 은혜인 줄 아십니까? 그래서 베드로 사도도 이러한 표현을 썼습니다.

> 벧전 1:2 곧 하나님 아버지의 미리 아심을 따라 성령이 거룩하게 하심으로 순종함과 예수 그리스도의 피 뿌림을 얻기 위하여 택하심을 받은 자들에게 편지하노니 은혜와 평강이 너희에게 더욱 많을지어다

보십시오. 우리가 예수 그리스도의 피 뿌림을 얻기 위하여 택함을 받았다고 하지 않습니까? 다시 말하면, 우리가 예수 그리스도의 피 뿌림을 얻음으로써 죄 용서함을 받고 정결한 하나님의 자녀가 되었다는 것입니다. 예수 그리스도의 피 뿌림이 우리를 정결하게 하셨고 우리를 거룩한 하나님의 백성으로 만들어 주셨다는 것입니다.

마음에 은밀한 죄악이 있습니까? 아직도 감춰 놓은 죄악이 있습니까? 하나님 앞에 우슬초의 피 뿌림을 사모해야 합니다. 예수 그리스도의 피 뿌림을 사모해야 합니다. 그 거룩한 피 뿌림의 역사가 우리의 죄를 사해 줍니다. 우리를 깨끗한 삶으로 만들어 줍니다. 우리를

참된 정결한 사람으로 만들어 줍니다. 우리의 영혼과 육체가 눈보다도 희게 될 것입니다. 우리의 영혼의 빛깔이 양털보다 더 희게 될 것입니다.

캄캄하고 검은 우리의 영혼이 눈보다 더 희게 될 것이며 양털보다 더 희게 될 것입니다. 우리의 영혼과 육체와 삶이 그렇게 빚어지고 변화될 수 있기를 바랍니다.

♪ 1. 이 세상의 모든 죄를 맑히시는 주의 보혈
　　성자 예수 그 귀한 피 찬송하고 찬송하세
　　주님 앞을 멀리 떠나 길을 잃고 헤맬 때에
　　나의 뒤를 따라오사 친히 구원하셨도다
　2. 가시관을 쓰셨으니 피로 얼굴 물드셨고
　　십자가의 모진 고통 나를 위해 당하셨네
　　말로 형용할 수 없는 구세주의 구속하심
　　그 은혜와 크신 사랑 찬송하고 찬송하세

[후렴] 흰 눈보다 더 흰 눈보다 더
　　　주의 흘리신 보혈로 희게 씻어 주옵소서

부정한 자에게 임한
우슬초 정결수 뿌림의 감격

■   그뿐입니까? 한센환자뿐만 아니라 시체를 보거나 만짐으로써 부정하게 된 자를 정결하게 하기 위하여 우슬초로 붉은 암송아지의 재를 뿌리기도 했습니다. 바로 그 이야기가 민수기 19장에 소개되고 있습니다.

> **민 19:2-3** 여호와께서 명령하시는 법의 율례를 이제 이르노니 이스라엘 자손에게 일러서 온전하여 흠이 없고 아직 멍에 메지 아니한 붉은 암송아지를 네게로 끌어오게 하고 너는 그것을 제사장 엘르아살에게 줄 것이요 그는 그것을 진영 밖으로 끌어내어서 자기 목전에서 잡게 할 것이며

> **민 19:6-7** 동시에 제사장은 백향목과 우슬초와 홍색 실을 가져다가 암송아지를 사르는 불 가운데에 던질 것이며 제사장은 자기의 옷을 빨고 물로 몸을 씻은 후에 진영에 들어갈 것이라 그는 저녁까지 부정하리라

> **민 19:9-10** 이에 정결한 자가 암송아지의 재를 거두어 진영 밖 정한 곳에 둘지니 이것은 이스라엘 자손 회중을 위하여 간직하였다가 부정을 씻는 물을 위해 간직할지니 그것은 속죄제니라 암송아지의 재를 거둔 자도 자기의 옷을 빨 것이며 저녁까지 부정하리라 이는

이스라엘 자손과 그중에 거류하는 외인에게 영원한 율례니라

무슨 말씀입니까? 부정한 이스라엘 백성들을 정결케 하기 위하여 온전하고 흠이 없고 멍에를 메지 아니한 붉은 암송아지를 한 마리 가져오게 합니다. 그 붉은 암송아지를 잡아서 백향목과 우슬초와 홍색 실과 함께 불사릅니다. 그리고 그 재를 받아 물과 함께 섞어서 부정을 씻는 정결수로 간직해 놓습니다. 그 다음 부정한 사람들에게 그 물을 뿌리는 것입니다.

특별히 이때 어떻게 이 정결수를 뿌립니까? 우슬초를 가져다가 그 물에 찍어서 부정한 사람에게 뿌렸습니다. 또 부정해진 장막과 모든 기구와 사람들에게 뿌립니다. 일주일에 두 번 뿌리는데 셋째 날에 한 번 뿌리고 일곱째 날에 뿌려서 정결하게 합니다. 그리고 정결함을 받은 사람은 자기 옷을 빨고 물로 몸을 씻어서 완전 정결함을 받게 되었습니다.

> 민 19:17-19 그 부정한 자를 위하여 죄를 깨끗하게 하려고 불사른 재를 가져다가 흐르는 물과 함께 그릇에 담고 정결한 자가 우슬초를 가져다가 그 물을 찍어 장막과 그 모든 기구와 거기 있는 사람들에게 뿌리고 또 뼈나 죽임을 당한 자나 시체나 무덤을 만진 자에게 뿌리되 그 정결한 자가 셋째 날과 일곱째 날에 그 부정한 자에게 뿌려서 일곱째 날에 그를 정결하게 할 것이며 그는 자기 옷을 빨고 물로 몸을 씻을 것이라 저녁이면 정결하리라

2_ 우슬초로 정결케 하소서

이때 부정한 사람은 대부분 시체를 보거나 만진 자였습니다. 그런데 시체를 보고 만지게 되는 경우는 두 가지였습니다. 먼저는 전쟁터에서 돌아온 사람입니다. 피치 못할 부정을 입은 사람들입니다. 전쟁을 하다 보니 어쩔 수 없이 시체를 만지게 되고 보게 됩니다. 이런 사람들은 진영에 들어오기 전에 제사장이 정결한 암송아지의 잿물을 우슬초로 뿌려서 정결함을 받습니다.

그런데 문제는 교만하고 완악하여 부정하게 되는 사람이 있습니다. 요즘으로 말하면 죄를 지어도 회개하지 않으려 하고 사소한 죄는 죄로 생각하지도 않는 사람입니다. 하나님께 얼마나 교만하고 인색한지 헌신도 별로 안 하고 자기중심으로 사는 사람입니다.

이런 사람이라도 율법에서 지시한 절기는 어쩔 수 없이 지켜야 합니다. 그리고 그러기 위해서 하나님 앞에 나와야만 합니다. 이스라엘의 전통에 의하면 하나님께서는 이런 사람을 일부러 깨닫게 하시려고 예루살렘으로 올라오는 중에 무심코 시체를 보거나 부지 중에 시체를 만져 버리게 한다고 합니다. 그런 사람은 부정합니다.

그러면 절기를 어떻게 지키겠습니까? 그런 사람은 예루살렘으로 올라올 수가 없습니다. 절대로 성전에 들어올 수가 없습니다. 이를 통해 하나님이 자기 모습을 보게 하고 깨닫게 하는 것입니다. 그래서 정결예식을 하도록 합니다. 반드시 예루살렘으로 들어오기 전에 우슬초로 붉은 암소의 잿물을 뿌림 받도록 합니다. 그러면서 자기 자신을 바라보고 깨닫게 한다는 것입니다.

"아, 나는 교만한 사람이었구나. 진짜 나는 완악한 사람이었구나. 내가 얼마나 완악하고 교만했으면 이렇게 예루살렘 성전으로 올라가

다가 부정이 틈타게 되었단 말인가. 얼마나 내가 인색하고 쫀쫀했으면 하나님께서 성전에 오는 길에 시체를 보고 만지게 했단 말인가."

여기서 물론 시체는 사람의 시체만이 아닙니다. 짐승이 죽어 있는 것도 포함됩니다. 그래서 삼손도 죽은 사자의 시체를 보고 부정하게 된 것이 아닙니까?

지금 다윗이 그런 마음이라는 것입니다.

"하나님, 내가 얼마나 교만하고 완악했으면 이렇게 부정하게 되었단 말입니까? 왜 내가 하필이면 지붕을 거닐다가 밧세바의 목욕하는 모습을 보게 되었다는 말입니까? 그래서 내가 이렇게 죄를 짓고 범죄하게 되었습니다. 제가 얼마나 교만하고 완악했으면 이런 죄를 짓고 이렇게 부정하게 되었단 말입니까? 그러니 주님께서 이 교만한 자에게 직접 우슬초로 붉은 암송아지의 잿물을 뿌려 주시기 바랍니다. 그 정결수로 주님이 저를 뿌려주시면 됩니다. 그러면 제가 눈보다 희게 정결할 수 있고 양털보다 희게 순결할 수 있습니다. 주여, 저에게 우슬초로 정결수를 뿌려 주옵소서. 주님께서 우슬초로 어린 양의 피를 저에게 뿌려 주시기를 바랍니다."

다윗이 이렇게 처절하고 애절하게 하나님 앞에 정결을 간구하고 있습니다. 절대 정결, 거룩한 정결, 온전한 정결을 사모하고 있습니다. 그런 마음으로 하나님이 직접 우슬초로 자신에게 피를 뿌리고 정결수를 뿌려 달라고 간구하고 있는 것입니다. 그럴 때 자기가 정결하게 되고 하나님께 온전히 나아갈 수 있게 된다는 것입니다. 그리고 마침내 하나님과 온전한 관계를 이루게 된다는 것입니다.

주여, 우슬초로
당신의 피를 뿌려 주시옵소서!

■   양의 피가 되었든, 붉은 암소의 잿물이 되었든 우리에게는 예수 그리스도의 피를 예표합니다. 그러므로 오늘 우리도 예수 그리스도의 피 뿌림을 사모해야 합니다. 거룩한 정결수가 우리 영혼과 몸에 뿌려지도록 사모해야 합니다. 그것이 무엇입니까? 다윗처럼 정결을 사모하는 것입니다. 절대 정결, 온전한 정결, 거룩한 정결을 사모하는 것입니다. 그러기 위해서 다윗처럼 먼저 우리 자신의 모습을 바라볼 수 있어야 합니다.

"아, 나는 얼마나 완악한 사람인가. 얼마나 교만한 사람인가, 얼마나 쫀쫀한 사람인가. 오죽했으면 하나님이 나를 이렇게 부정하게 만들었단 말인가. 나의 모습을 보도록 하기 위하여 이렇게 나를 넘어지게 했단 말인가. 주여, 주님께서 직접 우슬초로 당신의 피를 뿌려 주시옵소서. 주님께서 직접 정결수를 뿌려 주시옵소서. 당신의 보혈로 나를 정결하게 하옵소서. 깨끗하게 하옵소서. 거룩하게 하옵소서. 그 정결과 순전함으로 하나님께 나아가게 하옵소서. 그래서 하나님의 거룩을 소유하게 하옵소서. 나의 몸과 마음과 영혼, 나의 소유를 주님께 드리게 하옵소서."

♪ 1. 샘물과 같은 보혈은 주님의 피로다
　　보혈에 죄를 씻으면 정하게 되겠네
　　정하게 되겠네 정하게 되겠네

보혈에 죄를 씻으면 정하게 되겠네

　　4. 날 정케 하신 피 보니 그 사랑 한없네
　　　　살 동안 받는 사랑을 늘 찬송하겠네
　　　　늘 찬송하겠네 늘 찬송하겠네
　　　　살 동안 받는 사랑을 늘 찬송하겠네

♪ 1. 내 주의 보혈은 정하고 정하다
　　　　내 죄를 정케 하신 주 날 오라 하신다

　　2. 약하고 추해도 주께로 나가면
　　　　힘 주시고 내 추함을 곧 씻어 주시네

　　5. 그 피가 맘 속에 큰 증거 됩니다
　　　　내 기도 소리 들으사 다 허락하소서

　[후렴] 내가 주께로 지금 가오니
　　　　십자가의 보혈로 날 씻어주소서

　그렇다면 구약에서는 왜 우슬초를 사용했을까요? 왜 우슬초로 피를 뿌리고 정결수를 뿌렸을까요? 이스라엘에서 우슬초는 일반적으로 겸손, 혹은 정결에 대한 상징과 이미지를 갖는 식물이었습니다.

　지금도 이스라엘에 가면 길거리에서 빵을 파는 사람이 있는데 빵과 함께 파란색 허브 가루를 줍니다. 그것이 우슬초 가루입니다. 고대 시대부터 사람들은 우슬초를 갈아서 썼다고 합니다. 우슬초는 산 아무 데서나 쉽게 구할 수 있으며 모든 사람이 유용하게 쓸 수 있었습니다. 식용으로 사용할 때는 형체도 없이 갈아서 사용했다고 합니다.

백향목과는 완전히 반대 개념이었습니다. 백향목은 아주 크고 멋있고 대단하게 보이는데 일반 사람들은 쓸 수 없었습니다. 한정된 사람, 곧 힘 있고 권력 있고 돈이 있는 사람만이 썼습니다. 그래서 선민들에게 백향목이 부정적인 이미지로 쓰일 때는 자신의 힘을 자랑하는 교만의 이미지로 받아들여졌다고 합니다.

우슬초는 이에 반대되는 개념으로 통용되었습니다. 말 그대로 모든 사람이 쓸 수 있고, 형체가 없어지도록 다 갈린 상태에서는 사람이 먹고 빵에 찍어 먹기도 한 것입니다.

그래서 옛날부터 이스라엘 사람들은 우슬초 가루를 항상 가지고 다녔고 먼 길을 가다가 상처가 나면 치료에도 사용했습니다. 우리나라의 송화가루와 비슷합니다. 특별히 우슬초에 면역성분이 있어서 구강염이 생길 때 우슬초 가루를 먹으면 살균도 되고 면역력도 생겼다고 합니다. 그래서 우슬초는 교만의 반대인 겸손과 정결, 그리고 치유의 의미로 선민들에게 받아들여졌다는 것입니다.

그래서 하나님은 우슬초를 가지고 피를 뿌리도록 했습니다. 물론 다른 식물도 있고 다른 나뭇가지도 있을 것이 아닙니까? 그러나 모든 이스라엘 백성들에게 겸손, 정결의 이미지가 담겨 있는 우슬초로 했습니다.

우슬초 세 가닥을 묶어서 마조람을 만들어 부정한 사람들에게 피를 뿌리고 정결수를 뿌렸습니다. 이러한 데서 힌트를 얻어 가톨릭에서는 지금도 성수를 뿌립니다. 성수를 뿌리면 외관상 뭐가 있는 것처럼 보이지 않습니까?

이런 예식은 장례식을 할 때 상당히 도움이 되지 않나 싶습니다. 우리 개신교도 장례식을 할 때 목사가 설교와 기도만 하지 말고 성수를 가지고 가서 관에 뿌리면 얼마나 그럴 듯하겠습니까? 아니면 이스라엘에서 우슬초를 가져다가 양의 피를 묻혀갖고 뿌린다든지 그러면 얼마나 좋겠습니까?

장례식뿐입니까? 병원에 암환자나 중병에 걸린 사람들에게 가서 피를 뿌리거나 성수를 뿌리면 굉장히 거룩한 의식처럼 보이지 않겠습니까? 그러나 이것은 완전히 개폼 잡는 것입니다. 당시 우슬초로 피를 뿌리고 정결수를 뿌린 것은 모두 예수 그리스도의 보혈을 의미한 것입니다. 예수 그리스도의 피를 예표했습니다.

그러므로 우리는 오늘날 그런 일을 할 필요가 없습니다. 그저 예수 그리스도의 보혈의 능력을 경험하면 됩니다. 영적으로 우리가 예수님의 피 뿌림만 받으면 됩니다. 이보다 더 위대한 축복이 어디 있겠습니까? 이보다 더 거룩한 은혜가 어디 있겠습니까?

사실 구약에서 행했던 모든 피 뿌림 의식은 예표였습니다. 마치 모델하우스와 같습니다. 그러므로 그것은 다 지나가고 없어졌습니다. 이제 새 아파트가 생겼습니다. 그러면 거기 가서 살아야지, 왜 모델하우스만 쳐다보고 살겠습니까?

이제 우리는 오직 예수 그리스도의 피 뿌림, 예수 그리스도의 보혈의 능력, 그 완벽한 보혈의 은혜를 사모하면 됩니다. 그리고 그 은혜를 입으면 됩니다. 보혈이 우리 마음속에 강같이 흐르게 되고 우리는 그 보혈의 폭포수에 빠져서 흠뻑 젖는 것입니다.

아무리 한센환자처럼 부정하게 된 사람, 아무리 죄가 마음에 물들어버리고 우리 삶을 완전히 찌들게 했다 하더라도 주님의 보혈은 다 씻어 줍니다. 주님의 보혈의 능력으로 다 용서함 받고 깨끗함을 받고 정결하게 됩니다. 할렐루야!

♪ 죄에서 자유를 얻게 함은 보혈의 능력 주의 보혈
　시험을 이기고 승리하니 참 놀라운 능력이로다
　주의 보혈 능력 있도다 주의 피 믿으오
　주의 보혈 그 어린양의 매우 귀중한 피로다

♪ 주님의 보혈 주님의 보혈 보혈의 폭포수
　이스라엘의 이스라엘의 거룩한 제사같이
　흐르고 있네 흐르고 있네 귀하신 주 보혈
　기쁨으로써 노래 부르며 영원히 마시겠네

다윗이 이런 은혜를 사모했던 것입니다. 구약적인 표현으로 "한센환자를 정결하게 했던 것처럼, 우슬초로 나를 정결하게 하여 주옵소서"라고 하는 것입니다. 또 그 시체를 봤거나 만진 자가 정결수로 뿌림을 받아서 정결하게 되었던 것처럼 다윗이 그런 은혜를 구하고 있는 것입니다.

사실 다윗은 궁극적으로 예수 그리스도의 보혈의 은혜를 사모하고 있는 것입니다. 근본적으로 예수 그리스도의 거룩한 피로 피 뿌림을 당한 이후로 그 폭포와 강물 속에 들어가기를 원하고 있습니다. 그랬을 때 다윗은 위대한 정결의 은혜를 경험하게 된 것입니다.

보혈의 은총으로 그가 깨끗하게 되고 하나님께 나아갈 수 있는 은혜를 경험하게 되었습니다. 하나님과 올바른 관계를 회복하고 드디어 하나님의 거룩에 참여하고 자신의 몸과 마음과 영혼과 모든 소유를 하나님께 드릴 수 있는 참된 헌신을 할 수 있게 되었습니다.

우리도 주님의 보혈의 능력을 간구해야 합니다. 거룩한 보혈의 피 뿌림을 사모해야 합니다. 아니, 보혈의 강물에 뛰어들어야 합니다. 그 보혈의 폭포 아래 들어가서 주님의 피로 세례를 받고 우리의 몸과 마음과 영혼이 흠뻑 젖어야 합니다.

오늘 나 자신은 어떤 사람입니까? 오죽하면 하나님께서 어떤 사람에게는 고의적으로 예루살렘으로 올라가는 길에 시체를 보고 만지게 하겠습니까? 자신은 전혀 죄인이 아니고 자신은 아무 잘못도 없다는 완악하고 교만한 사람에게 하나님은 고의적으로 시체를 보게도 하시고 만지게도 하셨습니다. 시체를 모르고 밟거나 시체 앞에 넘어져서 시체를 만지게 하셨습니다.

오죽하면 하나님께서 그런 사건을 통해서 "난 완악한 사람이었구나, 나는 정말 교만한 사람이었구나, 나는 정말 부정한 사람이었구나" 이런 사실을 깨닫게 하시겠습니까?

"하나님, 오늘 내 마음이 나병환자 같은 사람입니다. 나의 심령이 완전히 뭉그러지고 곪고 썩어 떨어져 나가고 있습니다. 내 영혼이 부정했습니다. 주여, 나도 구약으로 말하면 시체를 만지고 또 밟았던 사람입니다. 그 앞에 넘어졌던 사람입니다. 내 영혼이, 내 심령이 부정해 있습니다. 주여, 주님의 보혈의 은혜로 나의 영혼을 씻어 주옵소서. 나의 죄를 용서하여 주옵소서. 나에게 정결을 주옵소서. 정결의 은총을 주시옵소서. 주님이 지금 제 앞에서 우슬초로 당신의 피를 뿌려 주시옵소서. 한센병자에게 그렇게 한 것처럼, 부정한 자에게 그렇게 했던 것처럼 주님이 우슬초로 피를 뿌려 저를 정결하게 하옵소서. 아니, 주여, 보혈의 폭포와 강물과 바다에 빠트려 주옵소서."

♪ 1. 내 주의 보혈은 정하고 정하다
　　　내 죄를 정케 하신 주 날 오라 하신다

　　2. 약하고 추해도 주께로 나가면
　　　힘 주시고 내 추함을 곧 씻어 주시네

　　5. 그 피가 맘 속에 큰 증거 됩니다
　　　내 기도 소리 들으사 다 허락하소서

[후렴] 내가 주께로 지금 가오니 십자가의 보혈로 날 씻어주소서

♪ 1. 주님의 보혈 주님의 보혈 보혈의 잔 마시네
　　　이스라엘의 이스라엘의 거룩한 제사같이
　　　흐르고 있네 흐르고 있네 귀하신 주 보혈
　　　기쁨으로써 노래 부르며 영원히 마시겠네

2. 성령으로써 성령으로써 승리의 삶 얻겠네
　　마가 다락방 마가 다락방 주님의 제사같이
　　넘치고 있네 넘치고 있네 성령의 폭포수
　　주님 안에서 주님 안에서 승리는 내 것일세

3
애통하고 통회하는 마음을 주소서

시편 51:4-6, 16-17

"내가 주께만 범죄하여 주의 목전에 악을 행하였사오니 주께서 말씀하실 때에 의로우시다 하고 주께서 심판하실 때에 순전하시다 하리이다 내가 죄악 중에서 출생하였음이여 어머니가 죄 중에서 나를 잉태하였나이다 보소서 주께서는 중심이 진실함을 원하시오니 내게 지혜를 은밀히 가르치시리이다, 주께서는 제사를 기뻐하지 아니하시나니 그렇지 아니하면 내가 드렸을 것이라 주는 번제를 기뻐하지 아니하시나이다 하나님께서 구하시는 제사는 상한 심령이라 하나님이여 상하고 통회하는 마음을 주께서 멸시하지 아니하시리이다"

정결의식보다
더 중요한 것

■   다윗은 우슬초로 자신을 정결하게 해 달라고 간구했습니다. 그런데 그보다도 더 중요한 것이 있었습니다. 다시 말하면 정결의식, 그리고 속죄의식보다 더 중요한 것이 있었습니다. 그것은 바로 애통하고 통회하는 마음입니다. 그런 마음이 자기 안에 있어야 한다는 것입니다.

다윗이 가만히 생각해 보니 자신이 하나님 앞에 너무나 큰 죄를 지은 것입니다. 물론 아무리 큰 죄를 지었다 하더라도 주님께서 우슬초로 자신에게 피를 뿌리고 정결수를 뿌리면 끝나는 것입니다. 그 어떠한 죄도 다 용서받고 자신은 깨끗하고 정결한 삶이 된 것만은 분명했습니다.

그러나 우슬초로 피를 뿌리고 정결수를 뿌리는 것보다 더 중요한 것이 있었습니다. 그것은 자신 안에 하나님을 향한 애통하고 통회하는 간절한 마음이 있어야 한다는 것이었습니다. 그래서 그는 주님 앞에 이렇게 고백하고 있지 않습니까?

"주님, 저는 주께만 범죄하여 주의 목전에서 악을 행하였습니다."

시 51:4(상) 내가 주께만 범죄하여 주의 목전에 악을 행하였사오니…

또 다윗은 이렇게 고백합니다.

"주님께서는 제사를 기뻐하지 아니하십니다."

물론 하나님이 제사 자체를 기뻐하시지 않는다는 말이 아닙니다. 그저 의식적인 제사, 과정과 절차로서의 제사를 기뻐하시지 않는다는 것입니다.

물론 다윗은 그런 과정과 절차로서의 제사를 드리면 원칙적으로는 주님 앞에 용서를 받고 정결한 사람이 될 수 있습니다. 그러나 주님이 의식적인 제사보다 더 중요하게 생각한 일은 바로 상한 마음이었습니다. 애통하고 통회하는 마음, 상한 마음과 아픈 마음을 주님이 원하신다는 것입니다. 그런 마음으로 진정한 회개의 제사를 드리고 애통하는 참회를 하는 것을 주님이 기뻐하신다는 것입니다.

> 시 51:16-17 주께서는 제사를 기뻐하지 아니하시나니 그렇지 아니하면 내가 드렸을 것이라 주는 번제를 기뻐하지 아니하시나이다 하나님께서 구하시는 제사는 상한 심령이라 하나님이여 상하고 통회하는 마음을 주께서 멸시하지 아니하시리이다

우리가 잘 아는 대로 다윗은 밧세바와 간음을 했고, 그 사실을 덮기 위해서 밧세바의 남편 우리아를 아주 교묘하게 죽게 만들었습니다. 물론 왕으로서 범할 수 있는 죄였습니다. 또한 그것은 어디까지나 외면적인 죄에 불과했습니다. 그런 외면적인 죄는 속죄제사를 드리고 정결의식을 행하면 얼마든지 깨끗해질 수 있고 용서를 받을 수 있으며 정결한 사람이 될 수 있습니다.

그러나 다윗의 죄는 외면적인 죄로 끝나는 것이 아니었습니다. 그에게는 내면적인 죄가 있었습니다. 한 마디로 죄악의 동기가 너무나

추악하고 더러웠습니다. 그 사실을 알기 위해 우리는 사무엘하 12장으로 거슬러 올라가야 합니다. 사무엘하 12장을 보면, 나단 선지자가 나타나 다윗 왕을 책망하지 않습니까?

먼저 나단 선지자는 밧세바와의 간음, 또 우리아를 죽인 추악한 죄를 지적하기는 하지만, 그보다 궁극적으로 다윗이 죄를 지었던 내면적 동기, 그 추악한 모티브를 지적하고 있습니다. 그 추악한 모티브가 무엇인 줄 아십니까? 그것은 하나님의 말씀을 업신여기며 하나님 이름과 하나님을 업신여겼다는 것입니다.

> 삼하 12:9-10 그러한데 어찌하여 네가 여호와의 말씀을 업신여기고 나 보기에 악을 행하였느냐…이제 네가 나를 업신여기고 헷 사람 우리아의 아내를 빼앗아 네 아내로 삼았은즉 칼이 네 집에서 영원토록 떠나지 아니하리라 하셨고

사무엘하 12장 9-10절을 보면, 다윗이 밧세바와 간음을 하고 또 그의 남편 우리아를 죽인 것은 외면적으로 나타난 죄의 결과였을 뿐입니다. 일반적으로 히브리어에서 죄를 "페샤흐"라고 합니다. 유대 랍비들은 이 "페샤흐"를 외부적으로 나타나는 결과로서의 죄로 생각했습니다.

그러나 내부적인 죄, 혹은 내면적인 죄가 있습니다. 유대 랍비들은 내면적인 죄를 "하타"나 "아온" 등으로 이해했는데, 다윗은 이런 외부적인 죄보다 자신 안에 있는 내면적인 죄 때문에 하나님 앞에 통회하고 애통하는 마음을 가진 것입니다. 왜냐면 내면적인 죄의 동기가 하

나님과의 관계를 파괴해 버렸고 자기를 더 비참하게 만들어 버렸기 때문입니다.

다윗은 단순히 외부적이고 사회적인 죄의 결과 때문에 울고 있는 것이 아닙니다. 자신의 마음을 옥죄고 짓누르고 신음하게 하고 고통스럽게 하는 내면적인 죄, 자신과 하나님과의 관계를 박살나게 만들어버리고 철저히 파괴시켜 버렸던 내면적인 죄의 동기 때문에 눈물로 탄식하고 참회하고 회개하고 있는 것입니다.

그 내면적 죄의 동기가 바로 하나님의 말씀을 업신여기며 하나님을 업신여긴 것이었습니다. 어쩌면 다윗에게 있어 밧세바와의 범죄 사건은 거의 우발적이었다고 말할 수 있을지 모릅니다. 왜냐면 다윗은 보지 말아야 할 것을 보았기 때문입니다. 물론 다윗에게는 그 전부터 영적으로 유혹을 받을 만큼의 틈이 생기고 있었습니다. 그리고 그 틈은 하나님으로부터 조금씩 멀어져 가게 했습니다. 즉 유혹에 당장 무너질 수밖에 없는 상태에 있었습니다.

영적인 틈을 조심하라

■ 다윗은 전쟁터가 아니라 침실에서 낮잠을 자고 있었습니다. 아마 그날도 침대 커버를 옮겨 놓고 기지개를 켜며 몇 번이나 하품을 했을지 모릅니다. 잠이 다 깨지 않은 상태였거나 더 이상 잠이 필요하지 않은 상태였을 수도 있습니다. 바쁜 세상 사

람들이 느끼는 피곤함이 그에게는 더 이상 느껴지지 않았습니다.

그래서였는지 그의 삶은 무료함이 느껴졌습니다. 그럴 때 사람은 일상으로부터 일탈하고 싶은 마음이 생깁니다. 다윗은 산책을 좀 하는 것이 좋겠다고 생각했습니다. 그날따라 바깥 공기를 쐬기에 너무나 좋은 분위기였습니다. 마침내 그는 휘장을 젖히며 지붕 위로 올라갔습니다.

당시 왕궁 2층에는 침실이 있었고 침실 문을 열고 나가면 넓은 발코니 같은 것이 있었다고 합니다. 왕궁이었으니 발코니가 굉장히 넓지 않았겠습니까? 우아하게 장식도 되어 있었을 것입니다. 다윗은 아마 그 날뿐만 아니라 평상시에도 그때쯤 되면 낮잠을 자고 일어나 옥상을 거닐었던 것 같습니다.

다윗의 왕궁은 시온 산 제일 높은 곳에 있었습니다. 그리고 그 아래는 공을 많이 세운 다윗의 신하들이 살고 있었습니다. 공을 많이 세운 사람들의 집일수록 궁 가까이에 있었습니다. 그런데 자기 신하들 집을 내려다보다가 보지 말아야 할 기가 막힌 장면을 보고 말았습니다.

석양녘 황혼빛이 낭만적으로 비치고 있는데 아름다운 한 여인이 목욕을 하고 있었습니다. 길게 흘러내린 머리카락, 가녀린 몸매 그리고 하얀 살결, 청순한 얼굴의 한 여인이 그 집의 옥상에서 목욕을 하고 있었습니다. 이 모습을 다윗은 눈을 비비며 보고 또 보고 또 보고…보면 볼수록 그 여인은 너무나 예쁘고 매력적이었습니다.

삼하 11:2 저녁 때에 다윗이 그의 침상에서 일어나 왕궁 옥상에서 거

> 닐다가 그곳에서 보니 한 여인이 목욕을 하는데 심히 아름다워 보이는지라

한 여인이 목욕을 하는데 그냥 아름다운 것이 아니라 심히 아름답게 보였다고 했습니다. 그녀의 머릿결, 그리고 그 머릿결 사이로 보이는 여인의 눈동자, 또 가녀린 몸매와 하얀 살결을 그대로 내놓고 목욕을 하는 여인이 다윗의 눈에는 어쩐지 외롭고 가련하게 보였습니다.

그때 다윗은 그냥 눈을 돌리고 자기 방으로 들어왔어야 했습니다. 그리고 당장 하나님의 성소로 달려가야 했습니다. 정욕을 이기는 길은 싸우는 것이 아니라 피하는 것입니다. 그래서 요셉도 도망을 갔던 것입니다. 만약에 보디발의 아내와 그 자리에서 싸우려고 했다면 그 자리에서 잡아먹히고 말았을 것입니다.

그러므로 다윗도 당장 도망을 갔어야 했습니다. 언약궤 앞으로 도망을 가야 했습니다. 언약궤 앞으로 달려가서 기도를 해야 합니다.

"하나님, 지금 제가 못 볼 것을 보았습니다. 세상에 어떤 여자가 한밤중도 아니고 석양녘에 목욕을 하고 있는 것이 아닙니까? 제 눈에 비친 그 여자의 몸매가 얼마나 아름답던지, 그리고 그 눈빛에서 비춰오는 모습이 너무나 저를 원하고 있었던 것 같습니다."

오고가는 착각 속에 너와 내가 헷갈리지만 다윗은 그 여인이 너무나 가련하게 느껴졌습니다.

"저는 그 여자와 하룻밤을 보내고 싶습니다. 그 여자를 품고 싶습니다. 하나님, 미치겠습니다. 그러니 저 좀 도와주십시오. 제 머릿속

에서 목욕하는 그 여자의 영상이 물러가게 하시고, 제 마음에 끓는 물처럼 솟아나는 정욕의 거품이 다 사라지게 해 주십시오. 제가 욕망의 전쟁에서 이길 수 있도록 하나님이 저의 손을 잡아 주십시오. 제 마음을 어루만져 주옵소서."

아, 다윗은 이렇게 하나님 앞에 눈물로 기도했어야 합니다. 그래도 목욕하는 여자의 모습이 떠오르면 "사탄아 물러가라" 했어야 합니다. 그렇게 기도하고 나서 자기 마누라들 중 한 여자에게 가면 됩니다. 그런데 다윗은 그 여자를 한 번 보고, 두 번 보고 자꾸 봤습니다. 그러다 보니 자기 마음을 통제하지 못하고 그날 밤 대형사고를 냈습니다.

제가 무등산 헐몬산기도원에서 한얼산기도원 원장님이셨던 이천석 목사님의 집회에 참석한 적이 있었습니다. 그때 사람들이 엄청나게 많이 왔습니다. 그 성전이 좁긴 했었지만 꽉 찼고 양옆에 창문 바깥으로 사람들이 서 있었고 아예 문을 열고 바깥에서 설교를 듣는 사람들도 있었습니다.

그래서 성전 밖 산에서 수많은 사람들이 이천석 목사님의 설교를 들었습니다. 그때 이천석 목사님은 욕을 잘하기로 아주 유명했습니다. 그분에게는 성결하고 거룩한 역사보다는 권능의 역사, 기적의 역사, 놀라운 성령의 역사가 나타났습니다. 그러니 그 영적 카리스마에 누구나 압도될 수밖에 없었습니다.

그런데 성령의 은사와 기적에 대한 말씀을 하시다가 가끔 삼천포로 빠질 때가 있었습니다. 앞에서 아멘을 유달리 잘하고 콩자발 떨듯이 아멘을 지나치게 자주 하는 여자가 있었습니다. "아멘, 아멘, 아멘, 아멘~" 하는 여자였습니다. 제가 봐도 방정 방정 초방정을 떠는 아멘을 했습니다. 그러자 이천석 목사님이 갑자기 욕을 합니다. 그래도 그 여자는 "아멘~ 아멘~" 했습니다.

그러던 시절이 있었습니다. 그렇게 욕을 많이 하다 보니 목사님이 말로가 안 좋으셨습니다. 돌아가실 때도 정말 많은 고생을 하고 돌아가셨습니다. 그래서 저도 정말 욕을 안 하려고 노력하는 목사이기도 합니다.

무등산기도원에서 만났던 스무 살 신학생의 초상

■ 어느 날 오전 집회를 마치고 오후 집회를 준비하고 있었습니다. 그때가 여름이었습니다. 제가 깊숙이 산속으로 가서 기도를 하려고 했습니다. 그때는 장마가 끝난 다음이라 무등산 계곡물이 얼마나 많이 흘렀겠습니까? 그 계곡을 건너가서 깊숙이 들어가 기도하려고 하는데 아니, 갑자기 그 계곡 앞에서 웬 여자들이 옷을 홀딱 벗고 목욕을 하고 있는 게 아닙니까.

거기에는 중년의 여자도 있었지만 아직 시집도 안 간 처녀 자매들이 뒷모습도 아니고 제 앞을 향하여 전라로 옷을 다 벗고 목욕을 하고 있었습니다. 어떤 여자는 앉아서, 어떤 여자는 일어서서 "아, 시원해, 아 너무너무 시원해" 하고 멱을 감고 있었습니다.

그 모습을 제가 정확히 본 것입니다. 그런데 제가 그것을 그냥 본 것이 아니라 저도 그 여자들을 쳐다보고 그 여자들도 저를 쳐다보고…. 그 순간 너무 기가 막혀서 소리도 지르지 못하고 서로의 눈동자와 눈동자가 마주쳤습니다. 어쩌면 제 눈에서 막 불꽃이 튀었는지 모릅니다. 그때 한참 은혜를 받았기 때문입니다. 그러니 자매들도 소리를 못 지르고 멍하니 저를 쳐다보고 있었습니다. 그 자매들도 주의 종의 영적 카리스마가 보였을지도 모릅니다. 그래서 소리도 못 지르고 멍하니 있었겠죠. 이러기를 몇 초가 흘렀습니다.

저도 모르게 입에서 막 탄성과 비명의 소리가 터져나왔습니다. "주여, 주여!" 그리고는 바로 뒤를 돌아 달렸습니다. 마침내 제 뒤에서 여자들의 늦은 비명 소리가 들렸습니다. "어머머, 어머나, 어떻게, 어떻게~"

"어떻게 하기는 어떻게 하냐, 기왕 벗은 거 열심히 목욕이나 해라. 나는 반대편에 가서 기도나 한다."

그리고 달려 내려와서 오른쪽으로 가면 전혀 보이지 않는 곳이 있어 그곳으로 숨가쁘게 달려가서 기도했습니다.

그런데 처음 봤을 때는 몰랐는데 달려와서 기도를 하는데 계속해서 여자들의 나체가 생각났습니다. 제 눈앞에 영상처럼 필름이 지나가는 것입니다. 그래서 무릎을 꿇고 얼마나 기도한지 아십니까?

"주님, 저 좀 도와주세요. 진짜 스무 살짜리 신학생의 가슴이 콩닥거리고 있습니다. 저 미치겠습니다. 도와주세요. 저는 생전 처음으로 저런 모습을 보았습니다. 진짜 실물로는 생전 처음 보았습니다. 주님, 진짜 여자들이 계곡에서 목욕을 하는 몸이 너무 아름답네요. 그러나 아름답게 보이는 것은 제 정욕의 눈입니다. 저는 언제나 신령한 것을 사모하게 하시고 거룩한 것을 바라보게 하시며 저 하늘 세계를 보게 하여 주옵소서. 제 눈을 씻어주시고 제 뇌리를 정결케 해 주시고 지금 제 눈이 하나님을 바라보게 하옵소서. 천사가 보이게 하옵소서. 신령한 세계가 보이게 하여 주옵소서. 제 육신의 욕망의 물거품을 다 가라앉게 하여 주옵소서."

그러면서 제가 저녁 집회할 때까지 눈물로 기도한 적이 있었습니다. 그러나 그렇게 기도했을 때 그 영상이 제 뇌리에서 완전히 사라졌을까요? 그 필터와 필름이 제 눈앞에서 완전히 사라졌을까요? 천만에요. 제가 그날 저녁 집회 때 혹시 그 여자들이 어디 있는가, 제 눈이 그 여자들을 찾고 있었습니다. 그리고 다음날 저도 모르게 그 계곡에 갔습니다. 물론 기도한다는 핑계를 댔지만 혹시 오늘도 그 여자들이 목욕을 하고 있지 않을까, 나도 모르게 그쪽으로 올라가고 있었던 것입니다. 그러나 다시 깨닫고 어제 기도했던 곳으로 올라갔습니다.

사람이 이런 것입니다. 아마 그날도 그 여자들이 아니면 다른 여자들이 목욕을 하고 있었을지도 모릅니다. 그런데 제가 다시 깨닫고 기도하러 올라갔던 것입니다. 지금도 그 계곡에 가면 그때의 기억이 꽂힐 때가 있습니다. 지금이야 옛날 같지는 않지만, 이런 때가 있었습니다.

그래도 저는 그때 '내가 기도해서 이겼지, 하나님이 주시는 하나님의 은혜로 이겼지…' 하고 생각합니다. 그래서 무등산에 올라가서 기도할 때마다 그 생각을 하면서 노래를 부릅니다.

♪ 똑바로 보고 싶어요 주님 온전한 눈짓으로
똑바로 보고 싶어요 주님 곁눈질 하긴 싫어요

하지만 내 모습은 온전치 않아 세상이 보는 눈은
마치 날 죄인처럼 멀리하며 외면을 하네요

주님 이 낮은 자를 통하여 어디에 쓰시려고
이렇게 초라한 모습으로 만들어 놓으셨나요
당신께 드릴 것은 사모하는 이 마음뿐
이 생명도 달라시면 십자가에 놓겠으니
허울뿐인 육신 속에 참 빛을 심게 하시고
가식뿐인 세상 속에 밀알로 썩게 하소서

하나님의 감동과 영감을 묵살한 다윗

■   다윗은 자신의 마음을 통제하지 않았습니다. 한 마디로 그 여자에게 마음이 가버리고 만 것입니다. 그 순간 다윗은 이미 마음속에 죄를 짓기 시작합니다. 그래서 마음속으로 작심을 하고 신하를 보냈습니다. 그 여자가 누구인가를 알아보게 한 것입니다.

그런데 신하가 다녀와서 이렇게 말을 합니다.

"폐하, 그 여인은 엘리암의 딸이요, 헷 사람 우리아의 아내라고 하옵니다."

삼하 11:3 다윗이 사람을 보내 그 여인을 알아보게 하였더니 그가 아뢰되 그는 엘리암의 딸이요 헷 사람 우리아의 아내 밧세바가 아니니이까 하니

다윗의 신하는 다윗에게 아주 점잖고 지혜롭게 경고하고 있는 것입니다. 보통 이스라엘 사람을 말할 때는 배우자의 언급 없이 부친의 이름만 말합니다. 그런데 지금 다윗의 신하는 그녀가 누구의 아내라고 아주 특별하게 보고하고 있는 것입니다. 한 마디로 신하는 다윗에게 이렇게 은근히 경고하고 있는 것입니다.

"폐하, 그 여자는 엘리암의 딸이고 왕의 충직한 신하인 우리아의 아내 밧세바입니다. 그 여자는 유부녀이옵니다. 그것도 왕의 충신인 우리아의 아내인 유부녀가 아닙니까? 그러니 왕이여, 고정하시옵소서. 폐하, 체통을 지키시옵소서."

이처럼 다윗의 신하는 아주 지혜롭게 이야기를 한 것입니다.

그러면 다윗은 이렇게 말을 했어야 합니다.

"잘 알았느니라. 수고했다. 내가 그에게 상을 주려고 한 것이니라."

이와 같이 시치미를 떼고 다시 하나님께 나아갔어야 합니다. 그때라도 하나님의 언약궤 앞에 나아가서 이렇게 기도했어야 합니다.

"하나님, 이 미친놈이 잠깐 돌아이가 될 뻔하였습니다. 세상에 신하의 아내와 음행을 하려고 했습니다. 제 생각과 마음이 지은 죄를 용서해 주십시오. 다시는 마음으로라도 이런 죄를 짓지 않게 도와주시옵소서."

그러나 다윗은 그렇게 하지 않았습니다. 끝내 욕정을 이기지 못하

고 욕망의 노예가 되어 그날 밤 밧세바와 간음하는 죄를 범하고 만 것입니다. 물론 어찌 다윗이 욕망의 노예만 되었겠습니까? 간음죄를 지을 때까지 하나님께서 끝없이 감동하고 또 책망하셨을 것입니다.

"다윗아, 너 그러면 안 된다, 너는 하나님의 사람이다. 너는 제국의 대왕이다. 너는 얼마나 신정주의와 로드십 신앙을 가졌느냐? 밧세바와 자고 싶다고 해서 네가 나에게 기도해 보았느냐? 나와 의논해 보았느냐? 내가 너에게 주는 감동을 알지 않느냐? 왜 내가 너에게 주는 성령의 감동을 자꾸 보이콧 한단 말이냐? 다윗아, 너는 나를 존중해야 한다. 언제나 나와 의논해야 한다. 내게 기도해야 한다."

아마 이런 식으로 하나님이 계속 다윗의 마음을 충동하고 감동하고 영감을 주었을 것입니다. 그런데 다윗은 이런 하나님의 감동을 묵살해 버렸습니다. 하나님의 말씀을 업신여겨 버렸습니다. 아니, 하나님 자신을 업신여겨 버렸다 이 말입니다.

우리도 하나님의 말씀을 무시하고 업신여긴다는 게 얼마나 큰 죄인지 아십니까? 또 성령께서 우리에게 감동과 영감을 주시는데도 그 감동과 영감을 무시하고 묵살해 버리면 이것이 하나님 앞에 얼마나 큰 죄인지 아십니까? 오늘 우리도 그런 죄를 지을 때가 얼마나 많습니까? 우리가 하나님을 섬긴다고 하지만 하나님의 말씀을 무시할 때가 많이 있습니다. 우리도 하나님의 감동을 업신여길 때가 많지 않습니까?

이것도 한두 번이지 계속 그러면, 하나님께서 더 이상 그 사람에게는 성령의 감동을 주시지 않습니다. 양심이 화인을 맞아 버립니다. 마음이 말발굽처럼 굳어져 버립니다. 그 후로는 하나님께서 아무리 말씀하시고 성령으로 감동해도 깨닫지 못하게 됩니다. 이 얼마나 불쌍한 사람이요, 하나님 앞에 버림받은 사람입니까?

다윗이 그랬습니다. 그래서 그는 하나님의 말씀을 업신여기고 하나님의 감동을 묵살하면서 그날 밤, 밧세바와 동침을 한 것입니다. 그런데 하필이면 그날 밧세바가 임신이 되어 버렸습니다. 다윗은 아마 그 소식을 듣고 가슴이 덜컹거렸을 것입니다.

죄를 지으면 가슴이 얼마나 쿵쾅거립니까? 쿵쾅거리기만 합니까? 아마 창자가 뒤틀리고 꼬이는 고통을 느꼈을 것입니다. 그러면 그때라도 다윗이 하나님의 언약궤 앞에 나아가야 될 것이 아닙니까? 그런데 다윗은 하나님의 언약궤 앞에 나아가지를 못했습니다. 왜냐면 마음이 괴로웠기 때문입니다.

다른 때 같으면 진작 언약궤 앞에 나가서 하나님께 회개하며 의논했을 것입니다. "하나님, 어떡하면 좋습니까? 하나님, 제가 어떻게 해야 되겠습니까? 무엇을 해야 되겠습니까? 주님, 길을 열어 주옵소서. 주님, 저를 용서해 주시옵소서."

그러면 하나님께서 그때라도 합력하여 선한 길로 인도하셨을 것이 아니겠습니까?

내가
다윗이었다면…

■   제가 그때 다윗이었다면 전쟁터에 있는 우리아를 왕궁으로 불러서 우리아 앞에 무릎을 꿇고 눈물로 용서를 구하였을 것입니다. 둘만 하기 그러면 밧세바까지 불러서 다윗이 그 둘 앞에서 무릎을 꿇고 눈물을 흘리며 용서를 빌었어야 했습니다.

"우리아여, 밧세바여, 나는 왕이고 그대는 신하이지만 내가 그대 앞에서 죽을 죄를 지었소. 나는 그대들 앞에서 더 이상 이스라엘의 왕이 될 자격이 없습니다. 그러므로 한 인간이요, 한 남자로서 그대들 앞에 무릎을 꿇고 용서를 빕니다. 그대들이 나를 용서해 주지 않는다면 여기서 지금 그대가 나를 죽여도 좋습니다. 우리아여, 그대의 칼로 내 목을 쳐도 좋습니다. 결코 나는 그대를 원망하지 않을 것이오. 나는 그대 칼에 편하게 죽겠소. 그러니 나를 죽이겠소? 아니면 나를 용서해 주겠소? 내 어떤 죗값이라도 치르겠소."

그렇게 눈물을 흘리면서 용서를 빌었다면, 일이 순조롭게 풀리지 않았겠습니까? 이렇게 시나리오가 나오지 않겠습니까?

제가 만약에 우리아라면 이렇게 하겠습니다.

"왕이시여, 왕께서 내 앞에 무릎을 꿇고 잘못했다고 사죄를 구하는데 제가 어떻게 할 수 있겠습니까? 그렇습니다. 나도 왕과 똑같은 남자입니다. 저는 의리에 죽고 의리에 살며 신의에 죽고 신의에 사는 사나이입니다. 저도 왕의 신하이기 전에 한 여자를 아내로 둔 남자입니다. 그러니 지금 생각 같아서는 내 칼을 빼서 당신의 목을 치고 싶습니다. 이 나쁜 놈 같으니라고, 쳐죽일 놈 같으니라고, 이 개새끼 같은 놈이라고~ 제가 단칼로 당신의 목을 쳐 버리고 밧세바도 단칼로 치고 싶은 충동이 숨어 있습니다. 그러나 폐하께서도 사람이 아닙니까? 목욕하는 제 아내의 모습은 제가 봐도 아름다운데 왜 폐하께서도 그런 욕망을 느끼지 않았겠습니까? 사실 제 마누라도 잘못입니다. 왜 여자가 미쳤다고 석양녘에 옥상에서 목욕을 한단 말입니까? 저의 불찰이고 부덕입니다. 이렇게 폐하께서 저에게 잘못했다고 무릎을 꿇고 용서를 구하시는데 제가 뭐라고 하겠습니까? 저는 왕의 신하입니다. 신하 된 자가 어찌 왕을 용서하겠습니까? 왕이 분명히 잘못한 것은 사실이지만 제가 폐하의 잘못을 덮어주지 않는다면 이 나라가 어떻게 되겠습니까? 왕의 체면이 어떻게 되겠습니까? 그러니 폐하께서는 하나님과의 관계만 잘 정리하십시오. 제가 죽을 때까지 함구하겠습니다. 그리고 폐하의 아이 또한 제 아들이라고 여기면서 잘 키우겠습니다. 하나님이 복중에서 지워주시지 않는 한, 이 아이를 제 아들로 잘 키우겠습니다. 그리고 변함없이 소신은 폐하의 충성스러운 신하의 길로 걸어가겠습니다. 모든 일은 다 제가 책임지겠습니다."

비록 사랑하는 아내를 빼앗겼다는 수치심과 모멸감과 굴욕감이 순간순간 들겠지만 그런 우울한 마음을 억누르며 우리아가 다시 전쟁터로 가는 것입니다. 아니, 충성을 다하는 것입니다. 그리고 자진하여 적진에 뛰어들어 왕을 위해 싸우다가 죽는 것입니다. 얼마나 멋있는 남자입니까?

저 같으면 그렇게 할 수 있을 것 같습니다. 다윗 왕도 다윗 왕이지만 하나님의 영광과 이스라엘 공동체의 덕을 위해서 그렇게 할 수 있을 것 같습니다. 그러면 다윗이 얼마나 미안해 하겠습니까? 평생을 두고 우리아를 잊지 못할 것입니다. 그리고 우리아는 천국에서 해같이 빛나는 면류관을 받고 상급을 누리게 될 것입니다.

또 하나의 시나리오가 있을 수 있습니다. 분명히 우리아는 전쟁터에 나가 죽었습니다. 그런데 눈을 떠 보니 살아 있는 것입니다. 분명히 우리아는 화살을 맞고 쓰러졌습니다. 그런데 이 소식을 다윗이 듣고 어의를 보낸 것입니다. 어의가 온 성심을 다해서 우리아를 살려 냈습니다. 죽으려고 했는데 세상에, 우리아가 어의의 실력으로 살아나 버린 것입니다.

게다가 다윗이 그곳까지 와서 우리아의 손을 잡고 눈물을 펑펑 흘리며 이렇게 말합니다.

"이 사람아, 우리아 자네 살아줘서 고맙네. 고마워. 자네가 죽었다면 나도 자네 따라 가려고 했는데 살아줘서 고맙네."

다윗이 아마 평생을 두고 고마워했을 것입니다. 그리고 훗날 우리아를 특진 중의 특진을 시켜 나중에는 이스라엘의 군대장관으로 삼지 않았겠습니까? 저는 혼자 이렇게 드라마를 다 만들어 봅니다.

아니면 이런 시나리오도 있을 수 있습니다. 우리아가 왕을 용서하고 밧세바의 손을 잡고 떠나는 것입니다.

"폐하, 내가 무슨 자격으로 왕을 용서하고 말고 할 것이 있겠습니까? 그러나 이제 폐하께 구합니다. 제가 아내를 데리고 먼 곳으로 떠나도록 허락해 주십시오. 저는 얼마든지 폐하의 신하로 남고 싶지만 저를 보실 때마다 폐하께서 저를 불편해 하시지 않겠습니까? 그러니 저는 초야로 돌아가 명예와 부귀를 탐하지 않고 그저 왕을 위해 기도하며 사는 야인이 되겠습니다. 그리고 태어날 아이는 제 아이처럼 잘 키워서 훗날 폐하께서 필요하시다면 얼마든지 돌려 드리겠습니다."

♪ 가련다 떠나련다 밧세바의 손을 잡고
  감자 심고 수수 심는 두메산골 내 고향에
  못 살아도 나는 좋아 외로워도 나는 좋아
  눈물 어린 보따리에 황혼빛이 젖어드네

이건 어디까지나 저의 상상이겠습니다만. 어쩌면 그때라도 하나님께 간절히 회개했더라면 하나님께서는 우리가 생각하지 못하는 방법으로 합력하여 선을 이루는 길로 인도해 주실 것이 아니겠습니까?

그러나 다윗은 끝까지 회개하지 않았습니다. 사람들 앞에 아주 시치미를 뗐습니다. 그리고 순간순간 하나님이 주시는 감동을 묵살해 버리고 하나님의 말씀을 무시해 버렸습니다. 그래서 그런 마음으로 다윗은 또 아주 교활한 속임수를 쓰려고 했습니다.

다윗의 비겁한 계략과 술책

■ 먼저 다윗은 요압에게 지시하여 우리아를 보내라고 했습니다. 당시 요압은 군대장관이었습니다. 그래서 우리아가 다윗에게 왔습니다. 다윗이 우리아를 본 순간 얼마나 죄책감과 미

안한 마음이 들었겠습니까? 그러나 시치미를 뚝 떼면서 우리아에게 이렇게 말합니다.

"오늘은 집에 가서 쉬어라, 요압의 말에 의하면 자네가 전쟁터에서 싸움도 잘하고 수고도 많이 하고 공도 많이 세웠다고 하더라, 그래서 내가 며칠 휴가를 줄 것이니 집에 가서 발 씻고 자네 아내와 포근한 하룻밤을 보내거라."

그러면서 어식까지 딸려 보내 준 것입니다.

> 삼하 11:6-8 다윗이 요압에게 기별하여 헷 사람 우리아를 내게 보내라 하매 요압이 우리아를 다윗에게로 보내니 우리아가 다윗에게 이르매 다윗이 요압의 안부와 군사의 안부와 싸움이 어떠했는지를 묻고 그가 또 우리아에게 이르되 네 집으로 내려가서 발을 씻으라 하니 우리아가 왕궁에서 나가매 왕의 음식물이 뒤따라 가니라

그런데 우리아는 집으로 가지 않았습니다. 왕궁 앞에서 왕의 문 출입을 지키는 부하들과 함께 잤습니다. 그러니 다윗의 은폐 공작이 완전히 실패한 것입니다. 그러자 다윗이 점점 불안해졌습니다. 그래서 우리아를 불러 왜 마누라와 자지 않고 군사들과 잤느냐고 물어봤습니다. 그러자 우리아가 이렇게 대답을 하지 않습니까?

"지금 이스라엘은 온 군대가 야영 중에 있고 모든 군사들이 얼마나 치열하게 싸우고 있는지 아십니까? 게다가 하나님의 언약궤도 거기에 모셔져 있는데 제가 어찌 편안하게 누워 마누라와 잠을 자겠습니까?"

> **삼하 11:10-11** 어떤 사람이 다윗에게 아뢰되 우리아가 그의 집으로 내려가지 아니하였나이다 다윗이 우리아에게 이르되 네가 길 갔다가 돌아온 것이 아니냐 어찌하여 네 집으로 내려가지 아니하였느냐 하니 우리아가 다윗에게 아뢰되 언약궤와 이스라엘과 유다가 야영 중에 있고 내 주 요압과 내 왕의 부하들이 바깥 들에 진 치고 있거늘 내가 어찌 내 집으로 가서 먹고 마시고 내 처와 같이 자리이까 내가 이 일을 행하지 아니하기로 왕의 살아 계심과 왕의 혼의 살아 계심을 두고 맹세하나이다 하니라

다윗은 신경질이 났습니다. 다윗이 보기에는 우리아가 지금 필요없는 열심을 내고, 쓸데없는 충성을 바치는 것 같았습니다. 이런 우리아의 모습이 다윗 왕에게는 못 말리는 돌아이의 모습으로 보였습니다. 사실 당연한 충성인데도, 불필요한 과잉충성으로 느껴진 것입니다.

그래서 다음 날 또 우리아를 불러서 술을 실컷 마시게 했습니다. 우리아가 곤드레만드레가 되었습니다. 왕하고 농담을 할 정도로 비틀비틀거렸을 것입니다. 그러면 우리아가 그날 저녁이라도 자기 마누라인 밧세바에게 가서 동침을 할 줄 알았습니다. 그런데 그 취중에도 우리아가 자기 집으로 가지 않고 또 부하들과 잠을 잤습니다.

> **삼하 11:13** 다윗이 그를 불러서 그로 그 앞에서 먹고 마시고 취하게 하니 저녁 때에 그가 나가서 그의 주의 부하들과 더불어 침상에 눕고 그의 집으로 내려가지 아니하니라

다윗은 낭패감에 젖어 당황하고 어쩔 줄 몰랐습니다. 자신의 은폐 공작이 계속 실패로 돌아가니 얼마나 괴로웠겠습니까? 한편으로는 분노가 치밀어 올랐을 것입니다. 그러면 그 때라도 다윗이 우리아 앞에 무릎을 꿇고 이실직고를 했어야 합니다. 하나님께 먼저 회개하고 하나님께 응답을 받고 우리아에게 무릎을 꿇었어야 합니다. 그런데 분노를 참지 못하고 다윗이 요압에게 편지를 썼습니다.

"우리아를 가장 격렬한 최전방 싸움터에 내보내서 싸우다가 암몬 군사들의 화살에 맞아 죽게 하거라."

> 삼하 11:14-15 아침이 되매 다윗이 편지를 써서 우리아의 손에 들려 요압에게 보내니 그 편지에 써서 이르기를 너희가 우리아를 맹렬한 싸움에 앞세워 두고 너희는 뒤로 물러가서 그로 맞아 죽게 하라 하였더라

그 편지를 받은 요압은 당장에 다윗의 의중을 알아차렸던 것 같습니다. 다윗의 모든 의도와 계획을 아예 간파해 버린 것입니다. 사실 요압이라는 인물을 살펴보면 그가 얼마나 영리하고 두뇌 회전이 빠른 사람인지 모릅니다. 세상 물정에 밝았고 정치력도 대단했습니다.

다윗도 그를 적절하게 견제했습니다. 아무튼 그 머리 좋은 요압은 다윗 왕이 전쟁 중에 우리아를 부른 것에는 다 이유가 있다고 생각했습니다. 또 다윗이 우리아를 격전지로 보내 죽게 하는 것도 뭔가 있다고 재빨리 눈치를 챘습니다. 그래서 요압은 우리아를 격전지로 보내 마침내 그를 죽게 만들었습니다.

> 삼하 11:16-17 요압이 그 성을 살펴 용사들이 있는 것을 아는 그곳에 우리아를 두니 그 성 사람들이 나와서 요압과 더불어 싸울 때에 다윗의 부하 중 몇 사람이 엎드러지고 헷 사람 우리아도 죽으니라

그리고 나서 요압은 전쟁의 중간 결과를 다윗 왕에게 보고합니다. 그러면서 그는 전령에게 "만약에 왕이 중간 결과를 듣고 노하시면 밧세바의 남편 헷 사람도 죽었습니다"라고 보고할 것을 지시합니다.

> 삼하 11:20-21 혹시 왕이 노하여 네게 말씀하기를 너희가 어찌하여 성에 그처럼 가까이 가서 싸웠느냐 그들이 성 위에서 쏠 줄을 알지 못하였느냐 여룹베셋의 아들 아비멜렉을 쳐죽인 자가 누구냐 여인 하나가 성에서 맷돌 위짝을 그 위에 던지매 그가 데벳스에서 죽지 아니하였느냐 어찌하여 성에 가까이 갔더냐 하시거든 네가 말하기를 왕의 종 헷 사람 우리아도 죽었나이다 하라

이것만 보더라도 얼마나 요압이 다윗의 마음을 간파했는지 알 수 있습니다. 아무튼 전령이 다윗 궁으로 달려가서 왕에게 소식을 전했습니다.

"한 순간 전쟁에 패했고 헷 사람 우리아도 죽었나이다."

그러자 다윗이 시치미를 뚝 떼면서 웃음을 지으며 이렇게 말을 합니다.

"전쟁에서는 칼이 사람을 다치게도 하고 죽일 수도 있으니 그런 작은 것에 신경 쓰지 말고 더 열심히 싸우라고 하거라. 그래서 최종적

인 승리를 거두고 오라고 하거라."

> **삼하 11:24-25** 활 쏘는 자들이 성 위에서 왕의 부하들을 향하여 쏘매 왕의 부하 중 몇 사람이 죽고 왕의 종 헷 사람 우리아도 죽었나이다 하니 다윗이 전령에게 이르되 너는 요압에게 이같이 말하기를 이 일로 걱정하지 말라 칼은 이 사람이나 저 사람이나 삼키느니라 그 성을 향하여 더욱 힘써 싸워 함락시키라 하여 너는 그를 담대하게 하라 하니라

이것을 보면 다윗이 얼마나 계속해서 위선자로 살았는지 알 수 있지 않습니까? 세상에 하나님의 사람이 자신의 죄를 숨기기 위해서 어떻게 이럴 수 있습니까? 얼마나 가증스런 행동을 합니까? 그렇게 백성을 사랑하고 부하를 사랑했던 다윗이 한 순간에 변해 버렸습니다. 어떻게 변했습니까? 우리아의 장례식이 끝나자마자 밧세바를 자신의 아내로 맞아들인 것입니다. 그리고 밧세바는 다윗의 아내가 되어 아들까지 낳았습니다.

> **삼하 11:27** 그 장례를 마치매 다윗이 사람을 보내 그를 왕궁으로 데려오니 그가 그의 아내가 되어 그에게 아들을 낳으니라 다윗이 행한 그 일이 여호와 보시기에 악하였더라

이 얼마나 뻔뻔스러운 행동입니까? 부하들과 백성들은 이 사실을 전혀 모르고 있었습니다. 그러니 다윗은 아주 뻔뻔하게 밧세바와 행

복한 나날을 보내고 있었던 것입니다. 그러나 하나님은 다윗의 그 모든 행위를 보고 계셨습니다. 하나님이 눈 감아 주시고 도와주시는 것처럼 보였지만, 그것은 어디까지나 다윗의 착각이었습니다. 왜냐면 하나님이 이렇게 말씀하셨기 때문입니다.

삼하 11:27(하) …다윗이 행한 그 일이 여호와 보시기에 악하였더라

기다리시고 또 기다리시기를 마친 그때 이런 다윗의 모습에 하나님은 마침내 나단 선지자를 다윗에게 보내십니다.

삼하 12:1(상) (그때에) 여호와께서 나단을 다윗에게 보내시니…

"여호와께서 나단을 다윗에게 보내시니…", 하나님께서 나단을 보내셨습니다. 왜 보내셨을까요? 하나님은 그때까지 다윗이 회개하기를 기다리신 것입니다. 하나님 앞에 나와 간절히 참회하기를 기다리셨던 것입니다.

그런데 다윗은 하나님 앞에서도 시치미를 떼고 있었습니다. 그래서 하나님이 마침내 나단 선지자를 보내신 것입니다. 아니, 나단 선지자를 보낸 것이 아니라 나단 선지자를 통하여 하나님 자신이 다윗을 찾아오신 것입니다.

사실 이 구절에는 "그때에"라는 말이 생략되어 있습니다. 히브리어 "바브"라는 부사가 있는데, "그때에"라는 말로 해석되는 부사입니다. 우리말에는 번역이 안 되어 있습니다. 그러므로 이 구절은 "그때

에"라는 부사로 시작됩니다. 물론 "그때에"라는 말은 하나님의 때라는 말입니다.

하나님의 때라는 말은 다윗이 회개하지 않고 끝까지 죄를 숨기고 있으니, 하나님이 더 이상 다윗이 회개하기를 기다리시지 않겠다는 말입니다. 그래서 나단 선지자를 보내서 말씀을 주시고 책망하려고 하는 그때를 말하는 것입니다. 하나님의 정확한 타이밍을 표현하고 있습니다.

그러면 그때가 정확하게 언제입니까? 다윗이 간음죄를 범한 직후입니까? 아닙니다. 밧세바가 임신한 사실을 다윗에게 알렸을 때입니까? 그것도 아닙니다. 그러면 임신한 밧세바와 혼인을 한 직후를 말합니까? 그것도 아닙니다.

그때는 바로 하나님이 참고 참고 또 참고 기다리고 기다리고 또 기다리다가 마침내 기다리기를 마치던 그때, 그래서 나단 선지자를 보내신 그때를 말씀하는 것입니다. 바로 그때가 이때를 말합니다. 하나님은 절묘하고 적절한 때에 나단 선지자를 보내셨습니다.

나단 선지자는 다윗 왕 앞에 나타나자 이렇게 말을 하지 않았습니다.

"왜 당신은 이렇게 큰 죄를 지었습니까? 왕이 되어 가지고 이런 죄를 지을 수 있습니까? 빨리 회개하세요. 회개하지 않으면 하나님의 무서운 진노가 임합니다."

만약에 이렇게 말했다면 다윗이 당장 나단 선지자를 옥에 가두고 죽여 버렸을지 모릅니다. 그러나 나단 선지자는 다윗이 스스로 깨닫고 회개하도록 얼마나 지혜롭게 비유를 들어서 설명을 했는지 모릅니다. 하나님은 나단 선지자를 통하여 다윗이 회개를 잘 할 수 있도록 준비까지 해 주셨다고 이야기할 수 있습니다. 그럼 나단 선지자가 다윗에게 다가가서 어떻게 지혜롭게 말을 합니까?

"왕이시여, 어느 한 성읍에 두 사람이 있었는데, 하나는 부자이고 하나는 찢어지게 가난한 사람이었습니다. 그야말로 부자는 그 집에 양과 소가 엄청나게 많았고 가난한 사람은 아무것도 없었습니다. 가난한 사람이 가지고 있는 것은 자기가 사서 기르는 작은 암양 새끼 하나뿐이었습니다. 그런데 그 가난한 자에게 기르는 암양 새끼는 딸 자식과 같았습니다. 그 사람과 자식이 먹는 것을 암양 새끼가 같이 먹었고 그가 마시던 잔으로 같이 마시며 잠잘 때도 언제나 그의 품에 있었습니다."

> **삼하 12:3** 가난한 사람은 아무것도 없고 자기가 사서 기르는 작은 암양 새끼 한 마리뿐이라 그 암양 새끼는 그와 그의 자식과 함께 자라며 그가 먹는 것을 먹으며 그의 잔으로 마시며 그의 품에 누우므로 그에게는 딸처럼 되었거늘

그러자 다윗은 나단 선지자의 이야기를 귀를 쫑긋하고 들었습니다. 나단 선지자의 이야기는 계속 이어졌습니다.

"그런데 어느 날, 부잣집에 어떤 행인이 방문을 했는데 그 부자가 자기 집 양을 잡아서 대접을 하지 않고 가난한 집의 하나뿐인 암양 새끼를 빼앗은 것입니다. 그래서 그것을 잡아서 손님을 대접했다는 것입니다."

그러자 다윗이 나단 선지자의 말을 듣자마자 분노했습니다.

"아니, 이스라엘에 어찌 그렇게 포악한 놈이 거할 수 있단 말이요? 그놈을 당장 잡아서 쳐죽여야지요. 그리고 그놈으로 하여금 그 가난한 자에게 네 배로 갚아 주도록 해야 할 것이 아니겠소?"

다윗이 그렇게 입에 거품을 물고 책상을 치며 일어설 때 나단 선지자가 쏘는 눈으로 다윗을 노려보고 손가락질을 하며 이렇게 말했습니다.

"바로 당신이 그 사람이오! 바로 당신이 그런 죄를 지었단 말이오!"

> 삼하 12:6-7(상) 그가 불쌍히 여기지 아니하고 이런 일을 행하였으니 그 양 새끼를 네 배나 갚아 주어야 하리라 한지라 나단이 다윗에게 이르되 당신이 그 사람이라…

"당신이 그 사람이라!"고 다윗의 죄를 책망하지 않습니까? 여기서 나단 선지자는 다윗의 외부적인 죄를 책망하기보다 내면적인 죄를 책망하고 있습니다. 밧세바와 간음한 사실, 그리고 우리아를 죽인 그 죄보다 더 큰 죄가 있다는 것입니다.

그것은 바로 내면적인 죄입니다. 외부적인 죄를 짓는 추악한 동기, 그리고 그 죄를 짓고 나서도 끝까지 회개하지 않고 강퍅하게 시치미를 떼고 살고 있었던 그 내면적인 죄를 지적하고 있는 것입니다. 그것이 무엇입니까? 하나님의 말씀을 업신여겼던 것입니다.

하나님의 말씀을 업신여기니까 밧세바와 범죄하게 되고 우리아를 죽였던 것입니다. 하나님의 말씀만 업신여겼습니까? 하나님 자신을 업신여겼습니다. 하나님을 업신여기니 헷 사람 우리아를 죽이고 우리아의 아내를 빼앗게 된 것입니다.

> **삼하 12:9-10** 그러한데 어찌하여 네가 여호와의 말씀을 업신여기고 나 보기에 악을 행하였느냐 네가 칼로 헷 사람 우리아를 치되 암몬 자손의 칼로 죽이고 그의 아내를 빼앗아 네 아내로 삼았도다 이제 네가 나를 업신여기고 헷 사람 우리아의 아내를 빼앗아 네 아내로 삼았은즉 칼이 네 집에서 영원토록 떠나지 아니하리라 하셨고

선지자의 책망 앞에 다윗은 그 자리에 엎드려 잘못을 시인했습니다. 그리고 회개하였습니다. 자신의 죄가 얼마나 추악하고 더러웠는지 생각하고 돌이켜보니 너무나도 죄송하고 송구했습니다. 특별히 자신이 하나님의 말씀을 무시하고 그분을 업신여겼던 일련의 마음과 행동들이 얼마나 죄송하고 송구했는지 모릅니다. 다윗은 땅을 치고 가슴을 쳤습니다. 그래서 애통하고 통회하는 마음으로 회개했습니다.

마치 바람 핀 여자가 남편 앞에 돌아와서 보니 너무나도 죄송한 것입니다. 처음에는 우발적으로 죄를 지은 것 같았지만 나중에는 그것이 습관이 되어 버렸습니다. 그리고 남편한테 시치미를 떼고 있다가 마침내 들통이 나버렸습니다. 물론 남편에게 무릎을 꿇었습니다. 잘못했다고 엎드려 사과를 했습니다. 그래서 남편에게 용서를 받았습니다. 그렇게 용서를 받았지만 생각하면 생각할수록 너무나도 죄송하고 미안한 것입니다. 그래서 정말 애통하고 통회하는 마음을 갖게 된 것입니다.

그런 의미에서 시편 51편은 바람 핀 여자의 마인드로 보면 다윗의

마음이 이해가 더욱 잘되고 애절하게 느껴집니다. 다윗은 우슬초로 자신을 정결케 해서는 안 된다고 생각했습니다. 이미 그는 용서를 받고 우슬초로 정결해진 사람이지만 그것가지고는 만족할 수가 없었습니다.

다윗은 주님 앞에 애통하고 통회하는 마음을 갖게 되었습니다. 그런 애통하고 통회하는 심정으로 하나님께 진정한 회개를 하고 있는 것입니다. 또한 이제 그는 형식적인 제사를 거부하고 있습니다. 정결 예식보다, 형식적인 번제와 속죄제보다 더 중요한 것이 상한 마음이라는 것입니다. 그런 상한 마음으로 애통하고 통회하고 자복하는 것을 하나님이 기뻐하신다는 것입니다. 그래서 자신의 그 상한 마음을 하나님께 드리겠다는 것입니다.

> 시 51:16-17 주께서는 제사를 기뻐하지 아니하시나니 그렇지 아니하면 내가 드렸을 것이라 주는 번제를 기뻐하지 아니하시나이다 하나님께서 구하시는 제사는 상한 심령이라 하나님이여 상하고 통회하는 마음을 주께서 멸시하지 아니하시리이다

지금도 유대인들은 대속죄일이 되면 금식하고 신발도 안 신고 슬픈 표정을 하고 다닙니다. 왜냐면 하나님께서 대속죄일이 되면 스스로 마음을 괴롭게 하며 회개하라고 하셨기 때문입니다.

> 레 16:30-31 이 날에 너희를 위하여 속죄하여 너희를 정결하게 하리니 너희의 모든 죄에서 너희가 여호와 앞에 정결하리라 이는 너희

에게 안식일 중의 안식일인즉 너희는 스스로 괴롭게 할지니 영원히 지킬 규례라

레 23:27 일곱째 달 열흘날은 속죄일이니 너희는 성회를 열고 스스로 괴롭게 하며 여호와께 화제를 드리고

여기서 괴롭게 한다는 말은 히브리어로 "아나"라는 동사로 표현되어 있습니다. 이 "아나"라는 동사는 스스로 비참해지고 처참해진다는 의미입니다. 그래서 유대인들은 대속죄일이 되면 스스로 비참해지고 처참한 모습을 합니다.

다윗이 이런 마음을 가진 것입니다. 하나님 앞에 스스로 비참해지고 처참해졌습니다. 스스로 자기 마음을 괴롭게 했습니다. 그것이 바로 상한 마음이며 애통하고 통회하는 마음이었습니다.

오늘날 우리도 하나님께 상한 심령을 드려야 합니다. 애통하고 통회하는 그 마음을 드려야 합니다. 그럴 때 우리의 그 상한 마음과 통회하고 자복하는 마음을 받으시고 하나님께서 우리에게 사죄의 기쁨을 주십니다. 영혼이 새롭게 되는 정결의 축복을 주십니다. 하나님께 깊이 나아가는 은혜를 주십니다. 우리를 치유하고 삶을 새롭게 빚으시는 놀라운 은혜와 축복을 허락해 주십니다.

♪ 1. 인애하신 구세주여 내가 비오니
　　죄인 오라 하실 때에 날 부르소서

2. 자비하신 보좌 앞에 꿇어 엎드려
　 자복하고 회개하니 믿음 주소서

[후렴] 주여 주여 내가 비오니
　　　죄인 오라 하실 때에 날 부르소서

♪ 1. 천부여 의지 없어서 손 들고 옵니다
　　 주 나를 외면하시면 나 어디 가리까

3. 나 예수 의지함으로 큰 권능 받아서
　 주님께 구한 모든 것 늘 얻겠습니다

[후렴] 내 죄를 씻기 위하여 피 흘려주시니
　　　곧 회개하는 맘으로 주 앞에 옵니다

애통하고 통회하는 마음을 드리려는 이유

■　　　　　　　그러면 왜 이렇게 다윗은 하나님 앞에 상한 마음을 드리려고 하는 것입니까? 우슬초로 피 뿌림을 받아서 정결하게 하면 되지, 왜 이렇게 상한 마음을 드리고 애통하고 통회하는 마음을 드리겠다는 것입니까?

그 이유는 우리 하나님이야말로 인자하신 하나님이요, 긍휼이 풍성하신 하나님이시기 때문입니다.

> **시 51:1** 하나님이여 주의 인자를 따라 내게 은혜를 베푸시며 주의 많은 긍휼을 따라 내 죄악을 지워 주소서

시편 51편 1절에서 다윗은 주의 인자를 따라 은혜 베푸시기를 기도했고 주의 많은 긍휼을 따라 죄악을 지워달라고 간구하지 않습니까? 여기서 '인자'는 히브리어로 "헤세드"라고 하고 '긍휼'은 "라함"이라고 합니다. 그러므로 다윗은 하나님의 헤세드와 라함에 근거해서 지금 상한 마음을 드리고 애통하고 통회하고 자복하는 마음을 드리고 있는 것입니다.

그렇다면 헤세드는 어떤 의미입니까? 하나님의 인자와 자비와 무한한 사랑을 의미하는 말입니다. 영어 성경을 보면 "Love"라고 단순히 번역한 것도 있고 "Compassion"이라고 번역한 것도 있습니다. 그러나 이런 단어들로는 헤세드의 의미를 제대로 드러내지 못합니다. 그래서 어떤 성경학자는 "Love in spite of"라고 표현했습니다. "그럼에도 불구하고의 사랑"이라고 말입니다.

그렇습니다. 이 헤세드라는 말은 조건을 초월한 사랑, 이해를 초월한 사랑, 하나님의 인자와 자비를 의미하는 말입니다. 다윗은 무조건적인 하나님의 사랑에 근거하여 그 사랑을 기대하고 통회하며 애통하는 마음으로 참회하는 것입니다. 가슴을 치며 머리를 쥐어뜯는 상한 심령으로 하나님께 참회를 하고 있는 것입니다.

그러면 긍휼이라는 말은 어떤 의미입니까? 긍휼은 히브리어로 "라함"이라고 하는데 "레헴"이라는 말에서 나왔습니다. 이것은 여인의 자궁을 뜻합니다. 유대인들은 "라함"이라는 말을 쓸 때마다 여인의 자궁을 연상했습니다.

여인의 자궁이 어떤 역할을 합니까? 태 속에 있는 아기씨에게 무조건적인 긍휼을 베풀어 줍니다. 산모의 체내에 있는 모든 영양분을 가지고 아이를 먹여 살리는 것입니다. 그와 같이 하나님께서 우리를 그렇게 불쌍히 측은하게 여겨주신다는 말입니다.

여인의 자궁, 곧 애기보가 탯줄을 통하여 산모의 모든 영양분을 공급해 줍니다. 밥을 못 먹으면 뼛속에 있는 영양분까지 다 끌어다가 아이에게 공급해 주지 않습니까? 여인의 자궁은 생래적으로 그런 긍휼의 본성이 있습니다.

하나님의 긍휼이 그렇습니다. 하나님은 죄를 지으면 그 죄를 책망하시고 때리시고 벌하십니다. 그러나 그렇게 얻어맞은 사람이 하나님께 나와 회개하고 참회하면 하나님은 그를 다시 긍휼히 여기고 불쌍히 여긴다는 것입니다.

더구나 상한 마음을 가지고 통회하고 애통하는 마음으로 참회하면 하나님의 그 긍휼의 본성이 더 발동됩니다. 그래서 뱃속에서 애기보가 엄마의 모든 영양분을 가지고 아이를 살려 주는 것처럼 하나님께서는 회개하고 돌아오는 자에게 당신의 자비와 그 무한한 사랑을 무조건적으로 베풀어 주신다는 것입니다. 우리 하나님은 라함의 하나님, 곧 긍휼의 하나님이시기 때문입니다.

이 사실을 다윗이 알았습니다. 그래서 하나님의 긍휼의 본성을 자극하고 있는 것입니다. 상한 심령을 하나님께 드리려고 했습니다. 형식적인 제사, 정결의식보다도 하나님의 연민, 긍휼의 마음을 얻기 위해서 자신의 상한 마음을 드리기 원했습니다. 이는 자신의 중심을 드리겠다는 것입니다. 애통하며 통회하고 자복하는 그런 진실한 마음을 하나님께 드리겠다는 것입니다.

'아! 그때 내가 왜 그런 미친 행동을 했을꼬, 왜 내가 하나님을 업신여기고, 그런 죄를 지었단 말인가? 왜 내가 하나님의 말씀을 업신여기고, 망할 짓을 했단 말인가?' 이렇게 해야 하나님이 은혜를 주셔도 곱빼기로 주시고 또 절대 정결, 완전한 정결, 그야말로 거룩한 정결을 주실 것이라고 기대했기 때문입니다.

그는 우슬초로 피를 뿌리는 것도 중요하지만, 이제는 자신이 하나님 앞에 통회하고 자복하는 마음을 드리려고 했습니다. 곧 상한 마음을 드리려고 했습니다. 이 얼마나 아름답고 지혜로운 행동입니까? 그와 같은 지혜로 다윗이 이렇게 고백하지 않았습니까?

> 시 51:6 보소서 주께서는 중심이 진실함을 원하시오니 내게 지혜를 은밀히 가르치시리이다

이처럼 그는 하나님이 주시는 지혜와 영감으로 하나님께 상한 마음과 애통하는 마음을 드리고 있는 것입니다. 다시 말해 애통하는 마음을 드리는 것 자체가 하나님이 주시는 지혜라는 것입니다.

오늘 우리가 이 지혜를 받아야 합니다. 그 지혜는 무엇입니까? 우리의 중심을 드리며 하나님 앞에 상한 마음을 드리는 것입니다. 그리

고 애통하며 통회하는 마음을 드리는 것입니다.

어떤 죄를 숨겨놓고 있습니까? 어떤 죄를 남몰래 짓고 있습니까? 괜찮습니다. 그 어떤 죄라 하더라도 우리가 하나님께 상한 마음으로 참회하고 회개하기만 하면 다 씻어 주시고 정결하게 해 주십니다. 우리 하나님은 헤세드의 하나님이시고 라함의 하나님이시기 때문입니다.

사랑의 하나님, 긍휼의 하나님께서 우리의 참회를 받으시고 절대 정결의 은혜를 주실 것입니다. 온전하고 거룩한 정결의 은혜를 주실 것입니다. 문제는 우리가 얼마나 상한 심령, 애통하는 마음, 통회하는 마음을 가지고 주님 앞에 나아가느냐는 것입니다.

'아, 왜 내가 그때 하나님의 말씀을 업신여겼던가? 왜 그때 하나님의 감동을 업신여기고 돌아이 같은 행동을 했던가? 왜 내가 그런 죄를 지었던가?'

오늘 우리의 상한 마음을 주님께 드려야 합니다. 애통하는 마음을 주님께 드려야 합니다.

♪ 성령이여 강림하사 나를 감화하시고
　애통하며 회개한 맘 충만하게 하소서
　예수여 비오니 나의 기도 들으사
　애통하며 회개한 맘 충만하게 하소서

　천부여 의지 없어서 손 들고 옵니다
　주 나를 외면하시면 나 어디 가리까

[후렴] 내 죄를 씻기 위하여 피 흘려주시니
곧 회개하는 맘으로 주 앞에 옵니다

나 예수 의지함으로 큰 권능 받아서
주님께 구한 모든 것 늘 얻겠습니다

정한 마음, 정직한 영을 새롭게 하소서

시편 51:7-12

"우슬초로 나를 정결하게 하소서 내가 정하리이다 나의 죄를 씻어주소서 내가 눈보다 희리이다 내게 즐겁고 기쁜 소리를 들려 주시사 주께서 꺾으신 뼈들도 즐거워하게 하소서 주의 얼굴을 내 죄에서 돌이키시고 내 모든 죄악을 지워주소서 하나님이여 내 속에 정한 마음을 창조하시고 내 안에 정직한 영을 새롭게 하소서 나를 주 앞에서 쫓아내지 마시며 주의 성령을 내게서 거두지 마소서 주의 구원의 즐거움을 내게 회복시켜 주시고 자원하는 심령을 주사 나를 붙드소서"

정결을 사모한 다윗

■　　　　　다윗은 누구보다 정결을 사모하였습니다. 왜냐면 자신이 너무 부정했기 때문입니다. 마치 나병환자처럼, 구약에서 시체를 보았거나 만진 사람처럼, 자신의 모습이 너무나도 부정하게 되었고 추악한 모습이었습니다.

그는 하나님께서 우슬초로 직접 자신의 몸과 마음에 피를 뿌려주시기를 원했습니다. 그리고 주님이 "너는 정결한 사람이다, 너는 깨끗한 사람이다"라고 선언해 주시기를 원했습니다. 그래서 이렇게 고백을 하지 않습니까?

> 시 51:4 내가 주께만 범죄하여 주의 목전에 악을 행하였사오니 주께서 말씀하실 때에 의로우시다 하고 주께서 심판하실 때에 순전하시다 하리이다

시편 51편 4절에서 그는 주께만 범죄했다고 하지 않습니까? 주의 목전에 악을 행하였다고 합니다. 그만큼 자신은 부정한 사람이 되었고 흉악한 죄인이라는 것입니다. 자신의 영적 상태는 나병환자와 같다고 여깁니다.

그런데 주님께서 우슬초로 피를 뿌려주시고 정결수를 뿌려주시면 된다는 것입니다. 주께서 말씀 한마디만 하시면 자신이 의로운 사람이 되고, 주께서 자신을 순전하다고 판결을 내리시고 선언하시면, 자신은

누구 앞에서나 정결하고 순전한 사람이 될 수 있다고 믿었습니다.

그는 정결한 영성과 삶을 얻기 위해서 하나님 앞에 얼마나 애통하고 통회하는 마음을 가졌는지 모릅니다. 마치, 뭣 모르고 얼떨결에 바람을 핀 여자가 남편 앞에서 너무나도 미안하고 송구해서 우는 것처럼 말입니다.

그는 하나님 앞에 상한 마음을 드렸습니다. 애통하고 통회하는 마음으로 주님 앞에 간절한 참회를 드렸습니다. 그는 밧세바와의 죄도 중요하고 우리아를 죽였던 외부적인 죄도 중요하지만, 내면적인 죄가 너무 추악하다고 깨닫게 되었습니다.

그는 하나님의 말씀을 업신여겼습니다. 하나님의 이름과 하나님 자신을 무시했습니다. 그래서 그가 지었던 죄는 고의적인 죄였습니다. 자신이 부족해서 지은 허물이 아니었습니다. 얼마나 흉악하고 추악한 죄를 지었는지 모릅니다.

그래서 그는 죄 용서함을 받고 정결함을 얻기 위해서 주님 앞에 상한 마음을 드렸습니다. 진정한 사죄를 통해 용서와 절대적 정결을 받기 위해, 그는 애통하고 통회하는 마음을 가졌습니다. 그래서 다윗은 하나님께 확실한 사죄와 용서를 받았습니다. 그러니 얼마나 감사한 일입니까?

인애하신 주님, 긍휼이 풍성하신 주님, 헤세드의 하나님, 라함의 하나님께서 다윗의 모든 죄를 용서해 주셨습니다. 다윗의 마음속에 용서의 기쁨과 사죄의 은총을 가득가득 채워주셨습니다. 그러니 다윗이 어찌 하나님을 찬송하지 않을 수 있겠습니까? 사죄의 기쁨과 감격을 가지고 하나님을 찬양했습니다.

오늘 우리도 마찬가지입니다. 우리가 어떤 죄든지 하나님께 가지고 나가면 주님이 다 용서해 주십니다. 특별히 주님께 애통하고 상한 마음을 가지고 나가면 주님은 우리를 더욱 온전하게 사하여 주시고, 우리의 죄를 도말해 버리십니다. 동이 서에서 먼 것처럼 진홍같이 붉은 죄가 흰눈같이 희게 된 것처럼, 주님이 우리의 죄를 지워주시고 덮어주시고 깨끗하게 해주십니다.

죄사함 받은 사람은 하나님을 찬양합니다. 우리를 큰 죄악에서 건져주시고, 씻어주시고, 용서하여 주신 하나님을 찬양합니다. 무엇으로 그 일이 가능합니까? 예수 그리스도의 보혈로 가능합니다. 그래서 우리가 하나님의 속죄의 은혜를 찬양하는 이유가 여기에 있습니다.

♪ 나 속죄함을 받은 후 한없는 기쁨을
다 헤아릴 수 없어서 늘 찬송합니다

♪ 오랫동안 모든 죄 가운데 빠져 더럽기가 한량없던 우리들
아무 공로 없이 구원함을 얻어 하나님의 자녀 지금 되었네

회개의 세 가지 요소

■ 다윗은 그것으로만 끝나지 않았습니다. 용서를 받고 사죄를 얻는 것이 목표가 아니었습니다. 정결함을 회복하

고 하나님께 나아가는 것만이 궁극적인 목표가 아니었습니다. 그렇게 살다가 또 죄를 지으면 어떡합니까? 그래서 이제는 아예 죄를 안 짓고 사는 삶을 목표로 세웠습니다. 다시는 그런 죄를 짓지 않게 해 달라고 하나님 앞에 간구했습니다.

다윗은 참회를 정말 잘 한 사람입니다. 회개에는 세 가지 요소가 다 갖춰져야 합니다. 첫째는 지적인 요소입니다. 죄를 먼저 깨달아야 합니다. 다윗도 처음에는 죄를 깨닫지 못했습니다. 성령의 감동이 오고 말씀의 깨달음이 와도 그것을 전부 무시하고 묵살했습니다.

그러나 나단 선지자를 통해 자신의 죄가 얼마나 추악한지 깨달았습니다. 외부적인 죄도 추악하지만 내면적인 죄가 얼마나 추악한지 깨달았습니다. 하나님의 말씀을 무시하고 하나님을 업신여겼던 이 죄가 얼마나 추악한지 깨닫게 된 것입니다.

그는 하나님께 간절히 회개했습니다. 특별히 우슬초로 피를 뿌려 자신을 정결하게 해달라고 구했습니다. 정결수를 뿌림 받음으로써 절대적 정결을 얻고 거룩한 정결을 얻으려고 했습니다. 그런데 그것만으로는 부족하지 않습니까?

그는 두 번째, 정적인 회개를 했습니다. 상한 마음을 드렸습니다. 애통하고 통회하고 자복하는 회개를 했다는 말입니다. 지난날 자신이 지었던 죄악의 동기, 그 추악하고 더러운 죄들을 얼마나 후회하고 탄식하며 마음 아파했는지 모릅니다.

마치 바람 핀 여자가 남편만 생각하면 너무 미안해서 울었던 것처럼, 그렇게 주님 앞에 정적인 회개를 했습니다. 그렇게 해서 용서함을 받고 정결함을 회복하게 되었습니다.

그런데 이것으로 끝나지 않았습니다. 세 번째로, 의지적인 회개를 했습니다.

"이제는 내가 절대로 이런 죄를 짓지 않겠습니다. 어떤 경우에도 이런 완악한 죄, 추악한 죄를 짓지 않겠습니다."

이렇게 스스로 결단하고 의지적인 회개를 한 것입니다.

그러나 아무리 다윗이 그렇게 의지적으로 결단하고 고백한다 하더라도, 자신의 마음과 의지를 가지고는 안 됩니다. 다윗에게는 정한 마음과 정직한 영이 있어야 했습니다. 그래서 그는 하나님 앞에서 이제는 정한 마음을 자기 안에서 창조해 달라고 기도하고, 또 정직한 영을 새롭게 해달라고 간구한 것입니다.

먼저, 그는 자기 안에 정한 마음을 창조해 달라고 기도했습니다. 그냥 마음이 아니라 정결한 마음이요, 순결한 마음입니다. 언제나 정결을 사모하고 정결을 위해 목숨을 걸고 정결한 영성에 생명을 거는 그런 마음을 창조해 달라는 것입니다.

여기서 다윗은 하나님을 부를 때, "엘로힘"이라고 표현했습니다. 엘로힘 하나님은 "창조주 하나님"을 의미합니다. 왕 중의 왕이요, 가장 위대하신 하나님, 천지만물을 창조하시고 주관하시는 하나님이라는 "엘로힘 하나님"이라는 칭호를 사용했습니다.

그리고 "바라"라는 동사를 썼습니다. "바라"는 무에서 유를 창조한다는 뜻의 용어입니다. 창세기 1장 1절을 보면, 히브리어로 "베레쉬트 바라 엘로힘(태초에 하나님이 천지를 창조하시느니라)"이라고 표현합니다. 여기서 "창조"가 "바라"라는 용어로 기록되어 있습니다. 그 창조주 하나님께서 자기 안에 정한 마음을 창조해 주시기를 기도했습니다. 무에서 유를 만드셨던 천지창조의 차원으로 내 안에 정결한 마음을 창조해달라고 구한 것입니다.

왜 그렇습니까? 모든 인간의 마음속에는 두 마음, 두 소욕이 있기 때문입니다. 그 중 하나는 하나님 앞에서 선을 행하고, 하나님 말씀에 순종하며 살기 원하는 마음입니다. 곧 정결을 사모하고, 거룩에 참여하며, 하나님과 동행하고, 하나님과 올바른 관계를 맺기 원하는 거룩한 욕망과 소욕이 있습니다.

반대로 또 하나의 마음이 있습니다. 그 마음은 죄를 좋아하고 세상을 좋아하는 마음입니다. 육체의 소욕대로 살고, 하나님을 거부하고, 하나님께 반항하며, 하나님께 불순종하고, 자기 쾌락과 즐거움을 따라 살고자 하는 마음이 있습니다. 그래서 사도 바울도 이렇게 고백하지 않습니까?

> 갈 5:16-17 내가 이르노니 너희는 성령을 따라 행하라 그리하면 육체의 욕심을 이루지 아니하리라 육체의 소욕은 성령을 거스르고 성령은 육체를 거스르나니 이 둘이 서로 대적함으로 너희가 원하는 것을 하지 못하게 하려 함이니라

우리 안에 육체의 소욕이 있고, 성령의 거룩한 욕망이 있습니다. 그런데 육체의 소욕은 성령의 감동을 거스르고, 또 성령은 육체의 소욕을 거스릅니다. 그래서 우리 안에 항상 이 두 소욕이 충돌하고 갈등하며 대적합니다.

성령의 소욕은 우리로 하여금 정결하게 살고, 경건하게 살고, 하나

님의 거룩에 동참하기 원합니다. 죄 짓지 않고, 하나님과 동행하며, 하나님의 임재 속에서 절대적 정결의 삶을 요구합니다. 그리고 그 절대적 정결의 삶을 하나님께 드리기 원합니다. 그것이 무엇입니까? 거룩한 헌신이요, 희생입니다. 이때 우리가 하나님의 거룩에 동참하게 되고, 하나님과 올바른 관계를 맺으며 선한 성령의 열매를 맺을 수 있습니다.

그러나 육체의 정욕은 항상 성령을 거스릅니다. 하나님을 싫어합니다. 경건한 것을 싫어합니다. 또한 정결보다는 부정결을 더 좋아합니다. 세상에 나가서 짜릿한 쾌락을 누리고 세상과 짝짜꿍하기를 원합니다. 죄를 짓는 쾌락과 기쁨을 누리기를 원합니다.

이렇게 우리 안에는 거룩한 성령의 소욕보다 육체의 소욕이 더 강렬하게 작용할 때가 많이 있습니다. 그래서 사도 바울도 이렇게 고백합니다.

> 롬 7:18-21 내 속 곧 내 육신에 선한 것이 거하지 아니하는 줄을 아노니 원함은 내게 있으나 선을 행하는 것은 없노라 내가 원하는 바 선은 행하지 아니하고 도리어 원하지 아니하는 바 악을 행하는도다 만일 내가 원하지 아니하는 그것을 하면 이를 행하는 자는 내가 아니요 내 속에 거하는 죄니라 그러므로 내가 한 법을 깨달았노니 곧 선을 행하기 원하는 나에게 악이 함께 있는 것이로다

로마서 7장 18-21절에서 자기 속에는 선한 것보다 오히려 악한 것이 더 들어 있다고 표현하지 않습니까? "원하는 바 선은 행하지 아니

하고 도리어 원하지 아니하는 바 악을 행하는" 삶을 살아왔다는 것입니다. 자기 딴에는 정결한 삶을 살고, 하나님의 거룩에 동참하고 싶었습니다. 진실로 자신의 몸을 의의 병기로 드리고, 거룩한 제물로 드리는 삶을 살고 싶었습니다.

그런데 그것이 마음대로 안 되는 것입니다. 자기가 원하는 선은 행하지 아니하고 오히려 악을 행하고 죄를 짓습니다. 왜냐하면 그 속에 악을 즐기고 죄를 즐거워하는 육신의 본성이 더 강력하기 때문입니다. 그래서 사도 바울은 이렇게 고백하지 않습니까?

> 롬 7:13-14 그런즉 선한 것이 내게 사망이 되었느냐 그럴 수 없느니라 오직 죄가 죄로 드러나기 위하여 선한 그것으로 말미암아 나를 죽게 만들었으니 이는 계명으로 말미암아 죄로 심히 죄 되게 하려 함이라 우리가 율법은 신령한 줄 알거니와 나는 육신에 속하여 죄 아래에 팔렸도다

자신이 원하는 선은 행치 아니하고 맨날 악을 행하며 살아가는 것입니다. 자신은 속에 있는 육체의 욕망을 누르며 하나님의 뜻대로 살려고 합니다. 그런데 이 죄의 법, 다시 말하면 죄와 사망의 법이 자신을 사로잡아 버립니다. 그래서 자신은 항상 죄의 종 노릇을 하며 살아갔던 것입니다.

그는 고백합니다.

"오호라 나는 곤고한 사람이로다 이 사망의 몸에서 누가 나를 건져내랴"(롬 7:24).

물론 최근 역사학자들은 이러한 삶과 고백이 그가 예수 믿기 전에 유대교를 신봉했던 삶이었다고 주장합니다. 논리적으로 볼 때 맞는 이야기입니다. 왜냐면 예수님을 믿고 생명의 성령의 법을 깨달은 사람은 죄와 사망의 법으로 살아가지 않고 생명의 성령의 법으로 살아가기 때문입니다.

그러나 논리적으로는 그렇다 하더라도, 현실적으로 봤을 때도 그리스도인들은 이러한 삶을 살아갈 때가 많이 있습니다. 사도 바울도 예외가 아니라고 봅니다. 예수를 믿고 생명의 성령의 법을 따라간다고 하지만, 그 생명의 성령의 법을 놓칠 때가 많기 때문입니다.

물론 우리가 항상 하나님의 생명의 영이 우리 안에 거하시고 새 생명의 법칙과 원리를 따라 살면 좋을 것입니다. 그러나 살다 보면 가끔 우리가 육신의 본성을 따라 살고 자연인의 모습대로 살 때가 있습니다. 그러면 유대교 안에 살았던 바울의 고백이 우리의 고백이 될 때가 있는 것입니다. 우리가 아무리 성령을 따라 살고 성령의 감동과 소욕을 따라 산다고는 하지만, 100% 그런 삶을 살 수 있습니까? 그 복을 놓쳐버릴 때가 있습니다.

그럴 때, 우리 속에 있는 죄악의 욕망이 나도 모르는 사이에 확 뛰쳐나오는 것입니다. 그래서 육신의 소욕에 우리가 사로잡혀서 나도 모르는 사이에 죄를 짓고, 또 넘어지게 되는 것을 경험하지 않습니까? 우리가 예수 그리스도의 복음을 몰라서가 아니고 생명의 성령의 법의 원리를 몰라서 그러는 것이 아닙니다. 그렇게 산다고 하면서도 우리는 그 원리를 놓쳐버리고 육신의 소욕을 따라, 옛사람의 원리를 따라 살 때가 많이 있습니다.

그러면 우리는 죄를 지을 수밖에 없습니다. 지은 죄 때문에 고민하는 것이 아니라, 어쩔 수 없이 죄를 짓는 나 때문에 고민을 하는 것입니다. 이것이 인간의 현실입니다.

사람은 누구나 본성을 따라 살면 그렇게 될 수밖에 없습니다. 그래서 마틴 루터는 이렇게 고백했습니다. "그리스도 밖에 살면 우리는 어쩔 수 없이 죄를 지을 수밖에 없는 존재"라고 말입니다.

워치만 니의 표현에 따르면, "우리는 죄를 짓는 공장"으로 존재하고 있습니다. 끊임없이 죄의 벽돌을 찍어내는 벽돌 공장으로 존재하고 있습니다. 생각하는 것, 행동하는 것으로 죄의 벽돌을 찍어냅니다. 그리고 그 죄의 벽돌로 높은 성을 쌓습니다. 그리고 우리가 그 성 안에 갇혀 사는 것입니다. 그래서 사도 바울뿐만 아니라, 모든 사람이 그렇게 고백하는 것입니다.

"오호라 나는 곤고한 사람이로다 이 사망의 몸에서 누가 나를 건져내랴"(롬 7:24).

다윗도 이 사실을 알았습니다. 그래서 다윗은 이런 두려움을 미리 갖고 있는 것입니다. '내가 또 죄를 지으면 어떻게 하나, 내가 아무리 결심하고 의지적으로 결단하고 살지라도 나는 어쩔 수 없이 죄를 지을 수밖에 없는 사람인데…' 그래서 다윗이 하나님 앞에 이렇게 고백하지 않습니까?

> 시 51:5 내가 죄악 중에서 출생하였음이여 어머니가 죄 중에서 나를 잉태하였나이다

시편 51편 5절에서 자신은 죄악 중에서 출생했다고 하지 않습니까? 어머니가 죄 중에서 자기를 잉태하였다는 것입니다. 그러니 자기도 어쩔 수 없이 죄를 지을 수밖에 없다고 말합니다. 그뿐입니까? 그는 3절에서 이렇게 고백하고 있습니다.

시 51:3 무릇 나는 내 죄과를 아오니 내 죄가 항상 내 앞에 있나이다

3절에서 다윗 앞에는 죄가 항상 머물러 있다고 말합니다. 그러니 자신은 죄 중에서 자랐다는 것입니다. 죄 중에서 잉태하고 탄생했을 뿐만 아니라 자신이 죄 중에서 자랐다고 고백합니다. 그래서 자신의 삶은 완전히 죄악 속에 얽혀 있다는 것입니다.

한 마디로 그는 원죄와 자범죄를 고백하고 있습니다. 칼빈의 표현대로 다윗은 "원죄의 샘에서 자범죄의 물이 솟아나는 삶"을 살고 있다는 것입니다. 그러니 자신의 힘과 의지대로는 안 된다는 것입니다. 자신이 아무리 고백하고 결단하고 의지적으로 죄를 안 지으려고 할지라도, 자신의 힘과 의지로는 안 된다는 것입니다. 왜냐면 인간은 전적으로 부패한 존재이기 때문입니다.

다윗은 하나님께 정한 마음을 창조해달라고 기도하고 있습니다. 우리도 그렇지 않습니까? 회개하고 은혜 받고 하나님 뜻대로 산다고 결단하고 고백하지만 그 결단과 고백이 얼마나 갑니까? 또 내 힘과 결심이 연약하고 무너져서 또 다시 넘어지고 자빠질 때가 얼마나 많습니까? 그래서 우리가 이렇게 주님 앞에 고백의 노래를 부르지 않습니까?

♪ 2. 큰 죄에 빠져 영 죽을 날 위해 피 흘리셨으니
　　주 형상대로 빚으사 날 받아주소서

　3. 내 힘과 결심 약하여 늘 깨어지기 쉬우니
　　주 이름으로 구원해 날 받아주소서

　[후렴] 내 모습 이대로 주 받아주소서
　　날 위해 돌아가신 주 날 받아주소서 아멘

거룩한 상상력 훈련

■　　　　　저는 신학교를 다닐 때부터 거룩한 상상력(holy imagination)에 관심이 많았습니다. 또한 정 권사님을 통해 순결한 영성, 깨끗한 영성을 관리하는 노하우를 배웠습니다. 그리고 우연히 신학교 도서관에서 익나시어스 로욜라(예수회 설립자)를 비롯한 수도사들이 묵상을 통해 거룩한 상상력을 어떻게 갖는지 읽어본 적이 있습니다.

　그래서 혼자 있을 때나 기도원에 가면 거룩한 상상을 하는 연습을 많이 했었습니다. 선다 싱(인도의 성자, "맨발의 전도자"라 불림)의 모습을 상상해 보고, 성 프랜시스나 말가리다 성녀, 이런 분들의 모습을 많이 상상했습니다.

4_ 정한 마음, 정직한 영을 새롭게 하소서

성 프랜시스가 설교를 하면 새들이 와서 설교를 듣고, 맹수나 야수들까지 와서 설교를 들었다고 하지 않습니까? 그래서 저도 기도원에 가면 새들을 향하여 찬양도 하고 설교도 해보았습니다. 그런데 새들이 나한테는 하나도 안 왔습니다. 소리치면 다 도망가 버렸습니다.

특별히 제 머릿속에는 주기철 목사님이 못자국 위를 걸어가는 영화의 장면이 각인되어 있었습니다. 그래서 기도원에 올라가기만 하면 항상 주기철 목사님의 흉내를 냈습니다. 주기철 목사님이 못 위를 걸어가셨던 것처럼 나도 못 위를 걸어간다 생각하면서, 신발을 벗고 혼자 바위 위를 걸어가기도 했습니다. 주 목사님이 불렀던 "저 높은 곳을 향하여 날마다 나아갑니다"를 부르며 순교 연습을 했습니다.

오죽하면 제가 광주민주화항쟁 때 금란로 거리를 "저 높은 곳을 향하여"라는 찬양을 하며 걸어서 수요예배에 갔겠습니까? 그때 저는 개미 새끼 한 마리도 얼씬거리지 않는 서슬이 시퍼런 도청 앞을 걸어갔습니다. 순교의 각오를 가지고 말입니다. 그때는 제가 순교하는 것이 소원이었습니다. 그런데 누가 죽여줬어야죠. 그래서 지금도 말씀을 증거하고 있습니다만.

아무튼 저는 신학교 다닐 때부터 거룩한 상상을 많이 했습니다. 특별히 죄에 대해서는 세 가지 연상을 했습니다. 죄의 더러움을 연상해서 생각하고 상상했습니다. 그렇게 해서 죄를 멀리하려고 애를 썼습니다.

(1) **죄를 구더기처럼 연상했습니다.**

똥간에 빠져 꿈틀거리는 구더기의 모습을 보신 적 있습니까? 물론 재를 버무려서 비벼가지고 지게로 퍼올린 그런 뒷간에는 구더기가 거의 없습니다. 그런데 국물과 건더기를 함께 받아 놓은 똥간에는 구더기가 얼마나 많은지 모릅니다.

이 구더기들이 나중에는 인천 상륙작전을 한다고 벽을 타고 올라옵니다. 올라오면 떨어지고, 또 올라오다가 떨어지고, 그러다가 오줌을 한번 싹 싸갈기면 또 떨어지고…. 그들도 불렀던 노래가 있습니다. "♪ 주를 앙모하는 자 올라가~ 올라가~♪" 그런데 그 구더기가 얼마나 더럽습니까? 저는 이 구더기의 모습을 육신의 소욕에 따라 세상의 쾌락과 죄 속에 푹 빠져서 살아가고 있는 우리의 모습으로 연상합니다.

우리가 어린 시절에는 아욱이라는 이파리를 된장에 넣어서 된장국을 많이 끓여먹었습니다. 그런데 가끔 된장국에서 구더기가 나왔습니다. 옛날에는 된장에 구더기가 많았기 때문에 그 구더기를 빼고 국을 끓여야 했습니다. 그런데 저희 누나가 좀 털털해서 구더기를 발견 못하고, 그대로 구더기 된장국을 끓여줬습니다. 그것을 가려서 먹어야 하는데, 못 보고 구더기를 팍 씹을 때가 있습니다. 그러면 구더기가 질커덕 하고 씹힙니다. 그때 얼마나 비위가 상합니까?

똥간에 있는 구더기가 얼마나 더럽습니까? 더구나 그 구더기를 입으로 씹는다고 상상해 보십시오. 그러면 어떻게 해야 되겠습니까? 당장 뱉어 내야 합니다. 당장 토해내 버려야 합니다.

저는 육체의 향락을 즐기고 세상 죄와 짝짝궁하며 살아가는 모습을 바로, 구더기 같은 모습으로 연상했던 것입니다. 그렇게 생각하며 살다 보니, 기도가 좀 부족하고 성령 충만하지 못할 때 꿈을 꾸면 제가 그런 모습으로 나타났습니다. 가끔 똥간에 빠져 있거나, 밥을 먹다가 구더기를 씹는 꿈을 꿀 때가 있습니다. 그러면 제가 주님 앞에 엎드려 기도했습니다.

"주여, 제가 영이 더러워진 것 같습니다. 마음이 더러워진 것 같습니다. 주여, 저를 깨끗하게 하옵소서. 하나님, 저는 그저 죄를 구더기처럼 생각합니다. 구더기를 뱉어버리고 싶습니다. 제 안에 무슨 죄가 있습니까? 무슨 악한 혐의가 있습니까?" 그러면서 다윗의 시를 생각하며 하나님께 기도하는 것입니다.

> 시 139:23-24 하나님이여 나를 살피사 내 마음을 아시며 나를 시험하사 내 뜻을 아옵소서 내게 무슨 악한 행위가 있나 보시고 나를 영원한 길로 인도하소서

"하나님이여, 나를 살펴보십시오. 나를 시험해 보십시오. 혹시 내 안에 악한 행위가 있습니까? 내 안에 어떤 구더기 같은 죄가 있습니까?"

저도 이렇게 기도했습니다. 특별히 세상 죄와 쾌락 속에 푹 빠져 살기 좋아하는 삶을 구더기처럼 더럽게 생각해야 합니다. 우리에게 지금도 그런 욕망과 세상에 대해 집착하는 마음이 많으면, 밥을 먹다가 구더기를 씹었다고 생각하며 그 모든 것들을 빨리 토해버려야 합니다.

그럴 때 우리가 죄와 멀리하고 세상과 멀리하게 됩니다. 그리고 이런 고백의 찬양을 부를 수가 있습니다.

> ♪ 예수를 나의 구주 삼고 성령과 피로써 거듭나니
> 이 세상에서 내 영혼이 하늘의 영광 누리도다
> 이것이 나의 간증이요 이것이 나의 찬송일세
> 나 사는 동안 끊임없이 구주를 찬송하리로다

(2) 죄를 징그러운 뱀으로 연상했습니다.

뱀의 모습이 얼마나 징그럽고 소름끼칩니까? 혹시 뱀을 보면 너무 귀엽고 그저 친근하게 보이는 사람이 있습니까? 그렇게 보이는 사람은 아주 특별한 사람입니다.

우리 교회 어떤 고등학생이 있는데 이 녀석은 우리와 다릅니다. 자기 방에 뱀도 키우고, 지네랑 이구아나도 키웠다고 합니다. 지금 미국에서 공부를 하는 중인데 훗날 곤충학과에 입학해서 곤충을 연구하고 싶다고 합니다. 그래서 바퀴벌레도 키워서 튀겨 먹었다고 합니다. 바퀴벌레를 식용화하기 위해 연구차 그렇게 했다고 합니다. 이렇게 특별한 애착을 갖고 있는 사람을 빼놓고, 대부분의 사람들에게 뱀은 징그럽고 소름끼치는 동물입니다.

제가 몇 년 전, 밀양에 집회를 갔습니다. 아마 초가을이 좀 안 된 때였을 것입니다. 그곳에서 제 수행비서 송종호 집사님과 함께 오후에 산을 탔습니다. 그런데 갑자기 송종호 집사님이 팔짝 뛰며 소리를 지르면서 도망가는 것입니다. 송종호 집사님이 밀치는 바람에 하마터면 제가 낭떠러지로 굴러 떨어질 뻔했습니다.

그래서 뭐가 있나 하고 앞을 살펴봤습니다. 아마 살모사였던 것 같습니다. 제 앞에 그 뱀이 몸을 칭칭 감고 혓바닥을 낼름거리며 쏘아보고 있는 게 아닙니까? 저도 그 모습을 보고 얼마나 소름이 끼쳤는지 모릅니다. 초등학생 때 같으면 오히려 뭣모르고 손으로라도 잡으려고 했을 것입니다.

그런데 바로 앞에 돌도 없고 아니면 막대기라도 있어야 하는데 아무것도 없었습니다. 그리고 송 집사님은 이미 몇십 미터를 도망가고 있었습니다. 주변을 둘러 막대기를 하나 주워서 잡으려고 하는 순간에 보니, 뱀은 이미 어디론가 사라져 버렸습니다. 원래 뱀을 잡으려면 눈을 마주치고 있어야 하는데 눈을 안 마주치니까 도망가 버린 것입니다.

송종호 집사님이 얼마나 의리 없습니까? 자기만 뱀에 안 물리겠다고 저를 밀어제끼면서 도망가 버리고 말입니다. 제가 저 계곡 밑 낭떠러지에 떨어져 버렸으면 어쩔 뻔했습니까? 그런 사람이 제 수행 비서를 하고 있습니다. 겁이 많은 걸 어떡하겠습니까?

그렇다면 이런 소름 끼치는 뱀을 어떤 식으로 연상해야 할까요? 시기, 질투, 미움, 거짓말, 남에게 상처를 주는 것들을 뱀으로 연상했습니다.

예전에 구미동 시절에는 이런 설교를 많이 했지만 요즘은 한 10년 이상 안 한 것 같습니다. 남을 시기하고 질투하고 미워하고 왕따 시키고…. 이게 얼마나 추악한 죄인 줄 아십니까? 우리는 간음죄, 살인 죄 같은 것들만 큰 죄인 줄 아는데, 이것들이 얼마나 큰 죄인 줄 아십니까? 이런 것들은 바로, 뱀과 같은 죄입니다.

사탄이 뱀의 형상으로 나타나지 않았습니까? 둘로 갈라진 혓바닥으로 아담과 하와에게 거짓말을 하고, 얼마나 많은 시기와 질투, 미움의 마음을 주었습니까? 오늘 우리도 마찬가지입니다. 우리가 쓸데없이 시기와 질투를 하고 거짓말하며, 남에게 상처를 주는 모습들이 다 뱀과 같이 소름끼치는 죄악들입니다.

이것도 우리가 빨리 토해내 버려야 합니다. 우리가 생선인 줄 알고 고기를 뜯어먹었습니다. 그런데 알고 보니 뱀입니다. 그러면 누가 그것을 맛있게 뜯어 먹겠습니까? 그냥 뱉어버려야 합니다. 왜냐면 더럽고 소름끼치기 때문입니다. 그런 것처럼 우리 속에 있는 시기, 질투, 미움, 이간질, 거짓말, 남에게 상처 주는 것들, 이와 같은 것들을 다 토해 버려야 합니다.

우리는 이런 죄악들을 뱀처럼 더러운 죄로 상상하고 연상하며 살아야 합니다. 그럴 때, 우리가 이런 더러운 죄를 멀리하게 되고 피하게 됩니다. 제가 버럭 화를 낼 때가 있을지는 몰라도 시기, 질투, 미움, 싸움, 거짓말 같은 것들은 거의 안 합니다. 왜냐면 그러한 것들을 뱀처럼 추악한 죄로 상상하고 연상하며 살기 때문입니다.

(3) 죄를 로마 병정으로 생각했습니다.

로마 병정이 얼마나 완악하고 고집불통입니까? 로마 병정은 예수님을 채찍질하고 침을 뱉고 가시관을 씌우며, 나중에는 십자가에 못 박았습니다. 그 중의 한 놈이 창으로 예수님의 옆구리를 찔러버렸습니다. 얼마나 완악하고 무자비한 모습입니까?

그렇다면 이런 로마 병정은 우리의 어떤 죄로 연상을 해야 할까요? 우리의 정욕, 고집, 불순종, 완악함, 완고함, 포악함과 같은 것들로 연상할 수 있습니다. 하나님이 우리에게 말씀하실 때 우리가 하나님의 말씀을 무시해 버리는 것입니다. 다윗도 그러지 않았습니까?

하나님의 말씀을 업신여기고 무시해버리는 로마 병정과 같은 완악함이 우리로 하여금 하나님께 불순종하게 합니다. 말씀에 순종하지 않을 뿐만 아니라 하나님의 성령의 감동을 멸시하고 업신여깁니다.

이런 로마 병정과 같은 죄가 우리 안에 있다면 어떻게 해야 하겠습니까? 당장 토해내 버려야 합니다. 당장 "웩~!" 하고 토해내 버려야 합니다. 그래야 하나님이 기뻐하시고 상대적으로 남보다 더 정결한 삶을 살게 되며, 죄와 짝짜꿍하지 않는 삶을 살게 되는 것입니다.

저는 과연 세 가지 죄 중에 어떤 것에 가장 약한지 생각해 보았는데 이 세 가지 모두 다 약한 것 같습니다. 저는 세상도 좋아하고, 한편으로 얼마나 완악하고 강퍅한 성격이 있는지 모릅니다. 저도 고집 불통인 면이 있습니다.

그 중에서도 가장 약한 것이 로마 병정과 같은 죄일 것입니다. 저도 혈기가 있고, 고집이 있습니다. 게다가 깡도 있고 자존심도 있습니다. 어떤 때는 강퍅함도 있습니다. 오죽하면 제가 그렇게 전도를 해도 초등학교 때 교회 한번 안 나갔겠습니까? 아무리 사탕을 주고 공책을 준다고 해도 교회를 안 나갔습니다. 아마 제가 우리 아버지의 강퍅함을 닮아서일 것입니다.

그러던 제가 나중에는 예수님을 믿게 되었습니다. 예수를 믿을 때도 제가 제일 이기기 힘들었던 것이 강퍅함이었습니다. 신학교 시절에 음란한 생각은 비교적 잘 이겨냈습니다. 여름에는 아예 눈을 감고 다녔습니다. 여자들이 비치는 옷을 입고 노출된 옷을 입고 다니면 너무 마음이 괴로웠습니다. 그래서 끓어오르는 정욕을 이기려고 거룩한 상상을 하면서 아예 눈을 감고 다녔습니다.

그렇게까지 하면서 청춘의 정결을 지켜왔는데, 로마 병정은 잘 되지 않았습니다. 백암교회를 개척할 때도 배영수 장로님을 얼마나 두들겨 팼는지 모릅니다. 마을 사람들에게 받은 스트레스를 배 장로님에게 풀었습니다. 그러면 우리 정 권사님까지 옆에서 배영수 장로님 편을 들었습니다. 그래서 그때 제가 한번 박살을 내버렸습니다.

그때 정 권사님이 저에게 뭐라고 한 줄 아십니까?

"어이, 주의 종이 되어가지고 그러면 쓰겄는가? 주의 종이 참아야지."

왜 주의 종만 참으라고 합니까? 그래도 정 권사님이 영수한테 이렇게 말씀해야죠.

"야, 네가 처남 될 놈이니까, 전도사님한테 잘 해야지."

이 한마디만 했으면, 저는 그렇게 혈기를 안 부렸을 것입니다.

그런데 오히려 제게, "전도사가 그래서 쓰겄는가, 주의 종이 그러면 쓰겄는가?" 이러시는 겁니다. 그러니 제가 화가 안 나겠습니까?

그러더니 한번은 제가 막 화를 내려고 할 참에 뭐라고 하시는 줄 아십니까?

"어이, 주님이 참으라고 하시네. 이번 한번만 참으면 하나님께서 금방 예배당 짓는다고 하시네. 그러나 또 성질 내면 하나님이 자넬 삼 년을 넘게 고생시킨다고 하시네."

이 말을 제가 하나님의 성령이 하시는 말씀으로 받았어야 했는데, 그러지 못하고 선악과를 따버렸습니다. 자기 아들 편 들어주려고 하나님의 성령을 이용해먹는다며 "막 그냥 뭐가 어쩌고 어째!" 하고, 영수한테 콜라병을 던져 버렸습니다. 그때 다리몽둥이를 맞아 지금까지도 흉터가 남아 있습니다.

지금도 생각해 봅니다. 이놈의 로마 병정, 이놈을 십자가에 못 박고 나의 옛 사람의 정욕, 혈기, 고집, 완악함, 강퍅함을 그때 못 박았어야 했는데 말입니다. 지금 또 다시 생각해 봅니다.

'내가 그때 참았으면 빨리 예배당을 지었을까?'

실제로 예배당을 빨리 지을 수 있었습니다. 그런데 하나님이 자꾸 방해하시고, 연장하시고, 늦추셨습니다. 물론 합력하여 선을 이루게 하시는 하나님께서 그때 엄청난 고생을 통해 오늘의 소 목사가 있게 하신 것은 사실이지만 말입니다.

그때 제가 참지 못했습니다. 사실 이런 이야기를 지금 처음 해보지만, '그 순간 참았더라면 일 년 만에 예배당을 지었을까? 고생을 좀 덜했을까?' 이런 생각을 지금까지도 많이 하면서 살아왔습니다. 그래서 화를 참아야 할 때, 정말 이를 악물고 참아야 할 때는 이를 악물고 생각하는 것입니다.

'아 내가 참자!'

제가 이렇게 저의 삶과 내면까지 공개하는데, 그러면 여러분은 어떤 사람입니까? 마음속에 무엇이 많이 있습니까? 구더기가 많이 있습니까? 뱀이 많이 있습니까? 아니면, 로마 병정이 많이 있습니까?

사람에 따라 다 특징이 있습니다. 유별나게 인색하고 강퍅한 사람이 있습니다. 성령의 역사를 무시하기도 합니다. 이런 사람은 로마 병정이 많은 사람입니다. 또 어떤 사람은 시기하고, 질투하고, 남을 미워하고, 상처 주고, 거짓말로 이간질하고, 이런 사람은 뱀이 많은 사람입니다.

또 어떤 사람은 은혜 받는 것보다 세상을 좋아합니다. 찬송하는 것보다 노래방에 가는 것을 더 좋아하고, 텔레비전을 더 좋아하고 사치기사치기사뽀뽀……이런 사람들은 구더기가 많은 사람입니다. 그런 구더기를 다 토해 버려야 합니다.

오늘 우리의 마음속에 어떤 죄가 있든지 다 토해내 버려야 합니다. 다 오바이트해 버려야 합니다. 내 속에 구더기, 뱀, 로마 병정이 있다고 생각하고 구더기를 씹고, 뱀을 씹은 사람이 웩하고 토해내 버리듯이 우리 속에 있는 모든 강퍅함, 완악함 이런 로마 병정을 다 토해내 버려야 합니다.

다같이 토해 냅시다! "웩…!" 이것이 안 되는 사람은 손가락을 막목에 집어 넣습니다. 그러나 사실 그렇다고 뭐가 됩니까? 맛있게 밥 먹은 음식물만 토하는 것이지, 그렇다고 로마 병정이 나오고 뱀이 나오고 구더기가 나옵니까? 그러나 우리는 영적으로 토해 내야 합니다. 그게 무엇입니까? 참회이고 회개입니다. 이것을 우리는 지적으로 회개하고, 정적으로 회개하고, 의지적으로 결단하는 것입니다. 이것이 참된 회개입니다.

♪ 주여 우리의 죄를 용서하여 주소서
  지난날의 잘못을 사하여 주옵소서 // (x2)
  주여 주여 나의 죄를 위하여 주여 주여 십자가를 지셨네 //
  주님 가신 그 길을 나도 걸어야 하네(x2)

♪ 천부여 의지 없어서 손들고 옵니다
  주 나를 박대하시면 나 어디 가리까

(후렴) 내 죄를 씻기 위하여 피 흘려 주시니
  곧 회개하는 맘으로 주 앞에 옵니다

정한 마음과 정직한 영을 구한 다윗

■ 그런데 아무리 죄를 더럽게 연상하고 상상한다 하더라도 우리가 100% 정결하게 삽니까? 죄를 100% 이기며 살아갑니까? 아닙니다. 저도 무너질 때는 확실하게 무너집니다. 깨질 때는 확실하게 깨집니다. 특별히 이놈의 성질, 이놈의 강퍅함, 이놈의 혈기, 때로는 교만함, 이런 것들이 있습니다.

신학교를 다닐 때, 성질 한번 내고 나면 금식기도를 했습니다. 얼마나 눈물로 기도했는지 모릅니다. 그렇게 회개하면서 또 결심합니다.

"내가 절대로 성질 안 내리라. 절대로 혈기 안 내리라. 절대로 강퍅하지 않으리라."

그런데 그렇게 결단하고 또 의지적으로 결심한다고 한들 다 됩니까? 100% 정결하게 삽니까? 죄를 다 이깁니까? 죄를 다 이길 수 없습니다. 깨질 때는 확실하게 깨집니다. 우리 모두 다 그렇지 않습니까? 그래서 저는 부정적인 차원에서 거룩한 상상을 하는 것보다, 긍정적인 면에서 거룩한 상상을 했습니다.

예컨대 주기철 목사님처럼 못판 위를 걸어가는 것을 비롯해서, 수천, 수만 명의 사람들 앞에서 설교하는 거룩한 상상을 했습니다. 주님이 제게 세마포 옷을 입혀준다든지 영적 전쟁에서 승리해서 하나님이 제게 면류관을 씌워주시는 모습을 상상했습니다.

그래서 저녁에 잘 때도 세마포 옷을 입고 공중을 훨훨 날아다니는 꿈을 꾸면 얼마나 좋을까, 상상하며 잠이 듭니다. 독수리, 비둘기와 함께 하늘을 훨훨 날아다니고, 물 속에 들어가면 붕어와 함께 뛰놀며 잉어를 잡는 꿈을 꾸면 얼마나 좋을까, 상상하며 잠을 잘 때도 있었습니다.

요즘도 그런 상상을 합니다. 그리고 산을 더 자주 갑니다. 특별히 저는 산을 하나님의 품이나 세상과 구별된 별세의 세계로 이미지화 했습니다. 깊은 산에 가면, 때 묻은 영혼과 육체가 씻음 받는 상상을 하면서 기도합니다.

왜냐면 도심에서 너무 바쁘게 살지 않습니까? 인의 장막 속에 치여 살고 있습니다. 제가 사람을 좋아하지만 너무 많이 접하다 보면 때로는 피곤할 때가 있습니다. 그래서 광야나 수도원 같은 곳을 열망할 때가 있습니다. 저 깊숙한 산속이나 기도원에 가서 거하고 싶을 때가 있습니다.

그런데 이게 말뿐이지, 사실 우리 교회에 곤지암 기도원이 있지만 기도원을 못 갈 정도로 바쁩니다. 기도원에 갈 때마다 오히려 기도원에 미안한 마음이 듭니다. 또 기도원이 아닌 다른 산을 가더라도 조금 깊은 산에 가면 산에 미안한 마음이 듭니다. 그러한 마음으로 제가 쓴 시가 있습니다.

산에 와서

죄송합니다 / 너무도 오랜만에 와서 / 마음이 때 묻다 보니
몸도 함께 때에 묻혀 / 이리도 오랜만에 왔습니다
부끄럽습니다 / 쉴 새 없이 전화하고
사람 만나느라 / 분주하기만 했던 지난 삶들이

정결한 당신의 품 / 출애굽의 세계에 와보니
수줍기만 한 마음 / 견딜 수 없네요

처음으로 돌아가고 싶습니다
처음 사랑 / 그 초심을 회복하여
다시 당신을 사랑하고 싶습니다

이렇게 하면서 제 영혼과 마음과 몸이 세속에 물들지 않도록 온갖 노력을 다합니다. 이런 연상이라도 하면서 온갖 노력을 다하는 것

입니다.

그런데 이렇게 노력한다고 해서 우리가 100% 정결하게 삽니까? 이처럼 거룩한 상상을 한다 해도, 우리가 아무리 의지적으로 결단하고 새롭게 각오한다 하더라도, 내 의지대로 그렇게 살아갈 수 있느냐는 말입니다. 이 모든 죄를 이길 수 있습니까? 아닙니다. 확실히 깨집니다.

주여, 정한 마음을 주소서

■ 다윗도 이런 사실을 알았습니다. 그래서 하나님께 정한 마음을 달라고 구하고 있습니다. 자기 안에 정한 마음을 창조해 달라는 것입니다. 자기 힘과 의지와 결단만으로는 절대로 정결하게 살 수 없음을 알았습니다. 그래서 주님께서 내 안에 정결한 마음을 창조해 주시길 기도했습니다.

"하나님, 내 마음은 지금 이렇게 결단하고 이렇게 결심해도 순간적으로 세상을 좋아하고 본성적으로 죄를 좋아할 수 있습니다. 그러니 이제, 내 안에 정말 죄를 싫어하는 마음을 주십시오. 세상을 포기해 버리는 마음을 주십시오. 이제는 언제나 정결을 생명처럼 여기고 거룩한 삶을 사모하는 그런 맘을 주셔야 합니다. 본성적으로 아예 죄를 싫어하고, 세상을 싫어하며, 하나님만 좋아하고, 은혜만을 좋아하며, 하나님 뜻대로 순종하기를 좋아하는 그 마음을 제게 주시옵소서. 그저 세속적인 것보다 신령한 것을 좋아하고, 경건한 것을 좋아하고, 정결한 것을 좋아하고, 하나님께 헌신하는 것을 좋아하며 그것을 기쁘게 여기고 거룩에 동참하는 삶을 살기를 원하는 그 마음, 그 새 마음을 저에게 주시기를 바랍니다."

이러한 소원을 가지고 다윗은 자기 안에 정한 마음을 창조해 달라고 기도했습니다. 죄 용서함 때문에 기도한 것이 아닙니다. 정결을 입으려고 기도한 것이 아닙니다. 이제는 아예 평생 정결하게 살고, 하나님의 거룩에 동참하며 거룩의 은혜를 받아 진정으로 거룩한 삶을 살아가기를 원하는 마음을 창조해 달라고 기도하고 있는 것입니다. 얼마나 아름다운 기도요, 지혜로운 기도입니까?

실제로 하나님은 요셉에게 그런 마음을 주시지 않았습니까? 요셉은 모든 사람이 다 넘어갈 유혹을 이겼습니다. 이 유혹은 휘발유에 불을 갖다 댄 것과 같은 유혹입니다. 요셉은 그 휘발유가 물이 되어 버리는 상황으로 바꿔 버렸습니다.

요셉은 정욕이 활활 끓어오르는 20대 청년이었습니다. 보디발의 아내가 그런 요셉에게 윙크했습니다. 성경을 보면 "wink at him"이라고 표현하는데, 그에게 눈웃음을 친 것입니다. 이 20대 청년의 가슴이 얼마나 울렁거리겠습니까? 게다가 두 번도 아니고 한 번만 자자는 것입니다. 아마 이런 조건을 줬을지도 모릅니다.

"네가 나와 한 번만 자면 종 문서를 찢어버리겠다. 평생 자유인으로 선포할 거야."

그러면 요셉도 '아, 이게 하나님의 뜻인가?' 하고 눈을 질끈 감고, '하나님도 봐주시겠지'라고 생각하면서 그 여인이 요셉을 꽉 껴안았을 때, "주여, 뜻대로 행하시옵소서" 하며 함께 응했을 것입니다.

그런데 요셉이 뭐라고 말합니까?

"사모님, 하나님이 나를 보고 계시는데, 어찌 내가 하나님 앞에 득죄를 합니까?" 대단하지 않습니까? 그리고 이 여자가 자기를 꽉 껴안을 때 도망가 버렸습니다. 왜 그랬습니까? 하나님께서 요셉의 마음에 정한 마음을 창조해 주셨기 때문입니다.

G. E. 그라프는 이것을 이렇게 설명했습니다.

"하나님께서 요셉의 마음속에 예수 그리스도의 인격을 내재하게 해주셨다."

정한 마음을 달라는 것과 같은 맥락이 아니겠습니까? 그래서 요셉은 하나님이 주신 정한 마음과 예수 그리스도의 인격 때문에 유혹에 넘어가지 않았습니다. 시험에서 승리하고 죄를 이길 수 있었습니다.

다윗이 그 마음을 달라고 하는 것입니다.

"하나님, 저에게도 요셉에게 창조해 주셨던 정한 마음을 주시옵소서. 그 정한 마음으로 평생 죄를 짓지 않고 정결하게 살게 하시옵소서. 하나님의 거룩에 동참하게 하옵소서."

우리도 다윗처럼 정한 마음을 간구해야 합니다. 이런 정결한 마음을 사모해야 합니다. 정결한 마음을 내 안에 창조해 달라고 간구해야 합니다.

♪ 주여 정결하게 하소서 오늘 하루하루 순간을
   주가 주신 힘으로 승리하기 원하네
   주여 나를 정결하게 하소서

♪ 주님의 마음을 본받는 자 그 맘에 평강이 찾아옴은
　험악한 세상을 이길 힘이 하늘로부터 임함이로다
　주님의 마음 본받아 살면서 그 거룩하심 나도 이루리

　그런데 다윗은 여기에서 끝나지 않습니다. 정한 마음을 창조해 달라는 표현을 넘어 더 적극적인 표현을 합니다. 그것은 정직한 영을 새롭게 해달라는 것이었습니다.
　정한 마음이 정결한 우리의 가슴(마음: heart)을 의미한다면, 정직한 영은 정직한 영혼(spirit)이라는 말을 썼습니다. 여기서 영은 히브리어로 "루아흐"라고 하는데 어떤 마음이나 혼을 넘어서 생명의 근원, 하나님의 생기로 창조되고 내재된 생명의 본질을 의미합니다.
　"정직한"이란 말로 번역된 히브리어 "나콘"은 "견고한"이라는 의미도 갖고 있습니다. 그러므로 견고한 영을 새롭게 해달라는 말로 번역이 가능합니다. 무슨 말입니까? 하나님이 이미 다윗에게 주신 견고한 마음과 영혼을 새롭게 해달라는 것입니다. 다시 말해 매일매일 다윗의 마음에 오셔서 개혁해 주시고 갱신해 주시고 새롭게 변화시켜 달라는 의미입니다.
　하나님이 주신 마음마저도 하나님이 늘 새롭게 해주시고 내 안에서 갱신의 역사를 베풀어달라는 것입니다. 그럴 때 자신이 더욱 새롭게 매일매일 주님을 사랑하게 되고 더욱 주님을 잘 섬기게 될 것이라는 뜻입니다.
　얼마나 멋진 표현입니까? 날마다 주님이 나에게 새로움으로 오시는 것입니다. 새 은혜를 가지고 오십니다. 새 은혜로 내 마음을 새롭게 빛으시고, 또 내 안에서 날마다 개혁과 갱신과 변화의 역사를 베풀어 달라는 것입니다. 그러면 그 새로운 마음, 곧 갱신되고 개혁된 마음으로 날마다 새롭게 주님을 섬기겠다는 뜻입니다. 얼마나 멋집니까?

그런 마음으로 하나님을 섬기는데 어떻게 죄를 짓겠습니까? 왜 부정결하게 살겠습니까? 날마다 하나님의 임재 속에서 정결하게 삽니다. 그 정결을 하나님께 드리고 마침내 거룩한 삶을 살게 됩니다.

"주여, 우리 안에도 정한 마음을 창조해 주옵소서. 그리고 그 정한 마음, 견고한 나의 심령이 매일매일 하나님의 은혜로 새로움을 경험하게 하옵소서. 그 새로운 은혜로, 그리고 새로운 심령으로 하나님을 매일매일 새롭게 섬기게 하옵소서. 그리고 우리의 정결, 우리의 깨끗함 우리의 순결, 우리의 헌신을 하나님 앞에 온전히 드리게 하여 주옵소서. 우리가 이 땅에서 참으로 정결한 신부, 거룩한 신부로 하나님을 섬기게 하옵소서."

♪ 해 아래서 새 것이 없나니 이 죄인 살리신 주
　보라 새롭게 된 이 피조물 주의 놀라운 권능
　찬양하세 우리 주 오 주여 영광 받으소서
　새롭게 하소서 새롭게 하소서
　새롭게 하소서 늘 새롭게 하소서

♪ 내 마음에 주를 향한 사랑이 / 나의 말엔 주가 주신 진리로
　나의 눈에 주의 눈물 채워주소서
　내 입술에 찬양의 향기가 / 두 손에는 주를 닮은 섬김이

나의 삶에 주의 흔적 남게 하소서

♪ 하나님의 사랑이 영원히 함께하리
십자가의 길을 걷는 자에게 / 순교자의 삶을 사는 이에게
조롱하는 소리와 세상 유혹 속에도 / 주의 순결한 신부가 되리라
내 생명 주님께 드리리

신약을 살아가는 우리에게는 정한 마음과 정직한 영혼을 거듭난 생명으로 표현할 수 있습니다. 그리고 성령의 인도와 지배를 받는 그 마음과 영혼으로 표현할 수 있습니다. 하나님께서는 애초에 신약 백성들에게 이러한 마음을 주시겠다고 약속하지 않으셨습니까?

렘 31:33 그러나 그날 후에 내가 이스라엘 집과 맺을 언약은 이러하니 곧 내가 나의 법을 그들의 속에 두며 그들의 마음에 기록하여 나는 그들의 하나님이 되고 그들은 내 백성이 될 것이라 여호와의 말씀이니라

겔 36:25-27 맑은 물을 너희에게 뿌려서 너희로 정결하게 하되 곧 너희 모든 더러운 것에서와 모든 우상 숭배에서 너희를 정결하게 할 것이며 또 새 영을 너희 속에 두고 새 마음을 너희에게 주되 너희 육신에서 굳은 마음을 제거하고 부드러운 마음을 줄 것이며 또 내 영을 너희 속에 두어 너희로 내 율례를 행하게 하리니 너희가 내 규례를 지켜 행할지라

이 새 영과 새 마음이 다윗이 구한 마음이고, 하나님께서 신약의 성도들에게 주신 생명의 성령의 법입니다. 우리가 이 마음을 받으면 온전한 하나님의 사람이 되고 죄를 이길 수가 있습니다. 하나님을 기쁘게 하는 삶을 살 수 있는 것입니다.

말가리다 수녀와 성 프랜시스의 기도

■ 중세에 말가리다라는 수녀가 있었습니다. 이 수녀는 주님의 마음을 본받기 위해서 주야로 금식하며 주님께 기도했습니다. 그러던 어느 날 주님께서 말가리다 수녀에게 나타나셨다고 합니다.

"사랑하는 딸아, 너는 무엇을 구하느냐?"

그러자 수녀가 이렇게 대답했습니다.

"예, 예수님 저는 주님의 마음을 원합니다."

"아니, 그것 말고 다른 것을 구해라. 그러면 내가 얼마든지, 무엇이든지 너에게 주리라."

"아니옵니다. 주님, 저는 주님의 마음을 원할 뿐이옵니다. 주님의 심장이 제 가슴 속에 심기기를 원합니다."

"아니, 그것 말고 솔직히 무엇을 원하느냐? 내가 너에게 다 줄 것이다. 네가 수도원 원장을 원하면 원장 자리를 줄 것이다. 무엇이든지 구하라."

그러자 말가리다 수녀는 계속 이렇게 말했습니다.

"예수님, 저는 그저 주님의 마음을 원할 뿐이옵니다."

이러기를 여러 번 반복했습니다. 마침내 주님께서 그녀에게 뭐라고 말씀한 줄 아십니까?

"너는 좋은 것을 선택하였느니라. 너야말로 내 마음에 합한 자다."

그러면서 주님의 가슴에서 무언가를 꺼내셨다고 합니다. 그것은 아주 붉은 심장 같은 것이었습니다. 그것을 그녀의 가슴 속에 넣어주었다고 합니다. 그 이후로부터 말가리다 수녀는 역사상 가장 위대한 성녀가 되었다는 것이 아닙니까?

성 프랜시스도 비슷한 경험을 했다고 합니다. 어느 날 주님께서 프랜시스를 찾아오셨습니다.

"프랜시스야, 너는 무엇을 원하느냐?"

"예, 저는 주님 자체만을 원할 뿐이옵니다."

"아니, 나 말고 다른 것 있잖아. 네가 원하면 무엇이든지 내가 너에게 주리라. 무엇을 원하느냐? 솔직히 말해보아라."

"아니옵니다. 주님, 저는 주님 외에 다른 것이 필요 없습니다. 오직 주님만을 원할 뿐이옵니다."

"프랜시스야, 그것 말고 네가 인간적으로 구할 것이 있잖아."

"아니옵니다. 저는 오직 주님만을 따를 뿐이옵니다."

이러기를 몇 번 반복한 뒤, 프랜시스에게도 이렇게 말씀하셨습니다.

"너는 좋은 것을 선택하였느니라."

그때부터 프랜시스 역시 가장 위대한 성자가 되었습니다. 그래서 그가 노래를 부르면 새들도 함께 불렀고, 그가 산에 가서 설교를 하면 새들이 그의 어깨와 손 위에 앉아서 말씀을 들었다고 합니다. 그가 찬양하고 설교하면 맹수들도 와서 그 앞에 머리 숙여 프랜시스의 찬양을 듣고 설교를 들었다고 합니다. 도대체 이것이 얼마만큼 사실인지는 모르겠습니다만 그렇게 전해 내려오고 있습니다.

그들은 주님의 마음을 본받는 자들이었습니다. 아니, 주님의 마음을 소유했던 자들이었습니다. 우리도 주님의 마음을 본받기를 소원해야 합니다. 아니, 주님의 심장과 그 마음을 우리 안에 소유할 수 있기를 간절히 갈망해야 합니다.

♪ 1. 주님의 마음을 본받는 자 그 맘에 평강이 찾아옴은
　　험악한 세상을 이길 힘이 하늘로부터 임함이로다

　2. 주 모습 내 눈에 안 보이며 그 음성 내 귀에 안 들려도
　　내 영혼 날마다 주를 만나 신령한 말씀 늘 배우도다

(후렴) 주님의 마음 본받아 살면서 그 거룩하심 나도 이루리

완전 성화? 점진적 성화!

■　　　　　　이것을 우리 장로교에서, 특별히 개혁신학에서는 "성화"라는 용어로 설명을 합니다. 우리가 은혜를 계속해서

받으면 주님의 마음을 닮아가고 주님의 형상을 닮아간다는 것입니다. 그래서 점점 성화에 이르게 됩니다.

그런데 우리는 점진적 성화를 말하는데, 감리교나 성결교에서는 이 땅에서도 '완전성화'를 이룰 수 있다고 주장합니다. 그 완전성화를 이룰 수 있는 것이 바로, '제2의 은혜'라는 것입니다. 제1의 은혜는 우리가 예수를 믿고 거듭난 것이라면, 제2의 은혜는 성령의 불을 새롭게 받고 완전성화에 이르게 된다는 것입니다.

그러나 우리 장로교, 개혁신학에서는 그렇게 말하지 않습니다. 아무리 은혜를 받아도 우리는 죄인이며, 다만 점진적 성화를 할 뿐입니다. 아무리 성령의 불을 세게 받아도 하루아침에 우리가 달라지는 것은 아닙니다. 그래도 여전히 죄인입니다.

그런데 감리교에서는 '제2의 성화'의 예를 웨슬레의 성화로 설명합니다. 웨슬레는 감리교를 창시한 사람인데, 제2의 은혜를 받고 완전성자가 되었다고 합니다. 성령의 불을 받고 은혜를 너무 세게 받으니까 사모님의 방에 들어가지를 않았습니다.

계속해서 여러 지역을 다니면서 부흥회와 집회, 그리고 세미나를 인도했습니다. 그리고 교회로 돌아오더라도 하나님 앞에 기도해야 하니 사모님의 방에 들어갈 시간이 없었습니다. 그러던 어느 날 웨슬레가 집에 들어갔습니다. 사모님이 웨슬레에게 돌을 던져 그 돌이 이마에 맞아 피가 철철 났습니다. 그래도 웨슬레는 전혀 화를 안 내었다고 합니다.

이 부인은 세계적으로 아주 유명한 악처 중 하나라고 소문이 날 정도였습니다. 그래서 자작극을 벌였습니다. 웨슬레가 어떤 반응을 보이는가 보려고, 사모님이 일부러 웨슬레의 이마에 돌을 던진 것입니다. 피가 철철 났지만 웨슬레는 전혀 화를 안 내었다고 합니다. 그만큼 성화가 이루어졌다는 것입니다. 참 대단한 사람입니다.

마침내 웨슬레 부인이 죽었습니다. 웨슬레는 부인이 죽고 나서도 단 한마디도 욕을 안 했다고 합니다. 저 같으면 관짝을 때리면서 욕을 했을지도 모릅니다. 그러나 웨슬레는 오히려 이렇게 말했답니다.

"아! 그분은 너무나 훌륭한 여자였소. 나의 귀한 동역자였고, 이 세상에서 가장 훌륭한 사모였소."

웨슬레는 이렇게 훌륭한 삶을 살았습니다.

그렇다고 웨슬레에게 죄가 없었을까요? 아닙니다. 우리 개혁신학에서는 그도 역시 죄인이라고 이야기합니다. 감리교에서는 완전성화를 이루었다고 말하지만 우리 개혁신학에서는 상대적으로 남들보다 좀더 성화가 되었을 뿐이지, 절대성화를 이룬 것은 아니라고 주장합니다.

저는 장로교의 개혁신학을 공부했기 때문에 장로교의 교리가 맞다고 봅니다. 그러나 감리교의 제2의 성화설도 일리는 있습니다. 그도 역시 죄인이었지만 어떤 사람은 성령의 권능을 받고 거의 완전할 정도로 변화받은 사람이 있기도 하기 때문입니다. 정말 부러운 사람입니다. 엄청나게 복받은 사람이라 할 수 있습니다.

그럼에도 불구하고 그가 절대적 성화를 이루었던 것은 아닙니다. 상대적 성화를 이루었을 뿐입니다. 물론 남보다 비교할 수 없을 만큼 엄청난 성화를 이룬 사람입니다. 거의 절대적 성화에 가까운 단계에 들어간 사람입니다. 그럼에도 불구하고 그가 완전한 의인이 되었을까요? 아닙니다. 아직도 죄인이라는 것입니다.

그가 여전히 하나님 앞에 죄인이지만, 그 죄인 속에 하나님께서 정한 마음을 창조해 주셨습니다. 그리고 매일매일 그의 안에서 정직한 영을 주님께서 새롭게 해주셨습니다.

매일매일 새롭게 하옵소서

■　　　　　　　다윗은 이런 은혜를 구했습니다.
"주여, 내 안에 정한 마음을 창조해 주시옵소서. 그리고 정직한 영을 매일매일 새롭게 하여 주옵소서."

그런 다윗은 참으로 위대한 삶을 살았습니다. 그는 노년에 수넴 여인을 품고 잤습니다. 예루살렘은 해발 700-800m 고지이기 때문에 겨울이 되면 날씨가 굉장히 춥습니다. 특별히 밤에 혼자 자면 추울 수 있습니다. 우리나라처럼 아궁이 문화라면 열심히 군불이라도 때면 따뜻하겠지만, 이스라엘은 아궁이 문화가 아니었습니다.

다윗의 충신들은 젊고 예쁘고 싱싱한 여자를 다윗의 품에 넣어 주었습니다. 그러나 다윗은 건강을 위해 그녀를 품기는 했지만 동침하지는 않았습니다. 아마 밧세바의 일을 생각했기 때문일지도 모릅니다.

> **왕상 1:1-4** 다윗 왕이 나이가 많아 늙으니 이불을 덮어도 따뜻하지 아니한지라 그의 시종들이 왕께 아뢰되 우리 주 왕을 위하여 젊은 처녀 하나를 구하여 그로 왕을 받들어 모시게 하고 왕의 품에 누워

> 우리 주 왕으로 따뜻하시게 하리이다 하고 이스라엘 사방 영토 내에 아리따운 처녀를 구하던 중 수넴 여자 아비삭을 얻어 왕께 데려왔으니 이 처녀는 심히 아름다워 그가 왕을 받들어 시중들었으나 왕이 잠자리는 같이 하지 아니하였더라

오늘 우리도 다윗의 기도를 드려야 합니다.

"주여, 내 안에 정한 마음을 창조하여 주옵소서. 그리고 정직한 영을 매일매일 새롭게 해주시옵소서. 날마다 새로운 은혜를 주시고 나를 새롭게 빚어 주시옵소서. 내 영을 새롭게 하시고 내 마음을 견고하게 하여 주옵소서."

그럴 때 우리가 죄를 이길 수 있습니다. 참으로 정결한 사람으로 살아갈 수 있습니다. 계속해서 거룩한 삶을 살아갈 수 있습니다. 하나님을 기쁘게 하고 하나님 보시기에 아름다운 삶을 살 수 있습니다.

♪ 성령이여 강림하사 나를 감화하시고
　애통하며 회개한 맘 충만하게 하소서

♪ 1. 주님의 뜻을 이루소서 고요한 중에 기다리니
　　진흙과 같은 날 빚으사 주님의 형상 만드소서

　2. 주님의 뜻을 이루소서 주님 발 앞에 엎드리니
　　나의 맘속을 살피시사 눈보다 희게 하옵소서

5

주의 영을
거두지 마소서

시편 51:7-12

"우슬초로 나를 정결하게 하소서 내가 정하리이다 나의 죄를 씻어 주소서 내가 눈보다 희리이다 내게 즐겁고 기쁜 소리를 들려 주시사 주께서 꺾으신 뼈들도 즐거워하게 하소서 주의 얼굴을 내 죄에서 돌이키시고 내 모든 죄악을 지워 주소서 하나님이여 내 속에 정한 마음을 창조하시고 내 안에 정직한 영을 새롭게 하소서 나를 주 앞에서 쫓아내지 마시며 주의 성령을 내게서 거두지 마소서 주의 구원의 즐거움을 내게 회복시켜 주시고 자원하는 심령을 주사 나를 붙드소서"

다윗은 하나님 앞에 우슬초로 자신을 정결케 해달라고 간구하였습니다. 그리고 자기 안에 정한 마음을 창조해 주시고 정직한 영, 혹은 견고한 마음을 새롭게 해달라고 간구하였습니다.

그런데 11절에서는 하나님께 더 강렬한 기도를 합니다. 다윗은 자신을 주 앞에서 쫓아내지 마시고 성령을 거두어가지 말라고, 눈물로 간구하고 탄원하고 있습니다.

시 51:11 나를 주 앞에서 쫓아내지 마시며 주의 성령을 내게서 거두지 마소서

여기서 "쫓아내다"는 말은 히브리어로 "샤라크"라고 하는데 "버리다, 내동댕이치다"라는 뜻입니다. 다윗은 하나님께 자신을 버리지 말아달라고, 절대로 내동댕이치지 말아달라고 눈물로 간구합니다. 사람은 죄를 지으면 누구나 그런 기도를 할 수밖에 없습니다.

죄의 네 가지 결과

■ 사람이 죄를 지으면 누구에게나 네 가지 결과가 따라옵니다.

(1) 죽음이 옵니다.

죄는 영적인 암과 같습니다. 그래서 죄를 그대로 두면 반드시 그 사람은 죽습니다. 아담과 하와가 선악과를 따먹고 그대로 있다가 죽지 않았습니까? 물론, 신약시대에 와서도 죄를 짓는다고 해서 영원히 죽는다고 이야기해서는 안 됩니다. 그러나 분명한 것은 영적인 침체가 온다는 것입니다. 궁극적으로 죽지는 않지만, 실제적으로는 그 영혼이 죽는 것과 같은 강한 어둠과 침침한 혼돈 속에 살아가게 됩니다.

왜냐하면 죄라는 것은 한번 지으면 우리에게 달라붙습니다. 끈끈이처럼 끈적끈적하고 찰거머리같이 달라붙습니다. 이것이 우리 안에서 성장하고 죄가 전염됩니다. 그러다가 결국 그 사람은 망합니다. 영혼이 망하고 육체가 망하게 됩니다.

우리는 죄를 그대로 두면 안 됩니다. 죄를 지으면 그것을 빨리 처리해야 합니다. 그렇지 않으면 심령이 죽습니다. 심령이 죽은 사람은 괜히 쓸데없는 불평을 합니다. 아무것도 아닌 것을 가지고 원망을 하고 짜증을 냅니다. 자기와 상관없는 일을 가지고 괜히 혼자 고민하고, 시험 들고, 비정상적인 행동과 말을 하는 것입니다. 그러므로 죄는 그때 그때 처리해야 합니다.

(2) 상실이 옵니다.

죄는 모든 것을 상실하게 합니다. 축복을 상실하게 하고, 특권을 상실하게 하고, 영권을 상실하게 하고, 은사를 상실하게 하며, 능력을 상실하게 합니다. 이것은 어쩔 수 없습니다. 그렇게 많은 은혜와 영육간의 축복을 받았지만, 죄를 그대로 품고 있으면 모든 것을 박탈당하고 빼앗기게 되어 있습니다.

이스라엘 백성들을 보십시오. 광야에서 그렇게 원망하고, 불평했던 사람은 가나안 축복을 다 박탈당하고 말았습니다. 이스라엘 선민으로서의 특권도 상실해 버렸습니다. 특별히 사울 왕을 보십시오. 하나님 앞에 은혜로 받은 수많은 축복들을 다 빼앗기고, 박탈당해 버리지 않았습니까? 오늘날도 마찬가지입니다. 우리가 죄를 지으면 상실이 옵니다. 모든 은혜와 축복을 박탈당하기 때문입니다.

(3) 하나님의 징계가 옵니다.

다윗 왕도 엄청난 징계를 받지 않았습니까? 엄청난 환난을 당했습니다. 오늘날도 마찬가지입니다. 반복적인 죄를 계속해서 지으면, 그 죄로 인해서 하나님은 징계를 하십니다. 그래서 우리가 환난을 당하고 고통을 당하게 됩니다.

(4) 더 악한 것이 생깁니다.

죄를 처리하지 않고 계속해서 그대로 두면, 더 강한 귀신이 들어와 우리를 잠식합니다. 사탄이 우리 안에 집을 짓고, 아예 우리의 영혼을 옥죄고, 마음을 짓누릅니다. 사탄은 죄를 지을 때는 막 지으라고 유혹해 놓고, 짓고 나면 우리 안에서 참소하고 조롱합니다.

"야, 네가 무슨 생명나무를 선택한다고, 네가 목사야? 네가 장로야? 이래가지고 네가 무슨 사명을 감당한다고!"

그때부터 우리는 사탄의 지배를 받고 종 노릇을 하게 됩니다.

다윗은 이런 사실을 잘 알고 있었습니다. 그래서 이렇게 기도했습니다.

"주여, 나를 주 앞에서 절대로 쫓아내지 마시옵소서. 축복의 자리로부터 쫓아내지 마시옵소서. 은혜의 자리, 응답의 자리, 특권의 자리로부터 나를 쫓아내시면 안 됩니다. 지금까지 받았던 하나님의 은혜와 축복을 박탈당할 수는 없습니다. 제발 저를 이 하나님의 은혜와 축복과 특권의 자리에서 쫓아내지 말아 주십시오."

특별히 다윗은 사울이 하나님 앞에 비참하게 쫓겨났던 모습을 목격했던 사람입니다. 어떻게 사울이 하나님 앞에 그토록 처참하게 쫓겨났단 말입니까? 하나님의 축복의 자리에서 쫓겨난 사울은 하나님과의 교통이 단절되었습니다. 하나님의 임재와 영광, 그리고 그 엄청난 은혜와 축복을 다 상실해 버리고 말았습니다.

그때부터 사울의 영혼은 얼마나 고뇌하였습니까? 얼마나 그 마음이 번민하였습니까? 그러다가 블레셋과의 전쟁에서 패하였습니다. 그리고 하나님이 자기에게 씌워주셨던 그 영광스런 왕의 면류관을 다윗에게 빼앗기고 말았습니다.

다윗은 이것을 너무나 잘 알았습니다. 그래서 눈물로 기도하는 것입니다.

"주님, 저를 당신 앞에서 쫓아내지 마옵소서. 제발 사울을 버린 것처럼 저를 버려서는 안 됩니다. 저를 불쌍히 여겨 주옵소서. 저를 긍휼히 여겨 주옵소서."

그렇게 애원하고 목이 마르도록 기도했습니다.

사울과 같이 한동안 쓰임 받고 버림받았다면, 그는 얼마나 불쌍한 사람입니까? 한동안 하나님의 장중에 붙잡힘을 받았는데, 나중에 하나님께 버림받습니다.

그렇게 된다면 얼마나 결과가 비참하겠습니까?

그런 참혹한 결말을 알기 때문에 다윗이 그렇게 갈망하는 기도를 하는 것입니다.

"하나님, 제발 저를 버리지 마시옵소서. 제발 저를 붙잡아 주옵소서."

우리도 이런 마음으로 하나님께 기도해야 합니다. 끝까지 나를 붙잡아 주시고 사용해 달라고 말입니다.

♪ 1. 인애하신 구세주여 내 말 들으사
　　 죄인 오라 하실 때에 날 부르소서

　 2. 자비하신 보좌 앞에 꿇어 엎드려
　　 자복하고 회개하니 믿음 주소서

　 (후렴) 주여 주여 내 말 들으사
　　 죄인 오라 하실 때에 날 부르소서

인본주의를 추구했던 사울

■ 사울은 어떤 사람이었습니까? 정말 하나님의 은혜로 이스라엘의 왕이 된 사람입니다. 사무엘상 8장을 보면, 사무엘의 통치 말년에 백성들이 임금을 구합니다. 이제 신정주의 통치에 싫증이 났다는 것입니다. 그래서 이방 나라들처럼, 이스라엘도 정부체제 그리고 왕 제도를 허락해 달라고 요구했습니다.

그때까지는 하나님께서 사사를 통하여 신정체제로 다스렸습니다. 그런데 이스라엘 백성들이 이 신정체제에 염증을 느낀 것입니다. 그래서 왕을 달라고 구했습니다. 하나님 편에서 볼 때 사무엘의 마음이 매우 섭섭했습니다.

그때 하나님께서 사무엘에게 말씀하십니다.

"사무엘아, 너무 섭섭해 하지 마라. 나도 섭섭하다. 저들은 나를 버렸느니라."

신정주의 체제를 싫어하는 것을 하나님은 하나님 자신을 버린 것과 같다고 말씀하신 것입니다.

> **삼상 8:7** 여호와께서 사무엘에게 이르시되 백성이 네게 한 말을 다 들으라 이는 그들이 너를 버림이 아니요 나를 버려 자기들의 왕이 되지 못하게 함이니라

이스라엘 백성들은 왜 왕을 구했습니까? 그들은 인본주의를 추구

한 것입니다. 신정주의보다 주권재민을 주장하는 인본주의, 내지는 민주주의를 추구하는 동기에서 왕을 구했습니다. 이렇게 해서 이뤄진 것이 이스라엘의 왕정 아닙니까?

그때 사울 왕이 제비 뽑혀 왕이 되었습니다. 하나님의 은혜로 제비가 뽑혔습니다. 사울이 이스라엘의 왕으로 등극하게 되었습니다. 물론 사무엘의 기름 부음을 받고 이스라엘의 왕이 된 것입니다.

그렇다면 사울은 백골난망의 심정으로 하나님을 잘 섬겼어야 했습니다. 겉으로 볼 때는 자신이 이스라엘의 왕이었지만, 진짜 이스라엘의 왕은 하나님으로 모셔야 하고 신정주의적 통치를 해야 될 것 아니겠습니까? 그리고 그는 정말 마음을 다하고 성품을 다하고 힘을 다하여 하나님을 섬기고, 하나님의 말씀을 정말 두렵게 여기며 죽도록 순종했어야 했습니다.

그러나 사울은 그렇게 하지 않았습니다. 하나님은 안중에 없고 어떻게든지 자신의 권력을 강화하고, 연장하고, 확대하는 데만 혈안이 되어 있었습니다. 이러기를 계속해서 반복하자 하나님이 사울을 시험합니다. 이 시험에 합격했으면 얼마나 좋았겠습니까? 그러나 사울은 이 시험에서 몇 번이나 실패하고, 하나님의 저울에 미달되는 모습을 보였습니다.

하나님은 결국 사울 왕을 영원히 쫓아내고 말았습니다. 하나님의 시험에 몇 번이나 실패했으니 말입니다. 그러면 하나님께서 사울에게 무엇으로 첫 번째 시험을 하셨습니까? 사무엘상 13장 8-14절에 잘 나와 있습니다.

삼상 13:8-14 사울은 사무엘이 정한 기한대로 이레 동안을 기다렸으나 사무엘이 길갈로 오지 아니하매 백성이 사울에게서 흩어지는지라 사울이 이르되 번제와 화목제물을 이리로 가져오라 하여 번제를 드렸더니 번제 드리기를 마치자 사무엘이 온지라 사울이 나가 맞으며 문안하매 사무엘이 이르되 왕이 행하신 것이 무엇이냐 하니 사울이 이르되 백성은 내게서 흩어지고 당신은 정한 날 안에 오지 아니하고 블레셋 사람은 믹마스에 모였음을 내가 보았으므로 이에 내가 이르기를 블레셋 사람들이 나를 치러 길갈로 내려오겠거늘 내가 여호와께 은혜를 간구하지 못하였다 하고 부득이하여 번제를 드렸나이다 하니라 사무엘이 사울에게 이르되 왕이 망령되이 행하였도다 왕이 왕의 하나님 여호와께서 왕에게 내리신 명령을 지키지 아니하였도다 그리하였더라면 여호와께서 이스라엘 위에 왕의 나라를 영원히 세우셨을 것이거늘 지금은 왕의 나라가 길지 못할 것이라 여호와께서 왕에게 명령하신 바를 왕이 지키지 아니하였으므로 여호와께서 그의 마음에 맞는 사람을 구하여 여호와께서 그를 그의 백성의 지도자로 삼으셨느니라 하고

이스라엘 백성은 전쟁을 하기 전에 먼저 선지자에게 묻는 것이 일반적이었습니다. 그리고 전쟁을 하기 전에 제사장이 제단을 쌓아야 합니다. 반드시 그렇게 하고 나서 출정을 해야 했습니다.

그런데 블레셋과의 전투를 앞두고 사무엘이 와서 제사를 드려줘야 하는데, 오기로 약속한 사무엘이 7일째 오질 않는 것입니다. 게다가 블레셋 놈들은 계속해서 국지전을 일으키고, 여기저기서 공격을

해옵니다.

그래도 끝까지 믿음을 가지고 기다려야 하지 않겠습니까? 물론, 사울 편에서 보면 마음이 조급했을 것입니다. 사무엘은 오지 않고, 제사는 못 드리고, 그러자 탈영병까지 생기니 얼마나 마음이 조급하겠습니까? 그래서 자기가 사무엘 대신 직접 제사를 드려버린 것입니다.

한마디로, 하나님의 주권을 침범한 것입니다. 어떻게 왕이 제사장이 할 일을 하느냐 말입니까? 이것은 하나님을 업신여기고, 하나님의 종을 우습게 여기는 것이었습니다. 그러자, 사무엘이 도착해서 물어 봅니다.

"왕이여, 왜 이렇게 하셨습니까? 참으로 왕은 망령된 짓을 행하였나이다."

이렇게 사울은 첫 번째 시험에 실패했습니다. 이것은 망령된 짓이었습니다. 그 결과 시험에서 실패한 것입니다. 그때부터 하나님께서 마음을 먹으신 것입니다. 사울을 버리고 다른 지도자를 세워서 이스라엘의 왕으로 삼을 것을 말입니다.

> **삼상 13:13-14** 사무엘이 사울에게 이르되 왕이 망령되이 행하였도다 왕이 왕의 하나님 여호와께서 왕에게 내리신 명령을 지키지 아니하였도다 그리하였더라면 여호와께서 이스라엘 위에 왕의 나라를 영원히 세우셨을 것이거늘 지금은 왕의 나라가 길지 못할 것이라 여호와께서 왕에게 명령하신 바를 왕이 지키지 아니하였으므로 여호와께서 그의 마음에 맞는 사람을 구하여 여호와께서 그를 그의 백성의 지도자로 삼으셨느니라 하고

자기 우상을 섬긴
사울

■   시험은 한번 실패하면, 계속해서 실패할 확률이 많습니다. 그래서 사울은 두 번째 시험에도 실패를 하였습니다. 사울의 두 번째 실패 이야기는 사무엘상 15장에 나옵니다.

하나님은 아말렉과의 전쟁을 앞두고 사울에게 아말렉의 모든 사람과 가축까지 죽이라고 명령하셨습니다. 왜냐하면 아말렉은 하나님의 원수였습니다. 아말렉은 광야에서부터 이스라엘 백성들을 괴롭히던 자들이었습니다. 그래서 하나님은 아말렉을 다 진멸시켜 버리기로 맹세하셨습니다. 하나님은 그들의 가축까지도 꼴 보기 싫어하셨습니다. 그래서 사울에게 아말렉의 가축까지도 다 진멸시켜 버리라고 명령하셨습니다. 그러나 사울은 일부 가축을 남겨두었습니다. 토실토실하고 포동포동한 양과 소를 안 죽이고 가져온 것입니다.

그때 사무엘이 와서 묻습니다.

"왕이여, 이 소리는 어찜입니까? 하나님께서 다 진멸시키라고 하셨는데 왜 다 죽이지 않았습니까?"

그러자 사울이 뭐라고 합니까?

"사무엘 선지자님, 내가 다 죽이려고 보니까 너무 아깝더라고요. 저렇게 살찐 양과 소를 하나님께 드리고 싶어서 제가 다 죽이지 않았습니다."

그러자 사무엘이 뭐라고 말합니까?

"순종이 제사보다 낫고 듣는 것이 숫양의 기름보다 낫지 않습니까? 그런데 왜 왕은 하나님의 명령에 불순종한 것입니까?"

삼상 15:14-16 사무엘이 이르되 그러면 내 귀에 들려오는 이 양의 소리와 내게 들리는 소의 소리는 어찌 됨이니이까 하니라 사울이 이르되 그것은 무리가 아말렉 사람에게서 끌어 온 것인데 백성이 당신의 하나님 여호와께 제사하려 하여 양들과 소들 중에서 가장 좋은 것을 남김이요 그 외의 것은 우리가 진멸하였나이다 하는지라 사무엘이 사울에게 이르되 가만히 계시옵소서 간밤에 여호와께서 내게 이르신 것을 왕에게 말하리이다 하니 그가 이르되 말씀하소서

사울이 말하기는 좋고, 핑계는 좋습니다. 하나님께 드리려고 했다고 말입니다. 물론 하나님 앞에 한두 마리나, 두세 마리 정도는 드리려 했을지도 모릅니다. 그런데 다 자기 욕심을 채우려고 한 것이었습니다. 그 양이 욕심이 나서 말입니다.

오늘 우리도 그렇지 않습니까? 우리도 하나님께 이렇게 핑계를 댑니다. 십일조 많이 하려고 했다고, 감사헌금 많이 하려고 했다고 말입니다. 물론 진심일 수도 있습니다. 그러나 대부분의 경우는 자기 욕심을 채우려고 하는 소리입니다. 하나님 앞에는 조금 드리고 다 자기가 차지하려고 하는 욕심인 것입니다.

핑계는 아주 좋습니다. 그러나 견물생심이라는 말처럼 실제로 돈을 벌면, 하나님 앞에는 조금 드리고 사람들 앞에 생색은 다 냅니다. 그리고선 먼저 자기 빚부터 갚고 자기 사업부터 확장하려고 합니다. 이러기를 몇 번 하면 하나님께서 고개를 절레절레 흔드실 수밖에 없

습니다. 하나님이 주신 축복을 다시 빼앗아 가는 것입니다.

또한 사울은 아말렉의 왕 아각도 죽이지 않았습니다. 왜 아각을 죽이지 않았습니까? 아각을 통해서 자기가 영광을 받으려고 했던 것입니다. 아각을 통해서 자신의 통치 지지기반을 더 견고하게 하고, 많은 사람들로부터 더 높임을 받으려고 아각을 살려둔 것입니다.

사울이 아각을 끌고 다니면서 이렇게 주문할 수도 있지 않았겠습니까?

"여러분, 정말 저는 사울 왕의 은혜로 살았습니다. 사울 왕은 대단하신 분입니다. 정말 훌륭하신 분입니다."

이런 식으로, 아각 왕으로 하여금 사울 자신을 높이도록 하는 것입니다. 무엇을 근거로 이렇게 이야기할 수 있는 줄 아십니까?

> 삼상 15:23 이는 거역하는 것은 점치는 죄와 같고 완고한 것은 사신 우상에게 절하는 죄와 같음이라 왕이 여호와의 말씀을 버렸으므로 여호와께서도 왕을 버려 왕이 되지 못하게 하셨나이다 하니

사울은 자기 자신이 우상인 것입니다. 하나님 앞에 거역하고 완고한 것, 사신 우상에게 절하는 죄와 같다고 하지 않았습니까? 자기 자신이 이미 우상이 된 것입니다. 그러자 사울이 계속해서 하는 말을 들어보십시오.

> 삼상 15:25 청하오니 지금 내 죄를 사하고 나와 함께 돌아가서 나로 하여금 여호와께 경배하게 하소서 하니

삼상 15:30 사울이 이르되 내가 범죄하였을지라도 이제 청하옵나니 내 백성의 장로들 앞과 이스라엘 앞에서 나를 높이사 나와 함께 돌아가서 내가 당신의 하나님 여호와께 경배하게 하소서 하더라

사울은 지금 하나님 중심의 신앙은 하나도 없습니다. 죄를 범했으면, 하나님 앞에 회개해야 하지 않겠습니까? 그런데 사울은 회개는커녕, "내가 범죄했을지라도 내 백성의 장로들과 이스라엘 앞에서 나를 높여 주십시오. 그들과 함께 여호와를 경배하게 하소서"라고 말하며, 자신의 체면과 위상을 위해서 하나님을 경배하는 척만 했던 것입니다.

하나님은 안중에도 없고, 오직 백성들 앞에 자기 체면을 세워주고 자기 권위를 높여달라는 것입니다. 하나님께서 이런 인간을 어떻게 쓰시겠습니까? 버릴 수밖에 없지 않겠습니까? 그래서 하나님이 이렇게 말씀하셨습니다.

삼상 15:26 사무엘이 사울에게 이르되 나는 왕과 함께 돌아가지 아니하리니 이는 왕이 여호와의 말씀을 버렸으므로 여호와께서 왕을 버려 이스라엘 왕이 되지 못하게 하셨음이니이다 하고

하나님의 은혜를
자기중심적으로 써먹어 버렸던 사울

■ 두 번째 시험에도 실패하고 나니까, 세 번째 시험에도 실패하는 것입니다.

> **삼상 18:6-9** 무리가 돌아올 때 곧 다윗이 블레셋 사람을 죽이고 돌아올 때에 여인들이 이스라엘 모든 성읍에서 나와서 노래하며 춤추며 소고와 경쇠를 가지고 왕 사울을 환영하는데 여인들이 뛰놀며 노래하여 이르되 사울이 죽인 자는 천천이요 다윗은 만만이로다 한지라 사울이 그 말에 불쾌하여 심히 노하여 이르되 다윗에게는 만만을 돌리고 내게는 천천만 돌리니 그가 더 얻을 것이 나라 말고 무엇이냐 하고 그 날 후로 사울이 다윗을 주목하였더라

다윗이 블레셋과의 전투에서 혁혁한 공을 세우지 않았습니까? 다윗이 블레셋과의 전쟁터에 가보니, 골리앗의 위세가 대단했습니다. 골리앗의 호령소리 앞에 이스라엘의 모든 병사들은 사시나무 떨듯이 바르르 떨고 있었습니다.

그때 다윗이 가서 골리앗을 깨부수지 않았습니까? 골리앗을 무찌르고 나니, 나머지 블레셋 병사를 무찌르는 것은 식은 죽 먹기였습니다. 그렇게 블레셋과의 전투에서 승리하고 돌아오는데, 이스라엘 여인들이 "사울은 천천이요, 다윗은 만만이라"고 외쳤습니다.

사울은 이 말에 시험이 들었습니다. 그때부터 다윗을 죽이려고 마

음을 먹습니다. 수금 타는 다윗을 향하여 창을 던지는 등, 그 이후부터 다윗을 죽이기 위한 계획을 세우고 호시탐탐 기회를 노렸습니다. 끝까지 하나님의 기름 부음 받은 종을 죽이려고 하는 것입니다. 다윗을 핍박하고 죽이는 것이 사울의 목표가 되었습니다. 그러나 그럴수록 사울의 내면은 공허하고 피폐해져 갈 뿐이었습니다.

오늘날 우리도 하나님의 은혜가 떠나가고, 우리 속에 은혜 대신 나쁜 영이 와서 자리를 잡으면, 은혜 받은 사람을 끌어내리려고 합니다. 하나님 앞에 일 잘하는 사람을 끌어내립니다. 뒤에서 수군대고, 시기하고, 질투하고 말입니다.

얼마 전, 어떤 사람이 기도를 받으러 왔습니다. 저는 그분이 정말 천사인 줄로 알았습니다. 본인이 순수하게 직분을 받으려고 헌금을 하는 것도 아니고 자신의 마음을 모아서 드린 것입니다.

"주님, 첫사랑의 열정이 식었습니다. 제가 주님을 더 사랑해야 하는데 처음 사랑이 식었습니다. 괜히 남을 시기하고 질투하고 미워했습니다. 미워하는 마음을 씻어주시고 주님을 사랑하고 또 이웃을 섬기는 마음을 주세요."

그분을 위해 기도해 주면서 오히려 제가 은혜 받았습니다. 이렇게 자기를 돌아보고 자기를 성찰하는 사람은 하나님의 은혜를 알고 있습니다. 그런데 그렇지 않은 사람은 모릅니다. 그래서 사울 왕이 하던 짓을 교회에서 하는 것입니다. 괜히 잘나가는 사람을 판단하고 은혜 받고, 성령 받고, 교회 중심적으로 일하는 사람을 걸어 내립니다.

그럴수록 그들의 내면세계는 공허하고 피폐해집니다. 그 영혼이 황무지와 같이 되어 버립니다. 그러므로 우리는 항상 우리 안에 은혜부터 채워야 합니다. 그리고 은혜 받았으면, 그 은혜를 나를 위해서 써먹으면 안 됩니다. 그 은혜를 하나님을 위해서 사용해야 합니다. 내가 받은 은혜와 축복을 나를 위해서 쓰면 안 됩니다. 먼저 하나님을 위해 써야 합니다.

사울은 항상 하나님의 은혜를 자기중심적으로 써먹었습니다. 자기 정욕, 자기 명예, 자기 권력, 자기 정권을 위해서 다 써먹어 버렸습니다. 그러니까 항상 영적인 공허함만 있게 되고, 항상 변태적인 행동을 하게 된 것입니다. 그러다가 나중에는 정신질환자가 되었습니다.

사울은 나중에 하나님을 찾는 것이 아니라, 엔돌에 있는 점쟁이를 찾아갔습니다. 무당을 찾아간 것입니다. 그렇게 정신이 왔다갔다하다가, 결국은 블레셋 전쟁에서 화살을 맞고 자살하였던 것입니다.

왜 그렇습니까? 하나님 앞에서 궁극적으로 쫓겨났기 때문입니다. 축복의 자리로부터 내동댕이쳐지고, 은혜의 자리를 박탈당했기 때문입니다. 이 사실을 다윗은 똑똑히 보았습니다. 그래서 하나님 앞에 기도하는 것입니다.

"하나님, 제가 사울처럼 되면 어찌하겠습니까? 제발, 저를 은혜의 자리에서 쫓아내지 마시옵소서. 절대로 하나님의 임재의 영광을 상실케 하지 마시고, 하나님과의 교통이 단절되지 않게 도와주시옵소서. 절대로 사울처럼 버림받고, 축복을 빼앗기지 않도록 저를 불쌍히 여겨 주옵소서."

오늘 우리도 마찬가지입니다. 우리가 한동안 하나님께 쓰임을 받다가 버림을 받아야 되겠습니까? 한동안은 하나님의 장중에 있다가, 더 이상 하나님께 쓸모없는 놈이라고 내동댕이쳐져서야 되겠습니까? 우리는 끝까지 하나님의 손에 붙들림 받아야 합니다. 하나님께 한동안은 채찍을 받을지도 모르지만, 사울처럼 궁극적으로 하나님의 은총을 빼앗겨서는 안 됩니다. 하나님의 은혜를 빼앗겨서는 안 됩니다.

그러기 위해서 우리는 무엇보다 하나님 앞에 은혜를 받아야 합니다. 하나님의 은혜와 은사를 소유해야 합니다. 그리고 사명을 소유해야 됩니다. 절대로 내 중심으로 살지 않고 하나님 중심으로 살아야 합니다. 은혜 좀 받았다고 그 은혜를 내 중심으로 써먹으면 안 됩니다. 은사 받고 능력 좀 받았다고 내 영광, 내 명예, 나를 위해서 써먹으면 안 된다는 것입니다.

콜라병 안에 콜라가 들어 있으면, 절대로 콜라병을 버리지 않습니다. 콜라가 절반 정도 들어 있어도, 그것을 버리지 않고 가지고 다닙니다. 그런데 그 콜라를 다 마셔버리면 콜라병은 저 쓰레기통으로 내동댕이쳐집니다. 연탄재도 마찬가지입니다. 연탄이 활활 타오르는데, 왜 연탄재를 갖다 버립니까? 연탄이 다 타고 연기만 모락모락 나고 화력이 없으면 밧줄을 매어 밖에 내다버리지 않았습니까?

하나님 앞에서도 마찬가지입니다. 우리가 아무리 부족해도 하나님이 우리를 쓸 가치가 있으면 절대로 버리시지 않습니다. 그런데 그 가치가 무엇인 줄 아십니까? 우리 안에 있는 하나님의 생명, 은혜, 사명, 하나님의 영광을 위해 살려고 하는 그 열정과 의협심, 이것이 있으면 하나님은 절대로 우리를 버리시지 않습니다.

비록 나도 모르게 죄를 짓고 넘어졌다 할지라도, 하나님은 결코 우리를 버리시지 않습니다. 우리를 고쳐서 쓰십니다. 어찌 하나님의 은혜 안에 있는 사람을 버리시겠습니까? 하나님의 사명이 있는 사람을 왜 버리시겠습니까? 병들었으면 고쳐서 쓰십니다. 그런데 그 은혜를 다 나를 위해 써버리고, 내 중심으로 써버리고, 내 정욕을 위해서 써버립니다. 하나님은 이런 사람을 반드시 버리십니다.

그래서 우리도 다윗처럼 이렇게 기도해야 합니다.

"하나님, 저를 쫓아내지 마십시오. 그리고 저는 언제나 하나님의 은혜 안에 살게 도와주시옵소서. 언제나 하나님의 생명을 가득히 소유하며, 사명 따라 살고, 하나님 영광 위해 살게 하옵소서. 결코 사울처럼 성령으로 시작했다가 육체로 마치지 않게 하시고, 내 자신만을 위해 살지 않게 하옵소서."

♪ 1. 인애하신 구세주여 내 말 들으사
　　　 죄인 오라 하실 때에 날 부르소서

　 2. 자비하신 보좌 앞에 꿇어 엎드려
　　　 자복하고 회개하니 믿음 주소서

　 (후렴) 주여 주여 내 말 들으사
　　　 죄인 오라 하실 때에 날 부르소서

다윗의 기도는 이것으로 끝나지 않습니다. 더 간절하고 애절한 기도를 계속합니다. 그것은 자신으로부터 주의 성신, 곧 성령을 거두어 가지 말라는 간구였습니다.

> 시 51:11 나를 주 앞에서 쫓아내지 마시며 주의 성령을 내게서 거두지 마소서

여기서 '거두어'라는 말은 히브리어로, "라카"라는 말인데 "취하다, 데려가다, 가져가다"라는 뜻입니다. 구약시대에는 실제로 하나님께서 당신의 성령을 부어 주시기도 하시고, 또 거두어 가시기도 하셨습니다.

성령께서 영구적으로 임재하시지는 않았습니다. 주의 영이 머물기도 하시고 떠나기도 하셨습니다. 왜냐하면 하나님이 거두어 가시면 성령이 떠날 수밖에 없었기 때문입니다.

하나님께서 성령을 거두어 가시는 것은 바로, 그 사람을 버리는 것과 마찬가지라고 할 수 있습니다. 삼손도 하나님의 영이 강력하게 임했다가 결국 그 영을 거두어 가시니까, 머리카락이 잘리고, 눈이 빠진 채 블레셋에 끌려가서 맷돌을 갈고 있지 않았습니까?

사울도 마찬가지입니다. 한때는 그가 기름 부음을 받고 성령 충만을 경험했던 사람입니다. 다윗과 같이 성령이 임재하고, 감동을 받은 사람입니다. 그래서 그는 성령으로 예언까지 하지 않았습니까?

> 삼상 10:11-12 전에 사울을 알던 모든 사람들이 사울이 선지자들과 함께 예언함을 보고 서로 이르되 기스의 아들에게 무슨 일이 일어났느냐 사울도 선지자들 중에 있느냐 하고 그곳의 어떤 사람은 말하여 이르되 그들의 아버지가 누구냐 한지라 그러므로 속담이 되어 이르되 사울도 선지자들 중에 있느냐 하더라

사울은 성령의 감동을 존중히 여기지 않았습니다. 하나님의 은혜와 축복을 전부 자신의 정욕을 위해서 써먹어 버렸습니다. 하나님의 은혜를 입고 성령의 감동을 받은 사람은 그 감동에 순종을 해야 합니다. 하나님이 나와 함께하신다는 것, 하나님의 임재와 성령 충만을 존중히 여기고 순종해야 됩니다.

그런데 사울은 하나님의 은혜를 자기의 정치 수단으로 삼아 버렸습니다. 하나님의 임재와 축복을 정치적으로 이용해 버렸습니다. 그리고 하나님이 명령하시고 성령을 통하여 감동을 주셨는데도 불구하고 사울은 계속해서 그 감동을 거절하고 불순종했습니다.

그래서 하나님께서 너무 불쾌하고, 기분이 나빠서 사울로부터 성령을 거두어 가버리신 것입니다. 그러자 사울 속에는 하나님의 은혜 대신, 악신이 들어가게 되었습니다.

> 삼상 16:14-16 여호와의 영이 사울에게서 떠나고 여호와께서 부리시는 악령이 그를 번뇌하게 한지라 사울의 신하들이 그에게 이르되 보소서 하나님께서 부리시는 악령이 왕을 번뇌하게 하온즉 원하건대 우리 주께서는 당신 앞에서 모시는 신하들에게 명령하여 수금을 잘 타는 사람을 구하게 하소서 하나님께서 부리시는 악령이 왕에게 이를 때에 그가 손으로 타면 왕이 나으시리이다 하는지라

하나님의 성령이 임할 때는 정말 감격하고 기쁨과 행복과 만족이 가득합니다. 그래서 예언하고 춤을 추며 하나님께 감사하는 삶을 살게 됩니다.

그런데 악신이 임하면 저절로 우울증이 생깁니다. 사울의 마음속에 악신이 들어가니, 사울이 얼마나 괴로워하고 번민을 했습니까? 나중에는 정신이 왔다갔다하는 것입니다. 요즘으로 말하면, 아주 깊은 중증의 우울증이 왔고 정서불안, 기분장애, 성격장애, 공황장애 등 여러 가지 정신질환을 겪게 된 것입니다.

그래서 다윗이 사울 왕 앞에 불려가서 성령으로 수금을 타는 일까지 있지 않았습니까? 요즘으로 말하면 음악치료를 했던 것입니다. 그냥 음악치료가 아니라 다윗은 성령으로 연주를 하니까, 다윗이 연주할 때에는 악신이 물러가고 잠잠하게 된 것입니다.

> **삼상 16:16-17** 원하건대 우리 주께서는 당신 앞에서 모시는 신하들에게 명령하여 수금을 잘 타는 사람을 구하게 하소서 하나님께서 부리시는 악령이 왕에게 이를 때에 그가 손으로 타면 왕이 나으시리이다 하는지라 사울이 신하에게 이르되 나를 위하여 잘 타는 사람을 구하여 내게로 데려오라 하니
>
> **삼상 16:23** 하나님께서 부리시는 악령이 사울에게 이를 때에 다윗이 수금을 들고 와서 손으로 탄즉 사울이 상쾌하여 낫고 악령이 그에게서 떠나더라

그러나 또다시 악신이 들어갔습니다. 다윗이 24시간 연주해 줄 수는 없지 않습니까? 다윗이 일주일이고 한 달이고, 계속 연주를 해줄 수는 없습니다. 그래서 악신이 또 틈을 탔습니다.

악신이 그 속에서 사울로 하여금 스스로 번뇌케 하는 것입니다.

한마디로, 그는 깊은 조울증에 빠지게 되었습니다. 깊은 조증이 올 때는 다윗을 사위 삼겠다고 합니다. 그러다가 또 우울증이 올 때는 다윗을 죽이려고 하는 것입니다.

조울증이라고 하는 것은 주기적으로 변화를 합니다. 조증이 오면 인심도 쓰고, 좋아서 오버액션을 합니다. 반대로 깊은 우울증에 빠지면 갑자기 공격적 성향이 나타납니다. 엊그제는 그렇게 나를 칭찬하고 목사님도 칭찬하고 또 교회도 너무 좋다고 하더니, 어느 날 갑자기 교회를 공격하고 목사를 공격하고 또 교역자를 공격합니다. 사울도 마찬가지였습니다. 언제는 다윗을 사위 삼는다고 하더니, 또 언제는 다윗을 죽이려고 하는 것입니다.

어느 날 다윗이 사울 앞에서 수금을 타고 있는데 갑자기 사울에게 우울증이 왔습니다. 그래서 옆에 있는 단창을 다윗에게 던져버렸습니다. 이때 다윗이 안 피했으면 영락없이 죽었을 것입니다. 하나님이 피하게 해주신 것입니다.

> **삼상 19:9-10** 사울이 손에 단창을 가지고 그의 집에 앉았을 때에 여호와께서 부리시는 악령이 사울에게 접하였으므로 다윗이 손으로 수금을 탈 때에 사울이 단창으로 다윗을 벽에 박으려 하였으나 그는 사울의 앞을 피하고 사울의 창은 벽에 박힌지라 다윗이 그 밤에 도피하매

이런 일이 있고나서부터 사울은 계속해서 다윗을 죽이려고 하였습니다. 어떻게 해서든 다윗을 못 잡아먹어서 안달이 났습니다. 그러

면 그럴수록 사울의 마음은 더 고통스럽고 얼마나 번민스러웠는지 모릅니다.

얼마나 영혼이 고뇌하고 마음이 우울했으면, 오죽하면 블레셋과의 전쟁을 앞두고 엔돌에 있는 신접한 여인을 찾아갔겠습니까? 얼마나 힘들고 고통스러웠으면, 오늘로 말하면 점쟁이, 무당을 찾아갔겠느냐는 것입니다. 하나님의 성령이 떠나가 버리면 결국은 이렇게 되는 것입니다.

오늘날도 마찬가지입니다. 우리가 하나님의 은혜를 잃어버리고, 성령 충만의 은혜를 잃어버리면, 사울이 하는 짓을 똑같이 하게 됩니다. 사람은 누구나 똑같습니다. 평신도만 그럽니까? 중직자도 그럴 수 있습니다. 아니, 교역자도 그럴 수 있습니다. 은혜가 떠나가면 저도 그럴 수 있습니다.

우리는 언제나 하나님의 은혜를 놓쳐서는 안 됩니다. 우리 안에 성령 충만의 능력을 빼앗겨서는 안 됩니다. 항상 우리는 은혜 충만, 생명 충만, 성령 충만의 삶을 살려고 몸부림을 쳐야 됩니다.

성령 받은 사람의 특징

■ 성령 받은 사람의 특징은 절대로 마음에 고뇌와 번민이 없습니다. 항상 기쁨과 평안 그리고 감사와 찬양이 넘치게 되어 있습니다.

성령 받은 사람의 몇 가지 특징이 있습니다.

(1) 성령의 내재성 속에 삽니다.

성령께서는 우리 안에 내재하는 속성이 있습니다. 그러므로 우리 안에 성령이 내주하고 있습니다. 내주하실 때 그냥 내재하지 않습니다. 우리 안에 샘의 근원, 물줄기를 만들어 놓습니다. 그래서 예수님께서 이렇게 말씀하셨지 않습니까?

> 요 7:37-38 명절 끝날 곧 큰 날에 예수께서 서서 외쳐 이르시되 누구든지 목마르거든 내게로 와서 마시라 나를 믿는 자는 성경에 이름과 같이 그 배에서 생수의 강이 흘러나오리라 하시니

> 요 4:13-14 예수께서 대답하여 이르시되 이 물을 마시는 자마다 다시 목마르려니와 내가 주는 물을 마시는 자는 영원히 목마르지 아니하리니 내가 주는 물은 그 속에서 영생하도록 솟아나는 샘물이 되리라

(2) 성령의 변화성 속에 삽니다.

성령이 우리 안에서 그냥 내주하시지 않습니다. 결코 먹고대학생으로 내주하지 않는다는 것입니다. 성령은 우리 안에 내주하시면서 우리의 마음과 삶을 변화시키는 일을 하십니다. 그래서 성령은 맹물과 같은 인생을 포도주 같은 인생으로 변화시키는 것입니다.

요한복음 2장을 보면, 예수님은 맹물을 포도주로 변화시키지 않았습니까? 이것은 예수님이 하나님의 아들임을 보여주는 첫 번째 표적입니다. 그런데 이것이 핵심 진리이지만, 부차적인 교훈도 있습니다. 바로, 맹물같이 덤덤하게 살아가는 인생을 포도주와 같이 맛을 내는 인생으로 변화시켜주시는 주님의 은혜의 성격을 우리에게 보여주고 있는 것입니다.

물은 화학적인 용어로, H_2O라고 합니다. 그러나 포도주는 $C_{25}OH$라고 합니다. 이는 그야말로 화학적인 변화가 있을 때 가능한 것입니다. 다시 말하면, 근본적인 변화가 이뤄져야 하는 것입니다. 따라서 사람이 하나님의 은혜를 받으면 근본적으로 변화되고, 그 내면에서부터 본질적으로 변화된다는 것입니다.

인생은 누구나 맹물과 같은 존재입니다. 참으로 무덤덤한 인생입니다. 그런데 성령께서 그 사람 속에 들어가서 그 사람의 마음을 바꾸고, 삶을 바꾸고, 또 신앙을 바꿔놓으면, 맹물 같은 인생이 포도주와 같은 인생으로 변화됩니다. 이처럼 우리의 삶을 변화시키는 성령의 속성 때문에 우리가 변화된 삶을 살 수 있습니다. 그래서 이런 찬송이 있지 않습니까?

> ♪ 주 예수 내 맘에 들어와 계신 후 변하여 새 사람 되고
> 내가 늘 바라던 참 빛을 찾음도 주 예수 내 맘에 오심
> 주 예수 내 맘에 오심 주 예수 내 맘에 오심
> 물밀듯 내 맘에 기쁨이 넘침은 주 예수 내 맘에 오심

(3) 성령의 충만성(함) 속에 삽니다.

성령은 우리 안에서 우리를 변화시키는 속성으로만 존재하지 않습니다. 우리 안에 성령은 가득가득 내주하기를 원하고, 충만하기를 원하는 속성이 있습니다. 그래서 하나님의 은혜를 갈망하고 성령 충만을 원하는 사람에게는 성령이 우리 안에 충만하게 임하십니다. 우리 안에 복락의 강수로 흘러넘칩니다.

또 다른 표현으로 한다면, 날마다 퍼도퍼도 마르지 않는, 쉬지 않고 솟아오르는 샘물처럼 역사하는 것입니다. 그리고 그 샘물은 생수의 강이 되고 복락의 강수로 흐르게 됩니다. 그래서 성경을 보면 이런 표현이 있지 않습니까?

> **시 42:7** 주의 폭포소리에 깊은 바다가 서로 부르며 주의 모든 파도와 물결이 나를 휩쓸었나이다

얼마나 아름다운 표현입니까?
"주의 폭포소리에 깊은 바다가 서로 부르며 주의 모든 파도와 물결이 나를 휩쓸었나이다!"

옛날에는 "나를 엄몰하나이다"라고 했습니다. 이처럼 오늘 우리의 마음속에 주의 폭포소리가 넘치기를 바랍니다. 그 폭포소리가 저 깊은 바다를 불러올 수 있기를 바랍니다. 그리고 주의 모든 파도와 물결이 여러분의 영혼을 엄몰시키고, 여러분의 삶을 쓰나미처럼 휩쓸어 버리기를 바랍니다.

이것이 바로 무엇입니까? 바로 성령 충만의 상태라고 말할 수 있습니다. 이런 사람은 언제나 기쁨과 행복이 가득합니다. 온갖 평화와 감사, 찬양이 가득한 사람입니다.

사울은 이런 성령 충만을 빼앗겨버리고 말았습니다. 성령이 떠나간 자리에 악신이 대신해서 사울의 마음속으로 들어왔습니다. 그러니까 괜히 불안하고 고뇌하며 번민했던 것입니다. 그래서 엔돌의 점쟁이를 찾아갔습니다. 망할 사람은 하나님을 찾아가지 않고 무당을 찾아가고, 점쟁이를 찾게 되어 있습니다.

그러고 나서 그는 블레셋 전투에서 비참하게 죽었습니다. 그냥 죽었습니까? 화살을 맞았습니다. 어차피 독화살을 맞았으니까 죽는 것은 시간 문제였습니다. 그래서 자기 심복에게 창으로 찔러달라고 합니다. 그런데 감히 어떻게 자신의 주군을 찌르겠습니까? 그러자 스스로 칼에 몸을 지탱하여 쓰러져 창자가 땅에 튀어나오도록 비참하게 죽었습니다. 스스로 자살한 것입니다. 이스라엘의 위대했던 왕이 가장 처참하고 비참하게 죽은 것입니다.

> **삼상 31:3-5** 사울이 패전하매 활 쏘는 자가 따라잡으니 사울이 그 활 쏘는 자에게 중상을 입은지라 그가 무기를 든 자에게 이르되 네 칼을 빼어 그것으로 나를 찌르라 할례 받지 않은 자들이 와서 나를 찌르고 모욕할까 두려워하노라 하나 무기를 든 자가 심히 두려워하여 감히 행하지 아니하는지라 이에 사울이 자기의 칼을 뽑아서 그 위에 엎드러지매 무기를 든 자가 사울이 죽음을 보고 자기도 자기 칼 위에 엎드러져 그와 함께 죽으니라

왜 이렇게 비참하게 자살해 죽었습니까? 그것은 하나님이 사울을 버리고 거룩한 성신을 거두어 간 결과였습니다. 다윗은 이러한 사울의 비참한 결과를 누구보다 잘 알고 있었습니다. 그래서 다윗은 하나님께 아뢰었습니다. 애절하고 구곡간장이 녹도록 간구하였습니다.

"주여, 나를 주 앞에서 쫓아내지 마시고, 제발 나를 버리지 마옵소서. 제발 성신을 내게서 거두어 가지 마옵소서. 주의 영이 내게서 떠나면 나는 어떻게 산단 말입니까? 어떻게 사울처럼 비참하게 버림을 받아야 한단 말입니까? 주여, 제발 내 안에 있는 주의 거룩한 영을 거두어 가지 마옵소서."

♪ 1. 주 음성 외에는 더 기쁨 없도다
　　 날 사랑하신 주 늘 계시옵소서

　3. 주 떠나가시면 내 생명 헛되네
　　 기쁘나 슬플 때 늘 계시옵소서

　(후렴) 기쁘고 기쁘도다 항상 기쁘도다
　　 나 주께 왔사오니 복 주옵소서

이렇게 구약시대에는 하나님의 성령이 오시기도 하고 떠나시기도 하였습니다. 그러나 신약시대에는 그러지 않습니다. 예수 그리스도의 구속 사역으로 성령이 한번 우리 안에 내주하시면 절대로 떠나실 일은 없습니다.

물론 감리교나 성결교는 내주했다가도 떠날 수 있다고 합니다. 그러나 우리 장로교, 개혁신학에서는 절대로 떠나지 않는다고 가르치고 믿습니다. 한번 오신 성령은 우리 안에 영구적으로 내주하십니다. 절대로 어떤 일이 있어도 떠나지는 않습니다.

요 14:16 내가 아버지께 구하겠으니 그가 또 다른 보혜사를 너희에게 주사 영원토록 너희와 함께 있게 하리니

엡 4:30(하) …그 안에서 너희가 구원의 날까지 인 치심을 받았느니라

그러나 아무리 우리 안에 성령이 영구적으로 내주하신다 할지라도, 우리가 계속 하나님 앞에 범죄하고 불순종하고 완악하면, 성령이 우리 안에서 근심하고 탄식하십니다.

엡 4:30 하나님의 성령을 근심하게 하지 말라 그 안에서 너희가 구원의 날까지 인 치심을 받았느니라

분명히 성령은 우리에게 구속의 인을 치셨고, 천국 가는 그날까지 우리의 영혼을 책임지시는 것이 사실입니다. 그러나 우리가 계속해서 범죄하고 완악하고 불순종하고 하나님을 대적하고 반항하는 삶을 살면 성령께서 우리 안에서 근심하십니다. 그러면 우리는 성령 충만을 소멸하게 됩니다.

성령이 우리 안에 샘의 근원을 일으키고 아주 꺼져가는 심지처럼 내

주하기는 하는데, 우리의 삶을 역동하게 하며 움직이는 그런 역사를 행하지 못합니다. 왜냐하면 우리 안에 성령이 근심하고 있기 때문입니다.

바로, 우리는 이런 현상을 영적 침체라고 표현합니다. 성령이 계시기는 하는데, 슬피 울고 있고 근심하고 계십니다. 성령의 역사보다는 우리 속에 온갖 육체의 정욕과 어둠의 역사가 더 강합니다. 그러니까 영적 침체를 당하는 것입니다.

이런 사람은 성령이 희미하게 계시기는 하나, 실제로는 성령이 떠난 것과 다름이 없습니다. 왜냐하면 하나님과 소통이 막히고 교통이 거의 끊어졌기 때문입니다. 이런 사람은 스스로 버림을 당한 것처럼 느껴지게 됩니다. 그래서 사도 바울은 이렇게 권면하지 않았습니까?

> 고후 13:5 너희는 믿음 안에 있는가 너희 자신을 시험하고 너희 자신을 확증하라 예수 그리스도께서 너희 안에 계신 줄을 너희가 스스로 알지 못하느냐 그렇지 않으면 너희는 버림 받은 자니라

더구나 우리는 사역에 있어서는 버림을 받을 수 있습니다. 성령께서 궁극적으로 떠나가시지는 않습니다. 그리고 하나님께서 거듭난 자의 영혼을 최종적으로 버리시지는 않습니다. 그러나 사역에 있어서는 버림을 받을 수 있는 것입니다. 한동안 어떤 사람을 귀하게 쓰실 수 있습니다. 강력하게 사용하실 수 있습니다. 그런데 하나님이 그 영혼을 놔둬버립니다.

그렇다고 하나님이 그 영혼을 버리시는 것은 아닙니다. 그 영혼이 지옥에 가게 하는 것은 아닙니다. 단지 그 사람에게서 사역의 촛대를

옮겨버릴 수 있다는 말입니다. 교회도 촛대를 옮기신다고 하지 않습니까? 주님께서 에베소 교인들에게 이렇게 말씀하시지 않았습니까? 첫사랑을 회복하지 않으면 내가 촛대를 옮겨버리리라고 말입니다.

계 2:5 그러므로 어디서 떨어졌는지를 생각하고 회개하여 처음 행위를 가지라 만일 그리하지 아니하고 회개하지 아니하면 내가 네게 가서 네 촛대를 그 자리에서 옮기리라

이렇게 교회의 촛대도 옮기는데, 어찌 사람에게서 촛대를 안 옮기시겠습니까? 그러므로 우리는 정말 하나님께 기도할 뿐만 아니라 근신하고 깨어 있어야 합니다. 혹여, 우리의 부족함과 허물, 또 반복되는 죄로 인해 우리가 하나님께 버림을 받아서야 되겠습니까? 하나님 앞에 우리가 지금까지 받은 능력과 축복을 빼앗겨서야 되겠습니까?

그러지 않기 위해서는 우리가 하나님의 성령을 근심시켜드려서는 안 됩니다. 우리 안에 계신 하나님의 성령을 탄식하게 해서는 안 됩니다. 우리가 영적 침체를 당해서는 절대로 안 된다는 말입니다. 사울처럼 자기 중심으로 살아가면 안 됩니다. 하나님의 은혜를 자기 욕심을 채우는 데 써먹고 자신의 욕망을 위해서 사용하면 안 됩니다.

우리는 항상 어떡해서든지 하나님을 기쁘게 해드려야 합니다. 성령의 감동에 무조건 예민하고 순종하는 습관을 가져야 합니다. 그러다가 혹시 죄를 짓고 넘어질 때면, 다윗의 기도를 배워야 합니다. 무조건 먼저 회개하고 참회해야 합니다.

어떤 경우에도 나를 버리지 말아달라고, 나를 주 앞에서 쫓아내지

말아달라고, 그리고 나에게서 주의 성신을 거두어가지 말아달라고 간절히 기도해야 됩니다. 끝까지 쓰임 받고, 하나님의 은혜의 자리와 사명의 자리에서 그저 주님 앞에 귀하게 서 있고 쓰임 받는 성도들이 되게 해달라고 간구해야 합니다.

"주여, 우리가 사울처럼 살지 않게 하소서. 무조건 하나님을 기쁘게 하는 삶을 살게 하소서. 성령의 감동에 예민하며 하나님의 말씀에 순종하며 살아가게 하옵소서. 그러다가 혹시라도 죄를 짓고 넘어질 때면 다윗처럼 회개하게 하시고 정결함을 입게 하옵소서. 그리고 어떤 경우에도 나를 쫓아내지 마시고 성령을 거두어가지 마옵소서."

♪ 성령이여 강림하사 나를 감화하시고
　애통하며 회개한 맘 충만하게 하소서

♪ 예수님 이 손을 꼭 잡고 가소서
　약하고 피곤한 이 몸을
　폭풍우 흑암 속 헤치사 빛으로
　손잡고 날 인도하소서

구원의 즐거움,
자원하는 심령을 주소서

시편 51:7-12

"우슬초로 나를 정결하게 하소서 내가 정하리이다 나의 죄를 씻어 주소서 내가 눈보다 희리이다 내게 즐겁고 기쁜 소리를 들려 주시사 주께서 꺾으신 뼈들도 즐거워하게 하소서 주의 얼굴을 내 죄에서 돌이키시고 내 모든 죄악을 지워 주소서 하나님이여 내 속에 정한 마음을 창조하시고 내 안에 정직한 영을 새롭게 하소서 나를 주 앞에서 쫓아내지 마시며 주의 성령을 내게서 거두지 마소서 주의 구원의 즐거움을 내게 회복시켜 주시고 자원하는 심령을 주사 나를 붙드소서"

복 받을 자격이 있는 사람

■　　　　　　하나님 앞에 진정한 회개는 살리는 역사가 있게 합니다. 그러나 사울은 크게 범죄해 놓고도 절대 회개하지 않았습니다. 하나님 앞에 회개할 생각은 절대 안 하고, 사람들 앞에 자기 체면과 권위만 생각했습니다. 그래서 그는 하나님의 긍휼과 은총을 얻지 못하고 심판과 멸망, 저주를 받고 말았습니다.

그러나 다윗은 그렇지 않았습니다. 나단 선지자의 책망을 듣고 그는 그 자리에서 회개하지 않았습니까?

> 삼하 12:13 다윗이 나단에게 이르되 내가 여호와께 죄를 범하였노라 하매 나단이 다윗에게 말하되 여호와께서도 당신의 죄를 사하셨나니 당신이 죽지 아니하려니와

나단 선지자가 칼 같은 눈으로 다윗을 쏘아보며 하나님의 말씀을 전하자, 다윗이 바로 나단 선지자 앞에 엎드려 이렇게 말했습니다.

"선지자님, 내가 죄를 범하였습니다. 이놈이 죽일 놈입니다. 저도 죄를 짓고 얼마나 번민한 줄 아십니까? 얼마나 신음하며 괴로워한 줄 아십니까? 차라리 잘 되었습니다. 이제 회개하겠습니다. 모든 대신과 신하들이 보는 앞에서 제가 이렇게 회개합니다. 어떻게 해야 하나님 앞에 저의 죄를 용서받을 수 있겠습니까? 어떻게 해야 저의 죄를 사함 받을 수 있겠습니까?"

그러자 나단 선지자가 대답합니다.

"왕이여, 진작 회개를 하셨다면 얼마나 좋았겠습니까? 그러나 이제라도 회개하셨으니, 왕의 죄는 사함을 받았습니다. 왕은 절대 죽지 않을 것입니다. 자손 대대로 저주가 임하는 일은 없을 것입니다. 그러나 이 일로 인하여 왕이 하나님으로부터 징계의 채찍은 받게 될 것입니다. 그리고 여호와의 원수, 하나님의 원수들로 하여금 비방거리를 얻게 하셨으니 어떻게 하시겠습니까? 당신은 죽지 않지만 당신이 낳을 아이는 반드시 죽게 될 것입니다. 왜냐하면 그 아이는 죄로 잉태된 아이이기 때문입니다. 그리고 당신은 신정주의 신앙과 로드십 신앙을 위하여 또 한번 광야의 시련과 연단을 받게 될 것입니다."

> 삼하 12:13-14 다윗이 나단에게 이르되 내가 여호와께 죄를 범하였노라 하매 나단이 다윗에게 말하되 여호와께서도 당신의 죄를 사하셨나니 당신이 죽지 아니하려니와 이 일로 말미암아 여호와의 원수가 크게 비방할 거리를 얻게 하였으니 당신이 낳은 아이가 반드시 죽으리이다 하고

그래도 다윗은 아주 복 받은 사람입니다. 왜냐면 그런 험악한 죄를 지었음에도 불구하고, 나단 선지자의 말 앞에 무조건 잘못했다고 시인하고 회개하였기 때문입니다. 자신의 체면과 자존심까지 다 버리고 자신의 잘못을 솔직하게 고백했습니다. 그는 선지자 앞에서 단 한 마디도 핑계 대지 않고 변명하지 않았습니다.

"선지자님, 내가 범죄하였나이다. 내가 죄를 숨겼나이다. 내가 오직

주께만 범죄하여 주님의 목전에서 악을 행하였나이다."

이것이 바로 사울과 다윗의 차이점입니다. 사울은 끝까지 변명하고 자기 체면과 명예만 챙기는 사람이었지만 다윗은 그렇지 않았습니다. 사울은 범죄해 놓고도 사무엘에게 장로들과 백성들 앞에서 자기 체면 좀 세워달라고 구걸했습니다. 세상에, 자기를 높여달라고 애걸복걸했던 것입니다.

그러나 다윗은 그렇게 하지 않았습니다. 자신의 자존심과 체면이 다 구겨진 것 같아도 하나님 앞에 무조건 잘못했다고 고백하고 회개했습니다. 이것이 다윗의 훌륭하고 아름다운 면이었습니다. 즉 다윗은 복 받을 자격이 있는 것입니다.

오늘날도 마찬가지입니다. 복 받지 못할 사람은 하나님의 말씀을 자꾸 튕기고 걷어찹니다. 그 말씀 앞에 선악과를 따고 혈기를 부립니다. 온갖 자존심과 체면이나 챙깁니다.

그러나 복 받을 사람은 무조건 엎드립니다. 하나님 앞에 무조건 잘못했다고 합니다. 어떤 경우에도 하나님의 말씀을 들이받지 않습니다. 목사의 설교를 정면으로 대적하거나 걷어차지 않습니다. 그 말씀 앞에 무조건 머리를 숙입니다.

그런 자들에게는 하나님의 용서와 사죄의 은혜가 임합니다. 그리고 하나님의 은혜가 회복되며 하나님의 축복의 전성기를 다시 맞게 됩니다. 비록, 그에게 하나님의 징계와 연단이 뒤따를지라도, 반드시 하나님의 언약과 축복이 다시 임하게 됩니다. 하나님께서 주시는 진정한 자유와 기쁨과 구원의 감격을 누리게 하십니다.

우리는 언제나 이런 축복의 길을 선택해야 합니다. 사울의 길을 따르지 말아야 합니다. 다윗의 길을 따라야 합니다. 사울의 길을 선택하지 않고 다윗의 길을 선택해야 합니다. 그럴 때, 하나님께서 우리에게 진정한 자유와 용서의 축복을 주십니다. 그리고 다시 사는 역사, 축복의 정상으로 우리를 다시 이끌어 올려 주십니다.

♪ 고통의 멍에 벗으려고 예수께로 나갑니다
　자유와 기쁨 베푸시는 주께로 갑니다
　병든 내 몸이 튼튼하고 빈궁한 삶이 부해지며
　죄악을 벗어 버리려고 주께로 갑니다

　낭패와 실망 당한 뒤에 예수께로 나갑니다
　십자가 은혜 받으려고 주께로 갑니다
　슬프던 마음 위로받고 이생의 풍파 잔잔하며
　영광의 찬송 부르려고 주께로 갑니다

올바른 회개의 방법

■　　　　　　　그러면 회개는 어떻게 하는 것입니까? 지난 장에서 회개에는 세 가지 중요한 요소가 있다고 했습니다. 첫째, 죄를 제대로 깨닫고 솔직하게 고백하는 지적인 요소가 있고, 둘째, 감정적으로 슬퍼하며 애통하는 감정적 요소가 있으며, 셋째, 절대 다시는

그런 죄를 짓지 않겠다고 의지적으로 결단하는 것입니다.

다윗은 이 세 가지 요소를 다 갖춰서 회개를 했습니다. 먼저, 다윗은 자신의 죄를 깨닫고 솔직하게 시인하였습니다. 일체의 자존심과 체면을 다 버리고, 자신의 죄를 솔직하게 인정하고 고백했습니다.

"선지자님, 제가 죄를 지었습니다. 하나님, 제가 죄인입니다. 제가 정말 잘못했습니다. 저는 하나님의 징계와 심판을 다 받아도 싼 놈입니다. 이제 제가 어떻게 해야 되겠습니까? 주여, 긍휼과 자비를 베풀어 주옵소서."

이처럼 회개는 먼저, 내가 지은 죄를 깨달아야 합니다. 그 죄가 얼마나 흉악하고 더러운 것인가를 깨닫고 고백해야 합니다. 내 죄가 얼마나 흉악하고 더러운 것인가를 연상을 통해서라도 알아야 된다고 하지 않았습니까?

그 다음에는 감정적으로 슬퍼해야 합니다. 다윗은 감정적으로 얼마나 슬퍼하며 회개하였는지 모릅니다. 오죽하면 다윗은 자신의 죄를 자백하고 통회하면서 얼마나 많이 눈물을 흘렸는지, 눈물로 침상을 띄우며 이불이 촉촉이 젖었다고 표현하지 않습니까?

> 시 6:6 내가 탄식함으로 피곤하여 밤마다 눈물로 내 침상을 띄우며 내 요를 적시나이다

다윗이 얼마나 눈물을 많이 흘렸으면 눈물에 요가 적셔지고 눈물로 침상을 띄웠다고 표현합니까? 다소 과장법을 썼겠지만, 그만큼 다윗은 눈물을 많이 흘렸습니다. 또 다윗은 상한 심령과 통회하는 마

음으로 하나님께 회개했습니다.

그런가 하면, 다윗은 의지적인 서원과 결단을 하며 회개했습니다.

"하나님, 다시는 제가 이런 죄를 짓지 않겠습니다. 다시는 제가 하나님의 은혜를 망각하며 살지 않겠습니다. 정말 마음을 다하고 성품을 다하고 힘을 다하여 정결하게 살도록 제가 몸부림을 치겠습니다."

다윗은 이렇게 완벽한 회개를 했습니다. 그럴 때, 다윗에게 사는 역사가 임했고 회복과 축복의 역사가 다시 임하게 되었습니다. 영혼과 육신도 살고, 축복의 정상으로 다시 올라가는 은총을 입게 되었습니다.

회개가 확실한 사람은 신앙생활도 확실하게 합니다. 그러나 회개가 희미한 사람은 신앙생활도 희미하게 합니다. 또 회개가 확실한 사람은 축복도 확실합니다. 그러나 회개가 희미한 사람은 축복도 희미하게 됩니다.

이런 의미에서 회개 없는 평강과 축복은 가짜라고 할 수 있습니다. 위장된 거짓 평강이요, 포장된 거짓 축복에 불과합니다. 그러므로 우리는 속지 말아야 합니다. 회개 없는 평강과 축복은 폭풍전야에 불과합니다. 그것도 모르고 사람들은 속아 살아갑니다. 계속 죄를 짓고 살아갑니다. 그리고 회개할 줄을 모릅니다.

참된 회개를 하면 진정한 평화가 옵니다. 진정한 참회를 하면 절대로 저주가 임하지 않습니다. 오히려 하나님께서 넘치게 은혜를 주시고, 복을 주시고, 기적의 역사로 회복시켜 주십니다.

회개의
두 종류

■   회개에는 두 종류가 있습니다. 첫째는 예방적인 회개입니다. 이것은 실제로 죄를 짓지 않았지만 미리 회개하는 것입니다. 우리가 행동으로 죄를 짓지 않았지만 마음으로 죄를 지을 수 있지 않습니까? 마음으로 지은 죄를 회개하고, 또 혹시나 부지중에 죄를 지을지도 모른다는 가정 하에 항상 먼저 회개하는 것입니다.

얼마나 지혜로운 회개인지 모릅니다. 마음으로 짓는 죄를 죄송하게 생각하고 또 미리 용서를 구하며 회개하는 것입니다. 이런 사람은 죄 지을 확률이 아주 적은 사람이라고 할 수 있습니다.

두 번째는, 결과적인 회개입니다. 물론 이것은 죄를 짓고 나서 통회하고 자복하는 것입니다. 사람이기 때문에 넘어질 수 있고, 자빠질 수 있지 않습니까? 그럴 때, 상한 마음, 통회하는 마음, 애통하는 마음으로 자복하는 것입니다. 그럴 때 영혼이 살고 하나님과의 관계가 회복됩니다.

우리가 회개만 잘해도 우리의 신앙생활은 Everything OK입니다. 하나님과의 관계도 OK고, 신앙생활도 OK고, 우리의 삶이 언제나 형통하는 삶을 살게 됩니다. 이것이 지혜로운 신앙생활입니다. 그래서 다윗도 이렇게 고백하지 않습니까?

> 시 51:6 보소서 주께서는 중심이 진실함을 원하시오니 내게 지혜를 은밀히 가르치시리이다

주님 앞에 중심에서부터 전심을 다하여 회개하면 주님께서 매 순간순간마다 은밀하게 지혜를 가르쳐 주십니다. 예방적인 회개도 잘하고, 또 결과적인 회개도 잘하며, 순간순간 하나님 앞에 엎드려 회개하는 지혜를 허락해 주십니다.

그러므로 우리는 항상 이런 회개의 지혜를 가져야 합니다. 하나님께서 우리의 삶 속에 매 순간순간마다 이런 지혜의 영감을 주시고, 또 감동을 주셔서 언제나 하나님과의 관계가 아름답고 신앙생활이 형통할 수 있어야 합니다.

♪ 주여 우리의 죄를 용서하여 주소서
　지난 날의 잘못을 사하여 주옵소서
　주여 우리의 죄를 용서하여 주소서
　지난 날의 허물을 사하여 주옵소서

　주여 주여 나의 죄를 위하여 주여 주여 십자가를 지셨네
　주님 가신 그 길을 나도 걸어야 하네(x2)

주체할 수 없는
즐거움과 기쁨을 맛본 삭개오

■   회개를 잘 하고 나면 또 하나의 특징이 생깁니다. 바로 우리 내면에 즐거움과 기쁨이 충만하게 됩니다. 이것보다 귀한 축복이 어디 있겠습니까? 하나님께서 정결의 은혜만 회복해 주시는 것이 아닙니다. 우리의 마음속에 말할 수 없는 즐거움과 기쁨, 그리고 평화와 안식을 공급해 주십니다.

그래서 다윗이 구원의 즐거움을 내게 회복시켜달라고 기도한 것입니다.

> 시 51:12(상) 주의 구원의 즐거움을 내게 회복시켜 주시고…

누가복음 19장을 보면, 삭개오가 소개되고 있습니다.

> 눅 19:2 삭개오라 이름하는 자가 있으니 세리장이요 또한 부자라

원래 삭개오라는 이름의 뜻은 "순결, 거룩"입니다. 그러나 그는 이름과는 정반대의 길을 걷는 사람이었습니다. 어느 나라나 그렇지만 이스라엘은 아이의 이름을 짓는 데 유달리 신경을 많이 썼습니다. 아이가 태어난 지 8일 만에 할례를 받을 때 이름을 지어주는데, 반드시 신앙적 바람과 희망을 담는 이름을 지었습니다.

삭개오 부모도 그런 마음으로 이름을 지어준 것입니다.

"하나님, 이 아이는 꼭 순결한 사람으로 자라게 해주세요."

"사랑하는 아들아, 너는 제발 순결하고 거룩한 사람으로 자라나야 한다. 그래서 만인이 존경하고 흠모하고 부러워할 의로운 사람이 되거라."

그러나 삭개오는 자라서 어떤 사람이 되었습니까? 그의 이름과는 정반대로 돈을 위해서 그의 이름도, 인격도, 양심도, 신앙과 윤리도 다 팔아먹은 파렴치한 세리가 되어 버렸습니다. 당시, 세리들은 이스라엘을 지배하던 로마제국의 앞잡이 노릇을 했습니다. 그들은 세금을 턱없이 뜯어다가 로마에 바치고 자기의 사리사욕과 배만 채우고 사는 사람들이었습니다.

그런데 삭개오가 이런 쓰레기 같은 세리가 된 것입니다. 아니, 그냥 세리가 아니라 수많은 세리를 거느리고 있는 세리 중의 세리, 곧 세리장이 되었습니다. 당시 세리들은 로마 황제가 징수하는 세금을 황제에게 올리고 그 외에도 얼마든지 로마제국의 이름으로 세금을 갈취할 수 있었습니다.

그러니 여리고 성에서 말단 세리부터 세리장까지 두루 거쳐 올라온 삭개오야말로 얼마나 많은 부정 착취를 했겠습니까? 연일 돈방석에 앉아 온갖 부귀와 권세와 향락을 다 누릴 수 있었습니다. 갖고 싶은 것은 다 가질 수 있었습니다.

그러나 그는 마음속 깊은 곳에서 참 만족을 누릴 수 없었습니다. 참된 평안이 없었습니다. 오히려 그는 밤마다 방황의 미로 속을 헤매며 자신의 인생을 고뇌하고 번민하는 시간이 더 많았을 것입니다. 아무리 쾌락을 누려보고 향락을 누려보았지만, 마음은 더 목마르기만

했고, 무엇인가를 애타게 그리워하는 갈증만 느꼈습니다. 그의 마음은 더 방황하였습니다.

게다가 죄책감으로 가득했습니다. 동족을 팔아먹어버린 양심의 가책, 매국노나 다름없이 사는 괴로움이 가득했습니다. 이것이 하나님 앞에 죄의식과 죄책감으로 그의 마음을 무겁게 짓눌렀습니다.

또한 돈과 쾌락 때문에 돌아오는 허탈감으로 인해 깊은 우울증을 겪어야 했습니다. 그래서 그는 밤마다 울었습니다. 열등의식으로 울고, 양심의 가책과 죄책감 때문에 울었습니다. 허무와 열등감, 인생의 목마름과 갈증 때문에 울었습니다. 또 우울하고 고독해서 울었습니다. 그래서 그는 죽고 싶은 마음으로 가득했습니다.

'아, 어렸을 때는 돈만 벌면 행복할 줄 알았는데…. 출세만 하면 거기에 참 만족이 있는 줄 알았는데…. 난 이렇게 행복에 굶주린 삶을 살아야 하는구나. 나처럼 이렇게 이 세상에 불행한 사람이 어디 있단 말인가. 나처럼 이렇게 인생을 방황하며 사는 사람이 어디 있냔 말이냐. 도대체 인생이란 무엇인가? 어떻게 해야 내 인생의 목마름을 해결하고 끝없는 방황과 번뇌를 해결할 수가 있단 말인가? 도대체 누구를 만나야 참 평안을 얻고 참 행복을 누릴 수 있단 말인가? 누가 내 인생을 이 고통의 구렁텅이에서 건져줄 수가 있단 말인가?'

그는 아마 이런 질문을 하며 구도의 길을 찾고 있었을 것입니다. 그랬던 그에게 한 소식이 들려왔습니다. 나사렛 예수라는 분이 여리고 성에 온다는 소식이었습니다. 그분에 대한 소문은 삭개오도 많이 들어서 익히 알고 있었습니다.

예수님이 여리고 성에 오자 수많은 인파가 그를 에워쌌습니다. 삭개오는 호기심이 생겼습니다.

'도대체 어떤 분이기에 돈 한 푼도 없고 권력도 하나 없는 분이 이토록 사람들의 마음을 움직인단 말인가? 과연 저분이 어떤 분이기에 저렇게 수많은 인파가 그를 따른단 말인가?'

그런 궁금한 마음으로 예수님을 만나보려고 했습니다. 그러나 키가 너무 작아서 예수님을 볼 수 없었습니다. 그는 생각한 끝에 거리에 있는 돌무화과나무 위로 올라갔습니다. 예수님을 보기 위해서였습니다.

> 눅 19:3-4 그가 예수께서 어떠한 사람인가 하여 보고자 하되 키가 작고 사람이 많아 할 수 없어 앞으로 달려가서 보기 위하여 돌무화과나무에 올라가니 이는 예수께서 그리로 지나가시게 됨이러라

삭개오가 얼마나 예수님을 보고 싶었으면 세리장의 신분으로서 체면도 버리고 높은 나무에 올라갔겠습니까? 높은 나무 위에 올라가서 예수님이 가까이 오시길 기다리고 있었습니다. 삭개오의 가슴은 두근거렸습니다. 예수님이 갑자기 발걸음을 멈추고 삭개오를 바라보셨기 때문입니다.

그리고 삭개오를 향하여 이렇게 말씀하십니다.

"삭개오야, 속히 내려오라. 내가 오늘 네 집에 유하여야 하겠다."

순간, 삭개오는 크게 당황했습니다. 이것은 전혀 예상 밖의 일이었고 기대하지 않았던 일이었기 때문입니다.

그런데 예수님의 눈빛과 가까워지자 뭐라고 말할 수 없이 마음이

뜨거워졌습니다. 삭개오는 어떻게 해야 할지 몰랐습니다. 마치, 예수님은 한 순간에 자신을 바라보신 것 같았습니다. 가까이 다가오시는 예수님의 얼굴을 보니 그 얼굴에 눈이 부시도록 광채가 났습니다.

더구나 예수님의 눈과 가까이 마주쳤을 때 자신의 내면 속에 감춰져 있는 은밀한 것까지 다 보고 계신 것 같았습니다. 마치 자신이 주님 앞에 벌거벗은 것같이 느껴졌습니다. 그때 예수님께서 이렇게 말씀하십니다.

"삭개오야, 속히 내려오라. 내가 오늘 너희 집에 유하여야 하겠구나."

> 눅 19:5 예수께서 그곳에 이르사 쳐다보시고 이르시되 삭개오야 속히 내려오라 내가 오늘 네 집에 유하여야 하겠다 하시니

세상에, 예수님께서 자기 이름까지 아시고, 자기 이름을 불러 주셨습니다. 세상 사람들은 자신을 죄인이라고 불렀지만, 예수님은 자신의 이름을 너무나 자상하고 따뜻하게 불러 주셨습니다. 더구나 예수님이 자기의 집에 오셔서 유하셔야겠다고 했습니다.

삭개오는 정신을 차리고 급히 뽕나무에서 내려와 예수님을 영접했습니다. 그리고 예수님을 집으로 모시는 순간 삭개오의 가슴이 얼마나 터질듯 하든지, 심장이 열 배나 더 뜨겁게 펌프질을 하는 것 같았습니다.

'세상에, 어쩌면 이런 일이 있을 수 있단 말인가? 왜 이렇게 내 마음에 기쁨이 가득하단 말인가? 이토록 주체할 수 없는 기쁨과 평안이 밀려오는 이유는 무엇이란 말인가? 세상에, 나에게도 이런 기쁨과 감격과 평안과 행복이 찾아올 수 있단 말인가?'

그는 발이 땅에 닿는지 안 닿는지 구분이 안 갔습니다. 이런 황홀한 감격과 행복은 일찍이 단 한 번도 느껴보지 못했습니다. 왜냐면 이것은 그가 예수님을 만남으로써 자신의 모든 죄가 다 용서받고 이루 말할 수 없는 황홀하고 감격스러운 구원을 받았기 때문입니다. 주님께서 삭개오에게 이렇게 말씀하시지 않았습니까?

> 눅 19:9 예수께서 이르시되 오늘 구원이 이 집에 이르렀으니 이 사람도 아브라함의 자손임이로다

예수님이 삭개오를 찾아오셔서 삭개오의 모든 죄를 용서해 주셨고 황홀한 구원을 허락해 주셨습니다. 그래서 삭개오는 사죄의 감격과 구원의 기쁨을 가지고 누가 시키지 않았음에도 예수님께 나아가 이렇게 고백합니다.

"예수님, 저에게 죄 용서함을 주시니 감사합니다. 너무나도 황홀하고 벅찬 구원을 주시니 감사합니다. 그러므로 저는 제 재산 중의 절반을 구제헌금으로 바치겠으며, 만일 제가 토색한 것이 있으면 네 배로 보상을 하겠습니다."

> 눅 19:8 삭개오가 서서 주께 여짜오되 주여 보시옵소서 내 소유의 절반을 가난한 자들에게 주겠사오며 만일 누구의 것을 속여 빼앗은 일이 있으면 네 갑절이나 갚겠나이다

얼마나 기뻤으면, 이렇게 고백했겠습니까? 얼마나 감격스럽고 황홀

했으면 이런 결단을 했겠습니까? 평생 벌었던 돈, 돈을 위해 살고 돈의 종으로 살았던 그가, 자신이 가장 가치 있게 여겼던 재산을 내놓다니, 자신의 생명과도 같은 물질을 내놓다니 말입니다.

그만큼 삭개오에게는 주님 앞에 받은 용서의 감격과 구원의 즐거움이 크고 황홀했습니다. 그래서 자기 집에 유하러 오신 예수님을 온 정성을 다해 모셨을 것입니다.

"예수님, 정말 감사합니다. 제가 당신을 만나 지금까지 지어온 모든 죄를 용서함 받다니요. 제가 어디를 가서 이런 용서를 받을 수 있겠습니까? 제가 누구에게 가서 죄 사함의 기쁨과 감격을 이렇게 누릴 수가 있겠습니까? 주님은 알고 계신가요? 제가 이렇게 황홀해 하고 감격해 하는 모습을, 저의 눈물을 알고 계신가요? 얼마나 제 마음이 울렁거리면 이렇게 제 눈에서 눈물이 나오겠습니까? 주님, 이제는 당신 없이는 못 삽니다. 과거에는 밤에 술을 마시지 않고는 살 수가 없고, 노래방을 안 가면 살 수가 없었는데, 이제는 주님과 함께 살겠습니다. 주님을 노래하며 살겠습니다. 절대로 불나방처럼 살지 않겠습니다. 술과 무희와 쾌락을 좇는 불나방이 되지 않겠습니다. 밤이 깊을수록 더 주님을 사모할 것입니다. 이제 어둔 밤이 온들 제가 무엇이 외롭겠습니까? 주님을 사모하며 살아가는데 말입니다."

아마 그는 이런 고백의 노래를 불렀을 것입니다.

♪ 밤 깊으면 너무 조용해 책 덮으면 너무 쓸쓸해
　불을 끄면 너무 외로워 주님 내 곁에 있으면 좋겠네//

이 세상 주님 없이 어이 살 수 있나요
다른 사람 몰라도 주님 없인 난 못 살아요//

한낮에도 너무 허전해 사람 틈이 너무 막막해
오가는 말 너무 덧없어 주님 내 곁에 있으면 좋겠네//
이 세상 주님 없이 어이 살 수 있나요
다른 사람 몰라도 주님 없인 난 못 살아요//

'심하의 기쁨'을 회복하여 주옵소서!

■　　　　　　다윗은 지금 이런 기쁨을 달라고 기도하고 있습니다. 물론 다윗도 이런 기쁨이 있었습니다. 삭개오가 경험한 기쁨보다 훨씬 더 큰 기쁨을 경험했습니다. 솔직히 하나님의 언약궤를 모시고 올 때, 얼마나 기뻤으면 속옷이 다 벗어지도록 춤을 추었겠습니까? 그런 기쁨이 보통 기쁨이겠습니까?

　그런데 죄를 지으니까 그 기쁨이 사라져 버렸습니다. 하나님과의 관계가 깨져버리니 그 황홀함과 하나님만이 주시는 '심하의 기쁨'이 사라져버렸습니다. '심하의 기쁨'은 하나님만이 주시는 기쁨을 말합니다. 이것은 세상에서 맛볼 수도 없고 세상이 줄 수도 없는 기쁨입니다. 하늘에서 주는 기쁨, 신령한 기쁨, 거룩한 기쁨, 아주 영적인 기쁨입니다. 그런데 하나님과의 관계가 깨져버리니 이 기쁨을 다 빼앗겨

버렸습니다. 다 박탈당해버리고 말았습니다.

다윗은 그때의 기쁨을 회복시켜 달라고 간구하고 있습니다. 용서받은 기쁨, 구원의 즐거움, 구원의 감격, 이 심하의 기쁨을 허락해 달라는 것입니다. 정결함을 받는 것도 중요하고, 내 안에 정한 마음을 창조해 주시는 것도 중요하고, 또 내 안에 정직한 영을 새롭게 하는 것도 중요하지만, 이제 심하의 기쁨을 달라고 기도하고 있습니다.

하나님만이 주시는 그 황홀한 기쁨! 그때 언약궤를 메고 오면서 속옷이 벗어지도록 춤을 추며 기뻐했던 그 기쁨, 그 기쁨을 달라는 것입니다. 그 구원의 즐거움을 회복해달라고 기원하고 있습니다.

♪ 오 이 기쁨 주님 주신 것(×3)
　주께 영광 할렐루야 주만 찬양해

'심하의 기쁨'에 대한 성경의 세 가지 은유

■　　　　　　성경은 전반적으로 이 심하의 기쁨을 어떻게 표현하고 있습니까? 크게 세 가지 은유적인 표현을 하고 있습니다.

1) 하나님이 주시는 은혜와 기쁨과 감격을 생수로 표현하고 있습니다.

> **요 7:37-38** 명절 끝날 곧 큰 날에 예수께서 서서 외쳐 이르시되 누구든지 목마르거든 내게로 와서 마시라 나를 믿는 자는 성경에 이름과 같이 그 배에서 생수의 강이 흘러나오리라 하시니

누구든지 목마른 자는 다 주님께 와서 마시라고 했습니다. 주님께 와서 생수를 마신 자는 그 배에서 생수의 강이 흘러나오리라고 합니다. 이것이야말로 은혜 받은 사람들이 세상에서 얻을 수 없는 그 참된 기쁨, 거룩한 희락, 황홀한 감격의 삶을 영적이고 은유적으로 표현하고 있는 말씀입니다.

그래서 시편 기자는 하나님이 주신 생수를 이렇게 표현하고 있습니다.

> **시 36:8** 그들이 주의 집에 있는 살진 것으로 풍족할 것이라 주께서 주의 복락의 강물을 마시게 하시리이다

복락의 강물이란 어떤 의미입니까? 행복과 즐거움의 단물이 흐르는 강이라는 의미입니다. 그러므로 이 강물을 마시면 사람이 그렇게 기쁠 수가 없습니다. 그렇게 즐거움이 넘칠 수가 없습니다. 이 세상에서 가장 행복하고 평안하고 만족스러운 삶을 살아가는 것입니다. 언제나 그 속에서 단물 나는 삶을 살기 때문입니다.

한마디로 예수 믿는 재미와 기쁨과 감격이 넘칩니다. 세상 사람들은 짜디짠 바닷물을 마시며 살아가기에 더 목마를 수밖에 없습니다. 그러나 예수 믿는 사람은 이러한 신령한 하늘의 생수를 마시니, 얼마

나 삶이 시원한지 모릅니다. 얼마나 행복한지 모릅니다.

그런데 이것은 한두 번의 사건으로 끝나는 것이 아닙니다. 하나님의 생수를 마시면 우리 안에서 영원히 생수의 강이 흐릅니다. 우리 안에 영생하도록 솟아나는 샘물이 넘쳐흐릅니다. 주님께서 사마리아 우물가의 여인에게 이렇게 말씀하시지 않았습니까?

> 요 4:13-14 예수께서 대답하여 이르시되 이 물을 마시는 자마다 다시 목마르려니와 내가 주는 물을 마시는 자는 영원히 목마르지 아니하리니 내가 주는 물은 그 속에서 영생하도록 솟아나는 샘물이 되리라

우리가 은혜의 생수를 마시면 우리 안에서 생수가 터집니다. 날마다 솟아오르는 샘물이 터져 나온다는 말입니다. 그리고 그 물은 우리의 내면에서 생수의 강으로 흐르게 됩니다. 그러니 우리의 삶은 언제나 살맛나는 삶이 되고, 하루이틀이 아니라 천국 가는 그날까지 계속해서 이뤄집니다.

그런데 죄를 지으면 이 물이 끊겨 버립니다. 기쁨의 샘물이 막혀 버립니다. 아무리 우리가 생수를 마시고, 주님이 주시는 심하의 기쁨을 누리다가도, 죄를 지으면 생수가 막혀 버립니다. 기쁨이 당장 떠납니다. 왜냐면 하나님과의 관계성이 깨져 버리기 때문입니다.

그래서 오늘 다윗이 이렇게 구하고 있는 것입니다.

"주여, 그 옛날 심하의 기쁨을 회복하게 하옵소서. 구원의 기쁨을 회복하게 하옵소서. 구원의 즐거움을 회복하게 하옵소서."

우리도 이 기쁨을 회복해야 합니다. 이 기쁨을 소유해야 합니다.

이 샘솟듯 하는 기쁨의 감격을 회복해야 합니다.

공동 우물물의 신앙 VS 앞마당 우물물의 신앙

제 어린 시절에는 시골에 상수도 시설이 안 되어 있었기 때문에 공동우물에서 물을 길어 먹었습니다. 보통 때는 여자들이 물동이로 물을 떠다 날랐는데, 제삿날이나 명절 때가 되면, 남자가 물지게로 물을 길어다 줘야 했습니다.

그래서 명절 때나 제삿날이 되면 가끔 바가지로 물을 길어다 날랐습니다. 우리 집은 양지뜸이라는 동네였습니다. 우리 동네의 공동우물은 시양골이라는 곳에 있었는데 집에서는 제법 멀리 떨어져 있었습니다. 그래서 바가지로 물을 떠오는 괴로움은 정말 지독했습니다.

여름이야 좀 나았었습니다. 그런데 추운 겨울에 물을 떠 오려면 손이 얼마나 시리고 바지에 물이 얼마나 튀는지 모릅니다. 처음에는 바가지에 물을 욕심껏 가득 떠오지만, 어린 놈이 출렁출렁 들고 오다 보면 장딴지와 바가지가 부딪혀 흘려버리는 바람에 집에 오면 물의 양이 절반도 안 됐습니다. 그러면 아버지가 또 한 바가지를 더 떠오라고 하셨습니다. 그때, 얼마나 물 떠오는 게 싫었는지 모릅니다.

그래서 가까운 두레박 샘물에서 물을 떠올 때도 있었습니다. 병옥이라는 친구 집에 두레박 샘이 있었습니다. 거리는 가깝지만 두레박을 올리는 것이 만만치가 않았습니다. 두레박을 던지면 밑에 가서 거꾸로 박혀 잠겨야 되는데, 이놈의 두레박이 비스듬하게 누워가지고 물이 안 떠졌습니다. 그것을 다시 또 던져서 물을 떠 오면, 그 겨울에 두레박을 올릴 때 얼마나 손이 시린 줄 아십니까?

바가지에 물을 떠오는 심부름을 하면 정말 죽을 지경이었습니다. 차라리 장작을 패는 게 낫다고 생각했습니다. 그때 소원이 있었습니다. '도대체 언제 두레박에 물 떠오는 심부름을 안 할 것인가? 그 비결은 빨리 장가를 가는 것이다!' 그런 생각을 할 정도로 물 떠오는 것이 싫었습니다.

그런데 나중에 우리 집에도 우물을 팔 때가 있었습니다. 박정희 대통령이 새마을 사업을 하여 정부에서 우물을 파는 보조금을 줬기 때문입니다. 그래서 우리 집에도 작두샘을 팠습니다. 우리 집은 동네에서 가장 높은 집이었습니다. 그런데도 물이 콸콸콸 솟아났습니다. 여름에는 물이 얼마나 시원한지 이가 시릴 정도였습니다.

그리고 옛날에는 허름박이라고 했습니다. 이 샘물로 등목을 쫙 하면 심장이 멎을 정도로 물이 시원했습니다. 겨울에는 김이 무럭무럭 나는 물이 나왔습니다. 우리 마당에서도 이런 샘물이 날마다 솟아오르는 것이었습니다. 얼마나 편리하고 좋았는지 모릅니다. 작두샘만 보면 물이 철철 솟아나는 것입니다.

멀리까지 물을 뜨러 갈 필요가 없었습니다. 그냥 큰 다라를 두고 작두샘만 보면 물이 콸콸콸 쏟아졌으니 말입니다. 얼마나 편리하고 재밌었는지 모릅니다. 아버지가 심부름을 시키지 않아도 재미있어서 작두샘을 폈습니다. 다라에 한가득 품어 놓고, 소라에 품어 놓고, 바가지에 품어 놓고, 우리 아버지가 안 시켜도 재미있으니까 한 것이었습니다. 그때 운동을 해서 제가 지금 팔 힘이 센지도 모르겠습니다.

우리 신앙생활도 두 가지 같습니다. 하나는 공동 우물물을 떠다 먹는 것과 같은 신앙생활입니다. 이렇게 신앙생활을 하는 사람은 아주 죽을 지경입니다. 예수 안 믿는 사람도 아니고, 교회생활을 안 하는 것도 아닌데 말입니다. 교회에 나오긴 나옵니다. 그러나 은혜는 하나도 없습니다. 기쁨도 없고, 감사도 없고, 행복도 없습니다. 날마다 원망과 불평뿐입니다. 봉사에도 불평, 교회 나와도 불평, 안내하면서도 불평, 성가대 하면서도 불평, 십일조 하면서도 불평, 감사와 즐거움과 기쁨이 하나도 없습니다.

"아이고, 이놈의 십일조 좀 안 하면 안 되나? 아이고, 이놈의 교회청소 좀 안 하면 안 되나? 이놈의 식당 봉사 좀 안 하면 안 되나? 아, 이놈의 주일 좀 천천히 돌아오면 안 되나?"

아주 죽을 지경으로 교회생활을 합니다. 그렇다고 주일성수 안 하고 십일조 안 하면 하나님 앞에 두들겨 맞을 것 같습니다. 안 하면 하나님이 때려 죽일 것 같습니다. 그래서 안 할 수도 없습니다. 그러니 그의 내면이 얼마나 궁핍하겠습니까? 얼마나 황폐하겠습니까? 이런 사람 속에는 복락의 강수가 철철 흐르는 것이 아니라 맨날 쓴물만 철철 흐릅니다. 쓴 뿌리가 쫙쫙 뻗어 있고, 오염된 물만 고여 있는 심령이라고 할 수 있습니다.

반대로 앞마당의 우물물을 떠먹는 신앙생활은 정말 재미있고 기쁨이 넘칩니다. 너무나 재미있고, 즐겁고, 신이 납니다. 한마디로 예수 믿는 재미, 교회생활 하는 즐거움이 넘칩니다. 왜냐면 그 안에서 복락의 강수가 흘러넘치기 때문입니다.

펌프질만 하면 복락의 강수가 흘러넘치기 때문입니다. 기도하면 감사하고, 찬송하면 더 감사하고, 봉사하면 더 기쁨이 넘치고, 교회 와서 충성하면 더 즐거움이 넘치고…. 그러니 아무리 봉사하고 피곤하게 주의 일을 해도 육신은 고단할망정 마음은 지치지 않습니다. 맨날 기쁘고 즐겁고 감사하고 행복하기 그지없습니다.

우리가 이런 신앙생활을 해야 하지 않겠습니까? 이렇게 기쁨이 넘치고 감사하고 재미가 있고 즐거움이 넘치는 그런 신앙생활을 해야 되지 않겠습니까?

그러나 우리가 죄를 지으면 이런 기쁨이 없습니다. 그리고 하나님과의 관계가 깨져버리면 이런 즐거움이 있을 수 없습니다. 다윗은 이것을 알았습니다. 왜냐면 자신이 밧세바와 범죄하여 하나님과의 관계가 깨지고 나서 진정한 기쁨을 상실했기 때문입니다.

옛날에는 하나님의 언약궤를 모셔다 놓고 복락의 강수가 넘쳤습니다. 즐거움과 기쁨, 그리고 행복과 감격이 흘러 넘쳤습니다. 그런데 지금 이 기쁨, 감격을 다 쏟아버렸습니다. 그래서 구원의 즐거움을 달라고, 구원의 감격을 다시 회복해 달라고 다윗이 하나님께 처절하게 구하고 있는 것입니다.

2) 하나님의 은혜는 젖과 꿀로 표현되었습니다.

벧전 2:2 갓난 아기들같이 순전하고 신령한 젖을 사모하라…

시 19:10 금 곧 많은 순금보다 더 사모할 것이며 꿀과 송이꿀보다 더 달도다

> 시 119:103 주의 말씀의 맛이 내게 어찌 그리 단지요 내 입에 꿀보다
> 더 다니이다

　이처럼 성경은 하나님의 은혜(말씀)를 젖과 꿀로 비유했습니다. 또한 성경은 이스라엘 백성들이 가나안을 정복하는 축복과 은혜도 젖과 꿀의 은혜로 표현했습니다. 즉 가나안 땅 자체를 젖과 꿀이 흐르는 땅이라고 했습니다.

　젖은 어린아이의 양식입니다. 어린아이는 젖이 없으면 살 수 없습니다. 요즘이야 모유를 안 먹이니 그런 것을 잘 못 보지만, 옛날에는 아무리 우는 애도 엄마가 품에 안고 젖꼭지를 물려주면 애는 아무 소리 안 하고 젖을 빨아먹습니다.

　그때 아이는 이 세상 최고의 행복과 안식을 누립니다. 엄마의 품에서 입으로는 젖을 물고 한 손으로는 엄마의 다른 젖꼭지를 만지며 온갖 평화와 안식을 누립니다. 그러다가 그 평화로운 엄마의 품에서 참된 안식의 잠을 잡니다.

　그러므로 아직 신앙이 어린 성도에게는 하나님께서 젖과 같은 은혜를 주십니다. 하나님의 사랑이 모성애처럼 느껴집니다. 그래서 하나님의 사랑을 받으면 꼭 엄마의 품에 안기듯이 하나님의 품이 너무나 포근하고 따뜻하기만 합니다. 하나님 품에 안기면 세상 모든 염려는 잊혀지고 사랑과 평화와 행복만 깊이 느낄 뿐입니다.

♪ 주님께 엎딘 내 영혼 간절히 비는 말씀은
　자비의 품을 여시사 영원한 평화 주소서

주의 품 속은 사랑과 평화 주의 품 속은 사랑과 평화

오 생명 빛 환히 빛나고 기쁨 영원하오니

주여 날 품어주소서

젖의 은혜, 꿀의 은혜

이 젖과 같은 하나님의 은혜가 떨어지면 살아갈 수가 없습니다. 이 축복을 누리며 살아가는 자는 그 세계가 바로 천국의 세계입니다. 그러니 너무나 기쁘고 행복한 신앙생활을 할 수밖에 없습니다. 참으로 감미롭고 재미나는 신앙생활을 하게 됩니다.

꿀은 어른에게 적합한 표현입니다. 옛말에 꿀보다 더 단 것이라고 하지 않습니까? 옛날 우리 어린 시절에 꿀이 얼마나 귀했습니까? 엿도 귀하고 사카리, 당원 같은 것도 정말 귀했습니다.

그러나 성경이 기록된 3,000-3,500년 전의 꿀은 얼마나 귀했겠습니까? 정말 귀했을 것입니다. 그렇게 꿀이 귀하던 때의 꿀맛은 얼마나 달콤했겠습니까? 그때 가난한 사람은 꿀을 한번 맛보면 너무나 맛있어서 아마 꿀 먹은 벙어리가 되어 버렸을 것입니다.

성경은 하나님의 비밀한 은혜, 하나님의 비밀한 축복을 꿀맛으로 비유했습니다. 그러므로 이 하나님의 꿀 같은 은혜, 꿀 같은 축복을 일단 경험하고 나면 우리는 꿀 먹은 벙어리가 되어 버립니다. 할 말을 잃어버립니다. 세상에 대하여 벙어리가 됩니다.

천국의 기쁨, 천국의 소망에 심령이 매여 버리고 하나님의 그 오묘하고 기적 같은 축복을 경험하면 미치지 않을 수 없습니다. 우리가 이 젖과 꿀의 은혜에 취해서 신앙생활을 해 나갈 때 이 세상 최고의 행복자가 됩니다.

다윗은 이런 기쁨을 구했습니다. 젖과 꿀과 같은 기쁨, 달콤함, 행복, 감미로움, 이런 영적인 은혜를 구하고 또 회복시켜 달라고 간구했습니다.

3) 하나님의 은혜는 로맨틱한 감미로움으로 표현되었습니다.

아가서의 아름다운 사랑 이야기

아가서의 아름다운 사랑 이야기를 아십니까? 아가서를 얼마나 감명 깊고 은혜롭게 읽어 보셨습니까? 아가서야말로 기가 막힌 예수님의 사랑 이야기요, 은혜 이야기입니다.

아 1:2 내게 입맞추기를 원하니 네 사랑이 포도주보다 나음이로구나

새번역 나에게 입맞춰 주세요, 숨막힐 듯한 임의 입술로. 임의 사랑은 포도주보다 더 달콤합니다.

아가서 1장 2절에서 사랑은 입맞춤에서 시작됩니다. 두 사람은 한 정원(비원)에 나란히 앉아 데이트를 하고 있습니다. 서로 은밀한 밀어의 대화를 주고받으며 서로 몸을 기댑니다. 따뜻한 사랑의 체온을 느끼며 서로의 가슴이 두근거립니다.

"폐하! 사랑하옵니다. 소첩은 오로지 폐하밖에 없사옵니다."

"술람미 여인이여! 과인도 그대밖에 없구나."

이때 통상 여자가 남자에게 몸을 기대거나 파묻히며 긴장된 눈빛으로 남자의 얼굴(눈)을 바라보면 그것은 남자가 키스해도 좋다는 무언의 신호입니다. 그러면 남자는 여인의 머리를 품고 당기며 여인의 눈을 지긋이 바라봅니다. 맑은 눈, 얇고 부드러운 입술을 보며 드디어 키스를 합니다. 그러면 여자는 다 무너져 버립니다.

아가서 1장 2절에서는 아예 여자가 노골적으로 키스를 요구하고 있습니다.

"폐하, 저에게 입 좀 맞춰주세요. 숨막힐 듯한 입술로 말입니다."

그러더니 1장 4절에서는 어서 빨리 자기를 침실로 데려가 달라고 애원합니다. "폐하! 저를 어서 데려가 주세요. 어서 저를 침실로 데려가 주세요."

지금 술람미 여인은 황제의 키스에 달아올라 견딜 수 없는 상태임을 고백합니다. 그래서 어서 침실로 데려가 달라고 합니다. 속된 표현을 빌리자면 이런 말입니다. "키스해 주세요. 절 갖고 싶지 않으세요. 절 갖고 싶으면 어서 빨리 침실로 데려가 주세요."

어찌 보면 창녀 같은 이야기 아닙니까? 그러나 이것은 가장 숭고하고 성스러운 고백입니다. 아직 남자를 모르는 숫처녀(동정녀)가 정말 사랑하는 이를 만났을 때 자기의 사랑을 진실하게 고백하는 것, 이는 참으로 아름다운 일입니다.

그런데 이것은 성도들에게 주님의 사랑과 주님의 은혜를 갈구하라는 교훈입니다. "주여! 제게 구원의 즐거움을 주옵소서. 하나님의 참된 사랑을 느낄 수 있게 해 주옵소서. 제게 첫 열심, 첫사랑을 다시 회복하게 해 주세요. 전 주님의 은혜가 없이는 못 삽니다. 주님이 은혜 안 주시면 미칠 것 같습니다. 주여! 은혜 좀 주세요."

♪ 주여 꽃처럼 향기 나는 나의 생활이 아니어도
　나는 주님이 좋을 수밖에 없어요 주 예수 나의 사랑이여

그러면 이 여인은 왜 이렇게 입맞춤을 고대하였고 침실의 사랑을 갈구했습니까?

이유는 두 가지입니다.
① 그의 사랑은 포도주보다 낫고(1:2, 4)
② 그의 이름은 쏟은 향기름 같기 때문(1:3)

이 이유 때문에 술람미 여인은 키스와 침실의 사랑을 갈구하였습니다.

그러므로 이 세상 기쁨이 아무리 좋다 해도 주님 은혜만 못합니다. 아무리 이 세상 쾌락이 좋고 우리를 즐겁게 해 준다 해도 주님 사랑에 비하면 너무나 시시하고 싱겁습니다. 이 세상에 아무리 가치 있고 귀한 것들이 있다 할지라도 주님의 이름에 비하면 개코만도 못합니다. 왜냐면 주님의 이름은 우리의 구원, 소망, 삶의 향기이기 때문입니다.

옛날엔 돈, 세상의 재미, 명예, 쾌락 등이 좋았지만 지금은 예수님이 제일입니다. 예수님의 사랑과 은혜가 제일입니다. 그러므로 우리는 주님의 사랑을 구합니다. 주님의 은혜를 구하고 주님의 향기를 구합니다.

♪ 빛이 없어도 환하게 다가오시는 주 예수 나의 사랑이여
　음성이 없어도 똑똑히 들려주시는 주 예수 나의 사랑이여
　주님이 계시므로 나는 있고
　주님의 노래가 머물므로 나는 부를 수 있어요
　주여 꽃처럼 향기 나는 나의 생활이 아니어도
　나는 주님이 좋을 수밖에 없어요
　주 예수 나의 사랑이여

♪ 주 예수보다 더 귀한 것은 없네 이 세상 부귀와 바꿀 수 없네
　영 죽을 내 대신 돌아가신 그 놀라운 사랑 잊지 못해
　세상 즐거움 다 버리고 세상 자랑 다 버렸네
　주 예수보다 더 귀한 것은 없네 예수밖에는 없네

자원하는 심령의 회복을
구한 다윗

■   다윗은 이런 감미로움과 달콤한 기쁨을 회복해 달라고 기도했습니다. 다윗은 과거에 이러한 기쁨을 누렸습니다. 주님과 연애하는 듯한 달콤함과 감미로움, 행복과 즐거움을 느꼈습니다.

그런데 죄를 지으니 이런 영적인 기쁨이 다 떠나고 말았습니다. 그래서 다시 이런 영적인 기쁨을 회복하게 해달라고 간구한 것입니다.

왜냐면 다윗은 하나님을 섬기면서 구원의 즐거움이 얼마나 중요한지 알았기 때문입니다. 용서받은 감격과 구원받은 기쁨의 중요성을 알았습니다. 그래서 구원의 즐거움과 기쁨을 회복시켜 달라고 간구한 것입니다.

이런 기쁨을 소유한 사람은 반드시 자원하는 심령을 갖게 됩니다. 그래서 오늘 다윗은 더 적극적인 기도를 하고 있습니다. 구원의 즐거움뿐만 아니라, 자원하는 심령을 달라고 말입니다.

> **시 51:12** 주의 구원의 즐거움을 내게 회복시켜 주시고 자원하는 심령을 주사 나를 붙드소서

세상 사람들도 자원하는 마음, 또 자원하는 헌신이라는 말을 하지 않습니까? 그게 바로 "autotelic"이라는 말입니다. 자기가 좋아서 어떤 일에 봉사합니다. 내가 좋아서 고아원에 가서 봉사하고 양로원에 가

서 봉사하고 옵니다. 내가 좋아서 나하고 피 한 방울 전혀 섞이지 않는 사람들을 구제하기도 하고, 장학금을 주기도 하고, 어느 단체에 기부하기도 하는 것을 "autotelic"이라고 합니다.

하물며 하나님의 은혜와 성령의 감동으로 자원하는 심령을 가지고 하나님을 섬기고 봉사해 보십시오. 이것은 세상 사람들이 말하는 autotelic과는 완전히 다릅니다. 진정한 기쁨으로, 행복한 마음으로, 기가 막힌 성령의 감동을 받고 헌신합니다. 내 속에서 자원하는 심령이 생기기 때문입니다.

구약에서도 두 가지 제사가 있었습니다. 하나는 의무적인 제사요, 또 하나는 자원제입니다. 의무제는 하나님께 죄와 관련되어 의무적으로 드리는 제사를 말합니다. 예컨대 속죄제나 속건제, 또는 절기 때 누구나 하나님 앞에 드리는 제사와 같은 것들을 의무제라고 합니다.

자원제는 스스로 마음에서 우러나와 자발적으로 드리는 제사를 말합니다. 그저 하나님 앞에 감사하며 헌신하고 싶은 마음이 들어서 자원하는 마음으로 드리는 제사를 자원제 혹은 감사제라고 합니다.

그런데 일반 감사제보다도 아주 특별하게 드리는 감사제가 있습니다. 이것은 아주 특별한 상황이나 감사의 제목이 있을 때 드리는 제사입니다. 가령, 먼 길을 여행하고 왔다든지, 특별히 죽을 고비를 하나님의 은혜로 넘겼을 때 드리는 제사입니다.

먼 바다나 광야를 여행하고 왔을 때, 하나님께 특별감사제를 드렸습니다. 또한 전쟁의 포로가 되어 감옥에 갇혔다가 풀려났다든지, 또 고침을 받지 못할 병을 고침 받았다든지 할 때 특별한 감사제를 드립니다.

이러한 감사의 자원제를 히브리어로 "코르반 토다"라고 하는데, 성경은 이러한 감사제를 낙헌제로 번역한 곳이 많이 있습니다. 이 낙헌제는 극도의 기쁨을 이길 수가 없거나, 하나님이 주신 기쁨을 주체할 수 없는 기쁜 마음으로 드리는 제사입니다.

지금 내가 처한 상황이 어떠한지는 크게 중요하지 않습니다. 죽을 고비에 처했든지, 어떠한 사망의 경각에 처해 있든지 간에, 그럼에도 불구하고 하나님이 기쁨을 주시고 마음에 억누를 수 없는 감사가 솟구쳐 오를 때 드리는 제사를 낙헌제라고 합니다.

다윗은 일찍이 이런 자원하는 심정을 가져본 적이 있습니다. 그는 골리앗과의 전투에서도 스스로 자원하는 마음으로 골리앗을 쳐부수러 나가지 않았습니까? 특별히 사울에게 쫓겨 다닐 때 낙헌제를 드리지 않았습니까?

십 황무지에서 다윗은 사울의 3,000명이나 되는 군대에 포위당하여 죽을 상황에 처했었습니다. 그럼에도 불구하고 그는 낙헌제를 드렸습니다. 하나님께서 자원하는 마음을 주시니, 하나님의 은혜가 너무 감사하고 하나님이 주시는 그 기쁨이 도저히 주체가 안 되었습니다. 그래서 감사한 마음으로 낙헌제를 드렸습니다.

또 언약궤를 메고 올 때 감사했습니다. 오벧에돔의 집에 모셔진 언약궤를 다윗 성으로 모셔오는 순간, 너무나도 감사하고 기뻤습니다. 그래서 여섯 걸음을 행하자마자 거기서도 감사제를 드렸습니다.

하나님의 언약궤를 다윗 성 앞으로 모셔 왔을 때, 그는 하나님이 주시는 그 심하의 기쁨, 그 신령한 하나님의 은혜를 도저히 참을 수가 없고 주체할 수가 없어서 속옷이 벗겨지도록 춤을 췄습니다. 아무나 이렇게 춤을 추겠습니까? 맨정신으로 춤을 추겠습니까? 너무 기쁘고 감사하니 그렇게 춤을 춘 것입니다.

♪ 오 이 기쁨 주님 주신 것 오 이 기쁨 주님 주신 것
　오 이 기쁨 주님 주신 것 주께 영광 할렐루야 주만 찬양해

그뿐입니까? 그는 날마다 하나님의 법궤 앞에 가서 이렇게 고백했습니다.

"하나님, 내가 무엇이관데 저를 이스라엘의 왕으로 삼아 주셨습니까? 그리고 내가 무엇이관데 이렇게 언약궤를 모실 수 있는 영광을 주셨단 말입니까? 이것은 저의 최고의 영광이고, 행복이고 축복입니다."

이렇게 엎드려 하나님께 기도하고, 고백을 하고, 하나님께 찬양을 하니, 너무 황홀하고 눈물겹게 행복했습니다. 그리고 또 한편으로 생각해 보면 너무나도 송구스럽고 죄송하기도 했습니다. 자신은 으리으리한 백향목 궁궐에 살고 있지만, 하나님의 언약궤는 아직도 초라한 장막에 모셔져 있었기 때문입니다.

다윗은 자신의 백향목 궁보다 훨씬 더 화려하고 웅장한 하나님의 집을 지어드리기로 마음먹었습니다. 그 웅장하고 광대한 성전에 하나님의 언약궤를 모셔놓고, 하나님의 웅대하심과 광대하심을 만천하에 나타내 보이고 싶었습니다.

이 얼마나 아름다운 마음입니까? 이것이야말로 하나님의 언약궤 앞에서 받은 창의적 영감이요, 창조적인 감동입니다. 이런 다윗의 고

백과 소원을 들으시고 하나님이 자손만대까지 복을 주신다고 약속하지 않으셨습니까?

이렇게 다윗은 일찍이 자원하는 마음을 경험했던 사람입니다. 그 자원하는 심령을 항상 가지고 있었던 사람입니다. 그 자원하는 마음으로 하나님을 섬기고 하나님을 기쁘게 했습니다.

그러나 밧세바와 범죄하고 나서, 이 자원하는 심령이 떠나 버렸습니다. 구원의 즐거움도 떠나고, 영적인 기쁨도 상실되어 버리고 말았습니다. 그렇게 하나님을 가까이 하고, 또 하나님을 가까이 하는 것을 최고의 기쁨으로 알았던 다윗이 하나님과 멀어지기 시작했습니다.

하나님의 언약궤가 부담이 되었습니다. 하나님 앞에 나아가는 것이 영 찝찝했습니다. 그럼에도 불구하고 백성과 신하 앞에서는 아무런 일이 없는 척해야 했으니, 얼마나 마음이 찝찝하고 불안했겠습니까? 얼마나 마음이 꺼림칙했겠습니까? 이것이야말로 지옥 같은 삶입니다.

그러니 무슨 살맛이 나겠습니까? 마음은 황폐하고 광야같이, 황무지같이 되어 버렸으니 도대체 무슨 살맛이 나느냐 말입니다. 다윗은 또 한 번 이런 경험을 할까봐 두려움에 떨고 있었습니다. 그래서 구원의 즐거움과 자원하는 심령을 달라고 했습니다.

오늘 우리도 마찬가지입니다. 우리에게 구원의 기쁨과 즐거움을 빼앗겨 버리고 자원하는 마음이 사라져 버리면, 우리가 어떻게 신앙생활을 하는 즐거움이 있겠습니까? 우리가 어떻게 교회생활을 하는 재미가 있겠습니까? 봉사를 해도 억지로 하고, 모든 헌신이 매너리즘에 빠지게 됩니다.

이런 사람들의 마음에는 빛이 하나도 없습니다. 마음이 캄캄하고 어둡습니다. 그러니 생각하는 게 항상 어둡고 부정적이게 됩니다. 그래서 말을 하면 불평을 하고 원망밖에 나오지 않습니다.

참된 중직자의 자격

■   이번에 저희 교회에서 몇 분의 장로님과 안수집사, 권사님들을 세우는데 어떤 사람들은 물질 헌신에 부담을 가지고 할까 말까 고민하는 사람이 있었습니다. 이런 사람은 안 하는 게 낫습니다. 투표가 통과가 되었어도 자원하는 마음과 헌신이 있어야지, 그것 가지고 마음에 무거움과 부담이 생기면 안 됩니다. 당연히 부담은 있어야 합니다. 그런데 그 부담은 거룩한 부담이고 행복한 부담이어야 합니다.

"하나님, 세상에 저 같은 사람을 이렇게 교회의 중직으로 세워주시니 너무나도 감사합니다. 그러니 자원하는 마음으로 헌신하겠습니다. 저는 교회를 위해서 총대를 메는 사람이 되겠습니다. 나의 축복이 무엇입니까? 주님과 더 가까워지는 것이고, 주님의 교회를 위해 거룩한 부담감을 가지고 총대를 메며 헌신하고 희생하는 것입니다. 주여, 그런 중직자가 되게 하여 주옵소서."

이런 사람이 중직자의 자격이 있는 것입니다. 어떻게 교회 헌신 없이 중직자가 될 수 있습니까? 또 불평 있는 사람은 이렇게 말합니다. 돈이 있어야 교회의 집사나 장로를 한다고 말입니다. 코끼리 뒷다리만 만지고 코끼리라고 하면 안 됩니다. 전체를 봐야 합니다.

첫째는 믿음이 있어야 하고, 두 번째는 반드시 몸으로 어느 기관에서 봉사를 해야 합니다. 그리고 어느 정도의 물질적 헌신도 있어야 합니다. 교회의 중직자가 이것도 안 하면 어떡합니까? 거룩한 부담감과 자원하는 심정이 있어야 하지 않겠습니까?

억지로 믿음도 안 되는 사람을 세워봤자, 나중에 시험 들어도 크게 듭니다. 교회에 사단이 납니다. 그래서 하나님은 교회에 봉사하고 하나님의 제단을 섬길 때 항상 자원하는 마음으로 하라고 하셨습니다. 억지로 하지 말라고 했습니다.

> 출 35:21 마음이 감동된 모든 자와 자원하는 모든 자가 와서 회막을 짓기 위하여 그 속에서 쓸 모든 것을 위하여, 거룩한 옷을 위하여 예물을 가져다가 여호와께 드렸으니

> 출 36:2 모세가 브살렐과 오홀리압과 및 마음이 지혜로운 사람 곧 그 마음에 여호와께로부터 지혜를 얻고 와서 그 일을 하려고 마음에 원하는 모든 자를 부르매

> 고후 8:12 할 마음만 있으면 있는 대로 받으실 터이요 없는 것은 받지 아니하시리라

고후 9:7 각각 그 마음에 정한 대로 할 것이요 인색함으로나 억지로 하지 말지니 하나님은 즐겨 내는 자를 사랑하시느니라

이처럼 하나님은 자원하는 마음을 원하십니다. 자원하는 마음으로 헌신하고 봉사하는 것을 기뻐하십니다. 다윗은 이것을 알았습니다. 하나님께서 억지로 하는 것, 마음에 없는 헌신과 찬양을 역겨워하신다는 것을 알았습니다. 그래서 자원하는 마음을 달라고 기도했습니다. 그리고 결국 자원하는 마음을 받지 않았습니까?

그는 성전 건축을 준비할 때, 정직하고 자원하는 마음으로 하나님께 헌신했습니다. 그랬더니 백성들까지 자원하여 헌신하였습니다.

대상 29:17(하) …내가 정직한 마음으로 이 모든 것을 즐거이 드렸사오며 이제 내가 또 여기 있는 주의 백성이 주께 자원하여 드리는 것을 보오니 심히 기쁘도소이다

얼마나 아름답고 복된 모습입니까? 다윗은 자손만대까지 복을 물려주는 사람이 되었습니다. 오늘 우리도 하나님께 다윗처럼 구해야 합니다.

"구원의 즐거움을 주옵소서. 그리고 자원하는 마음을 주옵소서. 구원의 감격과 자원하는 마음으로 하나님을 섬기고, 교회를 섬기게 하옵소서. 자원하는 성도 되게 하시고 자원하는 중직자 되게 하옵소서."

♪ 오직 주의 사랑에 매여 내 영 기뻐 노래합니다

이 소망의 언덕 기쁨의 땅에서 주께 사랑 드립니다

오직 주의 사랑에 매여 내 영 기뻐 찬양합니다

이 소명의 언덕 거룩한 땅에서 주께 경배드립니다

(후렴) 주께서 주신 모든 은혜 나는 말할 수 없네

내 영혼 즐거이 주 따르렵니다 주께 내 삶 드립니다

7

사유의 열매를 맺게 하소서

시편 51:12-19

"주의 구원의 즐거움을 내게 회복시켜 주시고 자원하는 심령을 주사 나를 붙드소서 그리하면 내가 범죄자에게 주의 도를 가르치니 죄인들이 주께 돌아오리이다 하나님이여 나의 구원의 하나님이여 피 흘린 죄에서 나를 건지소서 내 혀가 주의 의를 높이 노래하리이다 주여 내 입술을 열어 주소서 내 입이 주를 찬송하여 전파하리이다 주께서는 제사를 기뻐하지 아니하시나니 그렇지 아니하면 내가 드렸을 것이라 주는 번제를 기뻐하지 아니하시나이다 하나님께서 구하시는 제사는 상한 심령이라 하나님이여 상하고 통회하는 마음을 주께서 멸시하지 아니하시리이다 주의 은택으로 시온에 선을 행하시고 예루살렘 성을 쌓으소서 그때에 주께서 의로운 제사와 번제와 온전한 번제를 기뻐하시리니 그때에 그들이 수소를 주의 제단에 드리리이다"

도스토예프스키의 5분

■   러시아의 대문호 도스토예프스키를 모르는 사람은 아마 한 사람도 없을 것입니다. 그는 젊은 시절 한 친구의 권유로 비밀 결사 모임에 참석했습니다. 그 모임에 참석함으로써 그는 엉뚱하게도 국사범이 되어 총살형을 당하게 됩니다. 형장에 끌려가 6명씩 총살을 당하는데 그는 3조에 속해 있었습니다. 형장은 러시아의 세묘노프 광장이었습니다. 1849년, 그의 나이 28세, 젊은 청년이었습니다. 드디어 5분 후면 3조가 사형을 당합니다.

총살을 집행하기 전 마지막으로 그들에게 5분의 시간이 주어졌습니다. 28년을 살아온 그에게 마지막으로 주어진 최후의 5분은 너무나도 소중한 시간이었습니다. '아, 나는 5분 동안 무엇을 할까? 마지막 5분을 어떻게 사용할까?'

그는 2분을 자기가 알고 있는 모든 이들에게 작별 인사를 하는 데 쓰기로 했습니다. 특별히 사랑하는 어머니, 아버지를 비롯해서 사랑하는 가족들에게 작별인사를 합니다. 그리고 2분은 오늘까지 살게 해주신 하나님께 감사하며 참회의 기도를 드리고, 곁에 있는 사형수들에게 한마디씩 작별 인사를 나누는 데 쓰기로 했습니다. 그리고 나머지 1분은 눈에 보이는 아름다운 자연과 최후의 순간까지 서 있게 해준 땅에 감사하기로 마음 먹었습니다.

눈에서 흐르는 눈물을 삼키며, 가족들과 친구들을 잠깐 생각하며 기도하는데 벌써 2분이 쏜살같이 지나가 버렸습니다. 그리고 자신에 대해서 돌이켜보는 순간, '아, 이제 3분 후면 내 인생은 끝나는구나' 하는 생각이 들자 눈앞이 캄캄해졌습니다.

그는 지나가 버린 28년이라는 세월을 금쪽같이 아껴 쓰지 못한 것이 정말 후회되었습니다.

'아 후회할 시간도 부족하구나. 하나님께 참회할 시간도 너무 부족해. 다시 한 번 인생을 살 수만 있다면…'

그러자 사형집행관들이 마지막 한마디를 합니다.

"이제 1분이 남았소. 1분 후면 사형이 집행됩니다."

도스토예프스키는 기가 막혔습니다.

"아, 이제 더 이상 매서운 칼바람도 느낄 수 없겠구나. 맨발로 전해지는 땅의 냉기도 더 이상 느낄 수가 없겠구나. 볼 수도 만질 수도 없는 이 세상, 그리고 아름다운 땅, 그러나 모든 것이 아쉽고 아쉬워…"

처음으로 느끼는 세상과 시간의 소중함에 눈물이 주르륵 흘렀습니다.

"자, 이제 사형을 집행하겠소."

"아, 살고 싶다. 살고 싶어. 조금만 더… 단 1분이라도 더…"

탄알을 장전하는 총소리가 그의 청각에 울렸습니다.

"철커덕."

바로 그때, 저 멀리서 말발굽 소리가 들려옵니다.

"멈추시오! 멈추시오! 황제의 명령이오!"

얼마나 급하던지 한 전령이 전속력으로 말을 타고 달려와 이렇게 전하는 것이었습니다.

"사형집행을 멈추시오! 황제께서 사형 대신, 유배를 보내라는 파발을 가져왔습니다."

그렇게 해서 도스토예프스키는 극적으로 목숨을 건지게 되었습니다. 그렇게 구사일생으로 살아난 그는 얼마나 사면이 소중한 것인지, 그리고 생과 삶이 얼마나 고귀한 것인지 깨달았습니다.

"아, 궁극적인 사명과 생명, 이것이야말로 신이 내리신 선물이다. 이제 내 인생이 다시 태어났고 거듭나게 된 것이다."

그리고 그는 훗날 4년 동안이나 시베리아에서 호된 유배생활을 하였습니다. 그러나 수용소 생활이 아무리 고달프고 힘들다 하더라도, 한순간 한순간이 얼마나 값지고 감격스럽고 행복했는지 몰랐다고 합니다.

그는 항상 이렇게 생각하며 살았다고 합니다. '이 세상에서 내가 숨쉴 수 있는 순간은 단, 5분뿐'이라고 말입니다. 그렇게 살아가니 하루하루가 의미 있고 매 순간순간이 새롭고 행복했다고 합니다.

사면을 받고 구원을 받은 사람은 반드시 그렇게 되어 있습니다. 특별히 우리가 하나님 앞에 영적인 사면을 받고 구원을 받은 사람은 항상 구원의 감격과 기쁨이 가득하게 되어 있습니다. 오늘 우리도 죄 사함의 감격을 회복해야 합니다. 구원의 즐거움과 기쁨을 소유해야 합니다.

♪ 1. 나 이제 주님의 새 생명 얻은 몸 / 옛 것은 지나고 새 사람이로다
　　그 생명 내 맘에 강같이 흐르고 / 그 사랑 내게서 해같이 빛난다

3. 산천도 초목도 새 것이 되었고 / 죄인도 원수도 친구로 변한다
　　새 생명 얻은 자 영생을 누리니 / 주님을 모신 맘 새 하늘이로다

(후렴) 영생을 누리며 주 안에 살리라
　　　오늘도 내일도 주 함께 살리라

♪ 내 죄 사함 받고서 예수를 안 뒤 나의 모든 것 다 변했네
　 지금 나의 가는 길 천국길이요 주의 피로 내 죄를 씻었네
　 나의 모든 것 변하고 그 피로 구속받았네
　 하나님은 나의 구원 되시오니 내게 정죄함 없겠네

다윗에게 은혜는
일회용 종이컵이 아니었다

■　　　　　다윗은 이런 감격과 즐거움을 소유했습니다. 그는 사유와 정결을 애타게 간구했습니다. 왜냐하면 그것이 하나님과의 관계성을 결정지어 준다는 사실을 깨달았기 때문입니다. 무엇보다 그는 자기에게서 주의 얼굴이 다른 쪽으로 돌이켜지는 것을 제일 두려워하였습니다.

　시 51:9 주의 얼굴을 내 죄에서 돌이키시고 내 모든 죄악을 지워주소서

7_ 사유의 열매를 맺게 하소서

또한 자신이 사울처럼 주 앞에서 쫓겨나는 것이 가장 큰 두려움이었습니다. 뿐만 아니라 자신 안에 내주하신 성령이 자신으로부터 떠나버리는 것을 가장 큰 저주라고 생각했습니다. 그렇게 되면 하나님과의 관계가 완전히 박살날 것이 아닙니까?

그는 하나님 앞에 사유와 정결을 목마르게 간구했습니다. 뿐만 아니라 그는 정한 마음을 창조해 달라고 기도했고 정직한 영을 새롭게 해달라고 기도했습니다. 다시 말하면 인간 다윗을 근본적으로 개조시켜 달라고 간구했습니다. 더 나아가 주의 구원의 즐거움을 회복시켜 주시고 자원하는 심령을 달라고 기도했습니다. 그렇게 되면 다윗은 반드시 사유의 열매를 맺을 것이라 했습니다.

사유의 열매를 어떻게 맺겠다는 것입니까? 한마디로 그는 은혜를 소모성으로 받지 않겠다는 것입니다. 일회용 종이컵처럼 한번 쓰고 버리겠다는 말이 아닙니다. 그저 그때 좋고 말겠다는 말이 아닙니다. 은혜 받고 자기만 좋겠다는 말이 절대로 아닙니다.

또한 은혜를 그냥 받지 않고 반드시 빚으로 받겠다고 했습니다. 거룩한 부담감을 갖고 은혜를 받겠다는 의미입니다. 은혜를 거룩한 사명으로 받겠다는 것입니다. 하나님의 은혜의 특징이 무엇입니까? 처음에는 그저 좋고 기쁩니다. 은혜를 받으면 얼마나 기쁨과 감격이 넘치는지 모릅니다.

그러나 은혜를 점점 또 받고 더 받고 계속 받게 되면, 반드시 거룩한 빚과 부담을 느끼게 됩니다. 왜냐면 은혜는 우리에게 거룩한 빚과 부담을 갖고 오기 때문입니다. 또 다른 말로 표현하면 은혜는 우리에게 그냥 오지 않고 사명을 갖고 온다는 말입니다. 그러므로 정상적으로 은혜를 받으면 우리는 반드시 거룩한 부담을 갖게 되고 빚진 자의 마음을 갖게 되어 있습니다. 그래서 사도 바울은 이렇게 고백합니다.

> **롬 1:14** 헬라인이나 야만인이나 지혜 있는 자나 어리석은 자에게 다 내가 빚진 자라

그러나 오늘날 그리스도인들은 그런 은혜를 잘 안 받으려고 하는데 문제가 있습니다. 왜냐면 육신적으로 부담이 상당히 크기 때문입니다. 현대인들은 주님이 주시는 정통 은혜보다 자기중심적인 은혜를 받으려고 합니다. 그저 일회용, 카타르시스적 은혜를 추구합니다.

또 다른 말로 하면 소모적인 일회용 종이컵과 같은 은혜를 받으려고 합니다. 그저 감상적인 은혜 혹은 힐링의 은혜만 받으려고 합니다. 물론 힐링의 은혜가 나쁘다는 것이 아닙니다. 당연히 상처 받으면 힐링 받아야 합니다. 그런데 은혜를 받고 전혀 반응이 없습니다. 빚진 자의 마음도 없고 사명의식도 없습니다.

이것을 성경은 무엇이라고 말합니까? 은혜를 받되 헛되이 받는 것이라고 말합니다. 잘못된 자세와 마음으로 은혜를 받으려고 한다는 말씀입니다. 그래서 사도 바울은 너희가 은혜를 받을 때 헛되이 받지 말라고 하지 않았습니까?

> **고후 6:1-2** 우리가 하나님과 함께 일하는 자로서 너희를 권하노니 하나님의 은혜를 헛되이 받지 말라 이르시되 내가 은혜 베풀 때에 너에게 듣고 구원의 날에 너를 도왔다 하셨으니 보라 지금은 은혜

받을 만한 때요 보라 지금은 구원의 날이로다

은혜를 받을 때 헛되이 받지 말라고 하지 않습니까? 그래서 바울은 하나님께 은혜를 받고 받은 사명을 정말 잘 감당했습니다.

고후 6:3-10 우리가 이 직분이 비방을 받지 않게 하려고 무엇에든지 아무에게도 거리끼지 않게 하고 오직 모든 일에 하나님의 일꾼으로 자천하여 많이 견디는 것과 환난과 궁핍과 고난과 매 맞음과 갇힘과 난동과 수고로움과 자지 못함과 먹지 못함 가운데서도 깨끗함과 지식과 오래 참음과 자비함과 성령의 감화와 거짓이 없는 사랑과 진리의 말씀과 하나님의 능력으로 의의 무기를 좌우에 가지고 영광과 욕됨으로 그러했으며 악한 이름과 아름다운 이름으로 그러했느니라 우리는 속이는 자 같으나 참되고 무명한 자 같으나 유명한 자요 죽은 자 같으나 보라 우리가 살아 있고 징계를 받는 자 같으나 죽임을 당하지 아니하고 근심하는 자 같으나 항상 기뻐하고 가난한 자 같으나 많은 사람을 부요하게 하고 아무 것도 없는 자 같으나 모든 것을 가진 자로다

이처럼 그는 은혜를 받고 하나님께 죽도록 충성했습니다. 주님을 위해 많은 고난과 고통을 당했습니다. 그러나 그는 이 땅에서 가장 부요한 삶을 살았고 기쁨과 행복이 가득한 자였습니다.

이것은 사도 바울뿐만이 아닙니다. 오늘 우리도 마찬가지입니다. 우리도 정상적인 은혜를 받으면 거룩한 채무의식을 느끼게 됩니다.

하나님 앞에서 빚진 자가 되고 거룩한 부담을 갖게 됩니다. 그렇기에 우리는 사명의식을 갖고 조금이라도 더 빚을 갚아 보려고 죽도록 충성합니다.

그러나 하나님 앞에서는 갚으면 갚을수록 더 빚진 자가 됩니다. 그래서 우리는 평생 자원하는 종이 되고 빚진 자가 됩니다. 또한 은혜의 사슬에 묶여 주님께 더 충성된 사명자로 살아갑니다. 이것이 진짜 은혜 받은 사람입니다. 그래서 이런 찬양이 있지 않습니까?

♪ 1. 죄악에 썩은 내 육신을 주님이 쓰시려 했네
　　죽음의 덫에 걸려 있는 몸 주님이 쓰시려 했네
　　속죄하는 손 치유하시고 속죄하는 발 치유하셨네
　　새 생명 얻은 이 몸 다 바쳐 주님께 영광 돌리리

　3. 평생 갚아도 빚진 자 되어 주님의 빚진 자 되어
　　주님 가신 길 택하였건만 눈물만 솟구치네
　　생명 주신 이 주님이시라 능력 주신 이 주님이시라
　　말씀 전하여 복음 전하여 주님의 빚을 갚으리

다윗이 이런 은혜를 받았습니다. 사유의 기쁨과 감격을 소유했고 절대정결의 영성과 능력도 회복했습니다. 그리고 마침내 하나님과의 관계가 철저하게 회복되었습니다.

그러면 다윗은 어떻게 살아갑니까? 자기만 좋고 말았습니까? 이 은혜를 그저 일회용 소모품처럼 한번 받고 한번 쓰고 버렸습니까? 아닙니다. 그는 이런 은혜를 받고 거룩한 빚진 자의 의식을 더 가졌습니다. 거룩한 부담과 사명을 깨달았습니다. 그래서 마침내 하나님 앞에 사유의 열매를 맺어드리겠다고 서원하고 약속합니다.

다윗이 맺으려 했던 사유의 열매

■　　　　　어떤 사유의 열매를 맺어 드리겠다는 것입니까? 적어도 다음과 같은 사명을 행하겠다고 약속했습니다.

1) 범죄자에게 주의 도를 가르치겠다는 것입니다.

> 시 51:13 그리하면 내가 범죄자에게 주의 도를 가르치리니 죄인들이 주께 돌아오리이다

이 말씀은 어떤 의미입니까?

⑴ 자기 외에 다른 수많은 죄인들에게 용서받는 길과 구원의 길을 가르쳐 주겠다는 의미입니다.

다윗이 엄청난 죄를 하나님께 용서받지 않았습니까? 그렇기에 다른 수많은 죄인들에게 용서받는 길과 구원받는 길을 전하려고 했습니다. "우리 하나님은 어떤 하나님입니까? 우리 하나님이야말로 인애와

긍휼의 하나님이 아닙니까? 그러므로 어떤 죄든지 하나님께 가지고만 나오세요. 우리 하나님은 어떤 죄든지 용서하시는 분입니다. 우리 하나님이야말로 엿장수 같은 하나님이십니다. 나를 보세요. 나는 여러분이 잘 알다시피 밧세바와 범죄를 하지 않았습니까? 그리고 나의 충성스런 신하 우리아를 죽였습니다. 나는 정말 벼락 맞아 죽어도 싼 사람입니다. 정말로 천벌을 받을 죄를 지은 사람입니다. 그러나 그 죄마저도 하나님께 가지고 나갔더니, 세상에 하나님이 이렇게 용서와 사유의 감격을 주시지 않았습니까? 나 같은 놈도 용서받지 않았습니까? 그러므로 여러분도 어떤 죄를 지었든지 다 하나님께 가지고 나오세요. 하나님이 어떠한 죄든지 반드시 용서해 주실 것입니다."

이처럼 다윗도 우리 하나님의 인애와 긍휼을 전하겠다는 것입니다. 어떤 죄를 지어도 용서하시는 하나님을 많이, 그리고 널리 전하겠다는 것입니다.

(2) 그 죄를 가지고 나오되 지체하지 말고 빨리 가지고 나오라고 가르치겠다는 의미입니다.

다윗이 죄를 지어놓고 얼마나 시치미를 떼었습니까? 속은 곪아빠져 가는데 겉은 아무런 일이 없는 척 위선을 떨고 외식했습니다. 그러니 속이 더 곪아빠지고 더 힘들어지게 됩니다. 훗날 그는 이 사실을 시편 32편에서 이렇게 고백하지 않습니까?

시 32:3-4 내가 입을 열지 아니할 때에 종일 신음하므로 내 뼈가 쇠하였도다 주의 손이 주야로 나를 누르시오니 내 진액이 빠져서 여

름 가뭄에 마름같이 되었나이다 (셀라)

다윗은 이 사실을 훗날 더 깨달았습니다. 깨닫고 보니 얼마나 자신이 교만했는지 알게 되었습니다. 그래서 얼마나 하나님께 통회하고 자복했는지 모릅니다. 얼마나 통회하고 자복했는가 하면 눈물로 침상을 띄울 정도로 참회했습니다.

시 6:6 내가 탄식함으로 피곤하여 밤마다 눈물로 내 침상을 띄우며 내 요를 적시나이다

이런 경험을 갖고 있던 다윗은 죄인들에게 죄를 용서받고 구원받는 길을 전하려고 했습니다.

"여러분, 여러분이 범죄를 했으면 지체하지 말고 빨리 하나님께 회개하십시오. 머뭇거릴수록 손해입니다. 지체할수록 더 얻어터져요. 하나님께 빨리 나와야 사유의 감격을 빨리 경험할 수 있는 거예요. 나를 보세요. 지체하고 머뭇거리다가 얼마나 얻어터졌습니까? 얼마나 하나님께 마음이 멍들고 육체가 병들고 가정에 엄청난 환난이 오도록 매를 맞았습니까? 그러므로 어떤 죄든지 빨리 하나님께 가지고 오십시오. 그래야 여러분이 사유와 용서와 구원의 감격을 경험하게 된단 말입니다."

♪ (후렴) 이 때라 이 때라 주의 긍휼받을 때가 이 때라
　　지금 주께 나아와 겸손하게 아뢰라 구원함을 얻으리 얻으리

1. 어둔 죄악 길에서 목자 없는 양같이 모든 사람 길 찾아 헤맨다
자비하신 하나님 독생자를 보내사 너를 지금 부르니 나오라

3. 주의 귀한 말씀에 영원 생명 있나니 주님 너를 용서해주신다
주가 부르실 때에 힘과 정성 다하여 주의 은혜 받으라 받으라

 이렇게 해서 죄인들이 주께 돌아오게 하려고 했습니다. 인애와 긍휼의 하나님, 그리고 용서와 구원의 복음을 그는 힘을 다해 전하려고 했습니다. 왜냐면 이것이야말로 하나님이 가장 기뻐하시는 일이기 때문입니다.
 이것을 오늘날 전도라고 표현할 수 있습니다. 전도가 무엇입니까? 사랑의 하나님, 긍휼의 하나님을 전하는 것입니다. 또한 우리를 용서하시고 구원하시는 참으로 좋으신 하나님을 전하는 것입니다.
 그 하나님을 내가 만나지 않았습니까? 그러니 내가 만난 하나님을 전하는 것입니다. 내가 어떻게 죄 용서함과 구원을 받았는지, 그리고 사유와 구원의 감격을 주신 하나님을 전하는 것이 전도입니다.
 우리가 만난 하나님이 어떤 분입니까? 사랑과 긍휼, 용서와 구원의 하나님이 아닙니까? 그리고 축복의 하나님이 우리 하나님이십니다. 그러므로 우리도 이 하나님을 많이 전해야 합니다. 하나님의 긍휼과 용서, 구원과 축복을 많이 전해야 합니다.
 이것이야말로 우리 하나님 아버지가 제일 기뻐하시는 일이 아닙니까? 가장 영광 받으시고 행복하게 해드리는 길입니다. 그러므로 우리도 사유의 감격이 많을수록 전도를 많이 해야 합니다. 구원의 즐거움

과 기쁨이 클수록 주님의 복음을 전해야 합니다. 그리고 하나님의 사랑과 축복을 많이 받을수록 긍휼과 용서, 구원과 축복의 하나님을 많이 전해야 합니다.

> ♪ 사망의 그늘에 앉아 죽어가는 나의 백성들
> 절망과 굶주림에 갇힌 저들은 내 마음의 오랜 슬픔
> 나는 이제 일어나 저들의 멍에를 꺾고 눈물 씻기기 원하는데
> 누가 내게 부르짖어 저들을 구원케 할까
> 누가 나를 위해 가서 나의 사랑을 전할까
> 나는 이제 보기 원하네 나의 자녀들 살아나는 그날
> 기쁜 찬송 소리 하늘에 웃음 소리 온땅 가득한 그날

2) 소리 높여 하나님을 찬양하겠다는 것입니다.

> 시 51:14-15 하나님이여 나의 구원의 하나님이여 피 흘린 죄에서 나를 건지소서 내 혀가 주의 의를 높이 노래하리이다 주여 내 입술을 열어 주소서 내 입이 주를 찬송하여 전파하리이다

이것은 자신의 마음과 입술로 하나님을 "브라카" 하겠다는 것입니다. 하나님을 송축하고 높이며 찬양하겠다는 말입니다. 다윗은 하나님이 찬양을 얼마나 기뻐하시는지 잘 알고 있었습니다. 그래서 어린 시절 수금으로 하나님을 찬양했습니다. 그리고 사울에게 쫓겨 다닐 때도 하나님을 찬양하는 일을 쉬지 않았습니다.

> 시 57:6-8 그들이 내 걸음을 막으려고 그물을 준비하였으니 내 영혼이 억울하도다 그들이 내 앞에 웅덩이를 팠으나 자기들이 그 중에 빠졌도다(셀라) 하나님이여 내 마음이 확정되었고 내 마음이 확정되었사오니 내가 노래하고 내가 찬송하리이다 내 영광아 깰지어다 비파야, 수금아, 깰지어다 내가 새벽을 깨우리로다

시편 57편의 배경은 다윗이 사울을 피해 어느 한 동굴에 숨어 있을 때입니다. 그때도 다윗은 하나님을 한시라도 원망하거나 불평하지 않았습니다. 절망하거나 포기하지 않았습니다. 그럴 때에도 그는 오직 하나님만을 찬양하기로 결심했습니다. 하나님만을 송축하기로 마음을 확정했습니다. 그래서 그는 새벽부터 찬양했습니다. 찬양과 기도로 새벽을 깨웠습니다.

그러면 다윗은 무슨 내용으로 하나님을 찬양하겠다는 것입니까? 자기가 만민 중에 무조건 하나님께 감사하겠다고 했습니다. 조건 여하를 막론하고 하나님을 찬양하겠다고 했습니다. 특별히 그는 주의 인자와 진리의 위대함을 찬양하기 원했습니다. 그리고 주의 인자와 영광이 온 세계 위에 높아지기를 노래하기 원했습니다.

> 시 57:9-11 주여 내가 만민 중에서 주께 감사하오며 뭇 나라 중에서 주를 찬송하리이다 무릇 주의 인자는 커서 하늘에 미치고 주의 진리는 궁창에 이르나이다 하나님이여 주는 하늘 위에 높이 들리시며 주의 영광이 온 세계 위에 높아지기를 원하나이다

얼마나 아름다운 마음입니까? 얼마나 위대한 결단이고 작정입니까? 그래서 이 위대한 다윗의 결단과 찬양을 노래로 만든 곡이 있지 않습니까?

> ♪ 내가 만민 중에 오-주께 감사하며
> 주님을 찬양하리 열방 중에서
> 주의 인자는 커서 커서 하늘에 미치고
> 주의 진리는 넓은 궁창에 이르나니
> 하늘 위에 주는 높이 들리며
> 주의 영광은 온 세계 위에
> 하늘 위에 주는 높이 들리며
> 주의 영광은 온 세계 위에

더구나 다윗은 청년 시절 사울에게 쫓겨 다닐 때 완전히 포위당한 적이 있었습니다. 다윗이 어느 날 십 황무지에 피해 숨어 있었습니다. 그런데 십 황무지에 살았던 사람들은 그가 숨어 있는 것을 사울에게 가서 일러바쳤습니다.

그러자 사울 왕이 3,000명의 특공대를 거느리고 다윗을 포위했습니다. 이제 다윗은 죽느냐 사느냐가 아닙니다. 어떻게 죽느냐가 문제였습니다. 순순히 죽느냐, 발악하며 죽느냐였습니다. 그런데 이때도 다윗은 하나님을 찬양하고 낙헌제를 드렸습니다.

시 54:6 내가 낙헌제로 주께 제사하리이다 여호와여 주의 이름에 감

사하오리니 주의 이름이 선하심이니이다

　이렇게 낙헌제를 드리고 춤추며 찬양했던 다윗이 이제 세월이 흘러 이스라엘의 왕이 되었습니다. 그리고 언약궤를 모셔오지 않습니까? 그 언약궤를 다윗 성으로 모셔올 때 얼마나 기쁨과 감격이 충만했던지 춤을 추며 찬양했습니다.

　그때의 기쁨을 무엇이라 했습니까? 히브리어로 "심하의 기쁨"입니다. 이것은 하나님만이 주시는 하늘의 기쁨이요, 신령한 기쁨이라고 말씀드렸습니다. 이 신령한 기쁨이 얼마나 크든지 도저히 감당할 수 없었습니다. 도저히 주체할 수 없었습니다. 오죽하면 다윗이 속옷이 벗겨지고 하체가 보이도록 춤추며 찬양하겠습니까?

　그렇게 언약궤를 모셔온 후, 그가 맨 먼저 한 것이 찬양대와 오케스트라 조직이었습니다. 왜냐면 밤낮 언약궤 앞에서 찬양하기 위해서였습니다. 성가대와 오케스트라만 하나님을 찬양하겠습니까? 아닙니다. 자신도 하나님 앞에 직접 나가 하나님을 찬양하며 경배했습니다. 시간만 나면 하나님의 언약궤 앞에 나아가 얼마나 기도하고 찬양을 했는지 모릅니다.

　"하나님! 내가 무엇이관데, 저를 이스라엘의 왕으로 삼아 주셨습니까? 그리고 제가 누구이기에 이렇게 언약궤 앞에 엎드려 있게 하십니까? 웬 은혜, 웬 축복으로 에브라임 지파가 경홀히 여기고 업신여겼던 언약궤를 제가 다윗 성으로 모셔올 수 있단 말입니까? 모든 이스라엘 사람들이 꺼려하고 부담스럽게 여겼던 언약궤를 다윗 성으로 모시고 와서 제가 언약궤 앞에 엎드려 있다니요. 이것은 저의 최고의 영광이고 행복이고 축복입니다."

♪ 내가 주님 앞에 무엇입니까 마른 막대기가 아닙니까
  내가 주님 앞에 쓸모없었던 타다 남은 재가 아닙니까
  나를 도우소서 일으키소서 나와 동행하사 힘 주시고
  내 영혼 기쁨을 얻게 하시어 내 영혼 만족게 하옵소서

그런데 이렇게 하나님 앞에 기쁨과 눈물로 찬양하던 다윗이 범죄하자 찬양이 죽어 버렸습니다. 찬양 문이 완전히 닫혔습니다. 더군다나 죄를 지어 놓고도 안 지은 것처럼 시치미를 딱 떼며 외식하고 있을 때는 찬양이 더 죽었습니다. 심령이 죽으니 무슨 찬양이 살겠습니까? 찬양 문이 완전히 닫혀 버렸습니다.

물론 찬양을 왜 하지 않았겠습니까? 수금도 타고 또 나름대로 입술로 찬양을 했을 것입니다. 그러나 영적인 찬양 문이 닫혀 버렸습니다. 심령이 죽으니 찬양 문도 닫혀 버릴 수밖에 없었습니다.

오늘날도 마찬가지입니다. 우리가 하나님 앞에 죄를 범하면 하나님과의 관계가 막혀 버립니다. 또 하나님과의 관계가 깨지면 찬양이 무조건 막히게 됩니다. 기도 문이 막히고 찬양이 답답하게 됩니다.

사실 하나님과 우리의 관계가 아름다울 때 찬양을 하면 하나님이 반드시 우리 앞에 임재하십니다. 그리고 내 마음을 감동시키십니다. 찬양을 통해서 하나님께서 풍성한 영감과 감동을 주십니다. 우리의 생명력이 얼마나 확장되고 번창하는지 모릅니다.

그래서 다윗은 고백하지 않습니까? 우리 하나님은 이스라엘의 찬송 가운데 거하신다고 말입니다. 본인이 경험했을 것이 아닙니까? 다윗이 찬양할 때 하나님이 임재하셨습니다. 그리고 자신 앞에서 하나님이 보좌를 이루셨습니다. 그는 이렇게 고백했습니다.

시 22:3 이스라엘의 찬송 중에 계시는 주여 주는 거룩하시니이다

그런데 이런 다윗도 죄를 지으니 하나님과의 관계가 막혀 버렸습니다. 찬양이 완전히 막혀 버렸습니다. 자신의 영혼이 컴컴할 뿐만 아니라 찬양 문이 완전히 닫혀 버렸습니다. 다윗이 이것을 경험했습니다. 그래서 다윗은 하나님께 눈물로 기도했습니다.

"하나님, 저의 찬양 문을 열어 주시옵소서. 저의 찬양을 회복시켜 주시기 바랍니다. 찬양의 능력을 회복시켜 주옵소서. 제가 아무리 입술로 주님을 찬양하려고 해도 심령이 죽으니 이 찬양이 하나님 앞에 올라가지를 않습니다. 찬양을 해도 답답하기 그지없습니다. 그러니 주여, 찬양 문이 터지게 하여 주옵소서. 찬양 문이 열리게 하여 주옵소서. 부디 주님과 아름다운 관계를 맺고 다시 찬양의 능력을 회복하여 찬양다운 찬양을 하나님께 드리게 하옵소서."

다윗은 이런 마음으로 기도했습니다. 이것은 오늘 우리도 마찬가지입니다. 우리도 찬양이 회복되어야 합니다. 찬양의 능력이 회복되어야 합니다. 찬양을 통해 하나님과 우리의 관계가 아름다운 관계로 이루어져야 합니다.

주님이 얼마나 우리의 찬양을 받기 원하시는 줄 아십니까? 하나님과 올바른 관계를 맺고 있는 살아 있는 심령을 가진 성도가 하나님 앞에 찬양하면 그것을 우리 주님이 가장 기뻐하시고 아름답게 보십니다.

그러므로 우리 모두 살아 있는 심령을 소유해야 합니다. 하나님과의 올바른 관계를 회복해야 합니다. 그런 순수한 마음과 영혼과 심령으로 하나님이 기뻐하시는 찬양을 많이 해야 합니다.

♪ 주님을 찬양하는 우리의 마음 얼마나 아름다운지
　주님을 찬양하는 모든 순간 내 마음 천국일세
　찬양 찬양 주님께 찬양드려요
　두 손을 높이 들고 마음을 모아 주님께 찬양드려요

♪ 다 와서 찬양해 사랑을 주신 주 찬양해
　사랑의 우리 주님 생명 주셨네
　소리쳐 찬양해 기쁨을 주시는 우리 왕
　찬양의 제사 드리며 주님께 경배해
　다 와서 찬양해 찬양해 찬양해 주님
　찬양해 주님 우리 왕(x2)

3) 하나님께 산 제사, 진정한 예배를 드리겠다는 것입니다.

> 시 51:19 그 때에 주께서 의로운 제사와 번제와 온전한 번제를 기뻐하시리니 그 때에 그들이 수소를 주의 제단에 드리리이다

다윗은 하나님께서 형식적인 제사와 마음에 없는 제사를 기뻐하지 않

으심을 누구보다 잘 알았습니다. 그래서 이렇게 고백하지 않았습니까?

> **시 51:16-17** 주께서는 제사를 기뻐하지 아니하시나니 그렇지 아니하면 내가 드렸을 것이라 주는 번제를 기뻐하지 아니하시나이다 하나님께서 구하시는 제사는 상한 심령이라 하나님이여 상하고 통회하는 마음을 주께서 멸시하지 아니하시리이다

이 말은 하나님께서 제사 자체를 기뻐하지 않는다는 의미가 아닙니다. 하나님은 제사를 가장 기뻐하십니다. 그리고 예배를 가장 기뻐하십니다. 그러나 하나님은 마음에 없는 제사, 형식적인 제사는 기뻐하시지 않습니다. 그래서 이사야 선지자는 이렇게 선포하지 않습니까?

> **사 1:11-13** 여호와께서 말씀하시되 너희의 무수한 제물이 내게 무엇이 유익하뇨 나는 숫양의 번제와 살진 짐승의 기름에 배불렀고 나는 수송아지나 어린 양이나 숫염소의 피를 기뻐하지 아니하노라 너희가 내 앞에 보이러 오니 이것을 누가 너희에게 요구하였느냐 내 마당만 밟을 뿐이니라 헛된 제물을 다시 가져오지 말라 분향은 내가 가증히 여기는 바요 월삭과 안식일과 대회로 모이는 것도 그러하니 성회와 아울러 악을 행하는 것을 내가 견디지 못하겠노라

이사야 1장은 어떻게 시작합니까? 하나님과 언약 백성과의 관계가 파괴되었다는 사실을 먼저 설명합니다. 하나님과의 언약 관계가 깨지니 영육간의 축복이 다 상실되었습니다. 그러니 당연히 하나님과의

관계가 깨져버린 것입니다.

그러나 최소한의 형식과 전통, 그리고 제도가 있습니다. 그래서 언약 백성들이 마음에 없는 제사를 드리고 있고, 형식적인 제사만 드렸습니다. 그러니 하나님께서 "나는 그런 피에 질려버렸다, 나는 그런 제사가 역겹다"고 말씀하신 것입니다. 말라기 선지자도 마찬가지입니다.

> 말 2:3 보라 내가 너희의 자손을 꾸짖을 것이요 똥 곧 너희 절기의 희생의 똥을 너희 얼굴에 바를 것이라 너희가 그것과 함께 제하여 버림을 당하리라

말라기 선지자 때도 제사장들이 소명의 감격을 잃어버렸습니다. 하나님을 향한 사랑의 마음이 없었습니다. 그래서 제사를 지내도 마음에 없는 제사를 지내고 형식적인 제사를 드릴 수밖에 없었습니다. 하나님 앞에서 예배드리는 감격과 제사드리는 열정을 상실해 버리고 만 것입니다.

하나님은 이런 제사를 너무나도 역겨워하셨습니다. 그들이 드린 피와 제물이 타는 냄새에 하나님은 진저리가 났습니다. 그래서 하나님께서 제사장들의 얼굴에 똥을 발라 버릴 것이라고 말씀하지 않습니까?

다윗이 범죄하고 나서 그런 제사를 드렸습니다. 다윗이 제사를 드리지 않았던 것이 아닙니다. 범죄한 이후에 다윗이 왜 제사를 드리지 않았겠습니까? 왜 찬양을 드리지 않았겠습니까? 그러나 그 제사는 마음에 없는 제사였습니다. 형식적인 제사였습니다.

왜 그렇습니까? 하나님과의 언약 관계가 깨져버렸기 때문입니다. 그래서 마음에 없는 제사, 형식적인 제사를 드렸던 것입니다. 다윗의 마음이 얼마나 답답했겠습니까? 얼마나 하나님 앞에 가증스럽고 가식적인 느낌을 받았겠습니까?

그래서 다윗은 하나님과의 관계 회복을 그토록 사모했던 것입니다. 그렇게 관계 회복이 되면 자신이 진정한 예배와 하나님께서 기뻐하시는 의로운 산 제사를 드리겠다고 했습니다. 그야말로 마음에 있는 제사, 진정한 믿음과 정성이 담겨 있는 온전한 제사를 하나님께 드리겠다는 것입니다.

> 시 51:19 그 때에 주께서 의로운 제사와 번제와 온전한 번제를 기뻐하시리니 그 때에 그들이 수소를 주의 제단에 드리리이다

그럴 때 하나님께서 예배를 받으시고 다윗을 기뻐하시며 영광을 받으시기 때문입니다. 그리고 하나님께서 자손대대로 복을 주시기 때문입니다.

다윗은 그 이후부터 하나님이 기뻐하시는 예배에 최선을 다했습니다. 이 일을 위해 그는 하나님 앞에 가장 먼저 성전 건축을 준비했습니다. 그리고 하나님이 가장 기뻐하시는 성가대를 더욱 확대 조직했습니다. 성가대만 4,000명의 인원으로 조직했습니다.

> 대상 23:5 사천 명은 문지기요 사천 명은 그가 여호와께 찬송을 드리기 위하여 만든 악기로 찬송하는 자들이라

그는 자신이 준비한 모든 물질을 하나님 앞에 다 드렸습니다. 이는 자기뿐만 아니라 자손대대로 하나님 앞에 제사와 예배를 잘 드리게 하기 위함이었습니다. 그래서 이제 하나님께서 다윗에게 얼마나 보란 듯이 복을 주셨습니까? 이 이야기는 우리가 너무나도 많이 들어 잘 알고 있지 않습니까? 오늘 우리도 마찬가지입니다. 오늘 이 시대에도 하나님이 가장 기뻐하시는 것이 예배입니다.

동시에 하나님이 가장 싫어하시는 것이 마음이 없는 제사입니다. 그래서 예수님이 이 땅에 오셨을 때 중언부언하며 기도하는 이들을 가장 싫어하시지 않았습니까? 마음에도 없고 뜻도 없는 기도, 바리새인들이 그런 기도를 드리지 않았습니까?

> 마 6:7 또 기도할 때에 이방인과 같이 중언부언하지 말라 그들은 말을 많이 하여야 들으실 줄 생각하느니라 그러므로 그들을 본받지 말라 구하기 전에 너희에게 있어야 할 것을 하나님 너희 아버지께서 아시느니라

오늘 우리는 하나님 앞에 산 예배를 드려야 합니다. 신령과 진정으로 예배를 드려야 합니다. 마음과 정성을 다해 예배를 드려야 합니다. 아니, 우리 모두 예배에 목숨을 걸어야 합니다. 특별히 예배에 지각하지 말아야 합니다. 기왕 드릴 것 첫 시간부터 잘 드려야 합니다. 정성을 다해 예배를 드려야 합니다.

이것이 바로 다윗이 그토록 사모하고 간구했던 기도였습니다. 오늘 우리는 다윗과 같이 사유의 감격과 구원의 즐거움을 가지고 있는

사람입니다. 그렇기에 우리는 다윗처럼 하나님의 복음을 잘 전하고, 또 입술을 열어 하나님을 찬양하며, 신령과 진정으로 예배를 잘 드려야 합니다. 우리의 전도가 회복되고 찬양이 회복되고 예배가 회복되어야 합니다.

> ♪ 하늘에 가득 찬 영광의 하나님 / 온 땅에 충만한 존귀하신 하나님
> 생명과 빛으로 지혜와 권능으로 / 언제나 우리를 지키시는 하나님
> 성부와 성자와 성령 삼위의 하나님 / 우리 예배를 받아주시옵소서

8

예루살렘 성을
다시 쌓아주소서

> 시편 51:16-19

"주께서는 제사를 기뻐하지 아니하시나니 그렇지 아니하면 내가 드렸을 것이라 주는 번제를 기뻐하지 아니하시나이다 하나님께서 구하시는 제사는 상한 심령이라 하나님이여 상하고 통회하는 마음을 주께서 멸시하지 아니하시리이다 주의 은택으로 시온에 선을 행하시고 예루살렘 성을 쌓으소서 그 때에 주께서 의로운 제사와 번제와 온전한 번제를 기뻐하시리니 그 때에 그들이 수소를 주의 제단에 드리리이다"

다윗이 무엇보다 두려워한 것?
이가봇!

■   다윗은 하나님 앞에 마지막 기도를 드리고 있습니다. 그 기도는 너무나도 애절하고 처절한 기도였습니다. 그 기도가 무엇인지 아십니까? 예루살렘 성을 다시 세워달라는 기도였습니다.

시 51:18 주의 은택으로 시온에 선을 행하시고 예루살렘 성을 쌓으소서

이 말씀이 무슨 의미인지 아십니까? 하나님께서 예루살렘 성을 선히 보시고 기쁘게 보셔서 주의 은혜로 다시 예루살렘 성벽을 견고하고 튼튼하게 쌓아 달라는 뜻입니다.

일부 학자들은 이 시를 바벨론 포로기 이후에 기록된 시이거나, 아니면 바벨론 포로기 이후에 어떤 사람이 18절을 삽입한 것으로 주장하기도 했습니다. 왜냐면 18절이 포로기 이후 히브리인들의 깊은 염원이 있던 시온의 번성과 예루살렘의 재건을 암시적으로 보여주고 있다고 여겼기 때문입니다.

그러나 이러한 이해는 너무 편협한 것입니다. 모든 시를 문자적으로만 보려고 하고, 또 역사적으로만 보려고 하기 때문입니다. 이 18절은 문자적, 역사적 의미로만 볼 것이 아니라, 시문학적, 그리고 비유적, 상징적 의미로 보는 것이 더 적합합니다.

그러므로 18절에서 말씀하는 예루살렘 성은 단순히 지명의 의미

라기보다 하나님이 택하신 선민 전체의 구조나 영적 시스템을 가리키는 것으로 봐야 합니다. 그러니 다윗이 예루살렘 성을 쌓아달라고 간구한 것은 하나님 앞에 선민 공동체의 수장인 자신이 범죄함으로 인해 선민공동체의 정체성과 하나님을 향한 신앙이 허물어지는 상황을 염두에 두고 썼다는 것입니다.

실제로 다윗 한 사람의 범죄로 인해 이스라엘이라는 신정 왕국 전체에 얼마나 악영향을 미치고 여호와 신앙에 대한 붕괴를 가져오는 결과를 초래했습니까? 다윗 한 사람 때문에 예루살렘의 영광과 이스라엘의 위상은 나락으로 떨어지고 말았습니다.

그러므로 다윗의 기도는 자신의 범죄의 결과로 예루살렘에서 하나님의 영광이 절대로 떠나서는 안 된다는 의미입니다. 즉 자신의 범죄로 인해 예루살렘에 임한 하나님의 영광성과 거룩성이 추락하게 되는 일은 절대로 없어야 된다는 의미입니다.

다윗은 누구보다 이가봇 사상을 잘 알고 있지 않았습니까? 이가봇이 무엇입니까? 하나님의 영광이 떠나 버렸다는 말입니다. 에브라임 지파는 주의 종을 잘 만나서 하나님의 성소권을 선점하게 되었습니다. 왜냐면 여호수아가 에브라임 지파의 영역인 실로에 하나님의 성소를 모셨기 때문입니다. 이는 그 역시 에브라임 지파 사람이었기 때문입니다. 그렇다면 에브라임 지파는 백골난망의 심정으로 하나님께 감사하고 성소를 잘 섬기고 언약궤를 더 존중히 여겨야 했습니다.

그러나 세월이 지나면서 에브라임 지파는 하나님의 성소를 우습게 여기기 시작했습니다. 그러니 다른 지파들도 성소권을 존중하지 않았습니다. 이런 풍조 때문에 사람들이 성소를 찾아가지 않고 가정에 신당을 만들어 놓기 시작했습니다. 그리고 그 신당에 드라빔을 만들어 놓고 드라빔을 섬길 제사장을 고용하기도 했습니다. 그들은 하나님의 법궤보다 드라빔을 더 존귀하게 여겼습니다. 이런 내용을 사사기가 얼마나 구체적으로 우리에게 고발해 주고 있습니까?

   백성들만 그랬습니까? 레위인과 제사장들도 성소 섬기는 것을 우습게 생각했습니다. 특별히 그런 풍조가 엘리와 그의 아들들에 와서 극에 달했습니다. 그래서 엘리의 아들 홉니와 비느하스는 하나님께 드릴 제물을 먼저 가져다 먹고 성소에서 수종드는 여인들을 겁탈하기까지 했습니다. 얼마나 성소권을 무시했으면 그랬겠습니까?

블레셋에 언약궤를 빼앗기다

■   그러던 중 이스라엘과 블레셋간에 전쟁이 일어났습니다. 그런데 이스라엘이 블레셋에 대패를 하고 맙니다. 그러자 그들이 모여 회의를 한 끝에, 지성소에 있는 언약궤를 가져와서 언약궤를 앞세우고 공격하기로 결정합니다.

> 삼상 4:3 백성이 진영으로 돌아오매 이스라엘 장로들이 이르되 여호와께서 어찌하여 우리에게 오늘 블레셋 사람들 앞에 패하게 하셨는고 여호와의 언약궤를 실로에서 우리에게로 가져다가 우리 중에 있게 하여 그것으로 우리를 우리 원수들의 손에서 구원하게 하자 하니

그러나 언약궤를 앞세우고 나갔음에도 불구하고 다시 이스라엘은 대패를 하고 맙니다. 이번에는 더 참혹하게 패하고 말았습니다. 언약궤를 메고 갔던 엘리의 아들 홉니와 비느하스는 죽임을 당하고 하나님의 언약궤까지 빼앗겨버리고 말았습니다.

> 삼상 4:10-11 블레셋 사람들이 쳤더니 이스라엘이 패하여 각기 장막으로 도망하였고 살육이 심히 커서 이스라엘 보병의 엎드러진 자가 삼만 명이었으며 하나님의 궤는 빼앗겼고 엘리의 두 아들 홉니와 비느하스는 죽임을 당하였더라

세상에, 어떻게 하나님의 언약궤를 빼앗길 수 있습니까? 어떻게 하나님의 임재를 상징하는 언약궤를 블레셋 군사들에게 빼앗길 수 있습니까?

그러나 사실은 하나님의 언약궤를 빼앗긴 것이 아니라 하나님의 영광이 그들을 떠나버린 것이었습니다. 이것을 이가봇 사상이라고 했습니다. 언약궤를 메고 갔던 홉니와 비느하스는 그 자리에서 죽어버렸습니다. 그리고 언약궤를 빼앗겼다는 소식을 들은 엘리는 의자에서 떨어져 목이 부러져 죽고 말았습니다.

엘리의 며느리이자 비느하스의 아내가 아들을 낳았습니다. 득남을 축하하는 산파에게 엘리의 며느리가 흐느끼며 이런 말을 합니다.

"그런 말 하지 마시오. 축하는 무슨 축하입니까? 남편이 죽고 언약궤는 빼앗겼는데, 아들을 낳은들 무슨 소용이란 말입니까? 하나님의 영광이 우리 가정과 실로에서 떠나 버렸는데 내가 무슨 축하와 영광

을 받을 수 있단 말입니까."

그녀는 너무나 슬프고 원통해서 고개를 흔들며 그 아이의 이름을 "이가봇"이라고 지었습니다. 이는 하나님의 영광이 떠나 버렸다는 의미입니다. 엘리 가문과 이스라엘 백성들이 성소권을 우습게 여기자 하나님이 이스라엘을 떠나 버렸습니다.

> **삼상 4:21-22** 이르기를 영광이 이스라엘에서 떠났다 하고 아이 이름을 이가봇이라 하였으니 하나님의 궤가 빼앗겼고 그의 시아버지와 남편이 죽었기 때문이며 또 이르기를 하나님의 궤를 빼앗겼으므로 영광이 이스라엘에서 떠났다 하였더라

하나님의 영광이 떠나가니 이스라엘은 영적으로 얼마나 비참한 지경이 되어 버렸는지 모릅니다. 이스라엘에 성막이 있었지만 그 성막은 하나님이 없는 성막이었습니다. 언약궤가 없는 성소, 즉 하나님의 영광이 떠나 버린 반쪼가리 성소요, 껍데기 성소만 있었습니다. 그러니 이스라엘 역시 껍데기 이스라엘에 불과했습니다.

물론 85명의 제사장들이 하나님이 없는 껍데기 성막을 놉으로 모시고 가서 거기서 하나님을 섬긴다고 섬겼습니다. 그러나 그들 역시 다 사울에게 죽임을 당해버리지 않았습니까? 참고로 이 85명의 제사장들도 엘리의 후손이거나 친척들이었습니다. 하나님이 떠나버린 성막, 그 성막의 역사는 그렇게 비참하게 되었습니다.

다윗은 이 사실을 누구보다 잘 알고 있었기에 다윗은 하나님의 영광이 떠나 버리는 것을 무엇보다 두려워하고 있었습니다. 당시에 하

나님의 영광이 성막으로부터 떠나 버렸고 또 이스라엘로부터 떠나 버렸던 것처럼, 자신의 범죄로 말미암아 하나님의 영광이 예루살렘에서 떠나면 안 된다는 조바심을 가지고 있었습니다. 이것 때문에 지금 두려워 떨고 있는 것입니다.

물론 처음에는 다윗 자신의 범죄로 인해 하나님이 자신을 버릴까 봐 두려워했습니다. 그리고 자신 속에 내주하고 있던 성령을 거두어 갈까 하는 두려움에 벌벌 떨었습니다. 그러나 그보다 더 두려운 것이 있었습니다. 그것은 예루살렘에서 하나님의 영광과 임재가 떠나는 것이었습니다. 자신 때문에 예루살렘에 임한 하나님의 영광성과 거룩성, 하나님의 위엄이 떠날까 하는 두려움으로 가득 찼습니다.

그는 하나님 앞에 이렇게 기도합니다.

"하나님, 제발 시온에 선을 행하여 주옵소서. 시온을 기쁘게 보시옵소서. 그리고 예루살렘 성을 쌓아주시옵소서."

> 시 51:18 주의 은택으로 시온에 선을 행하시고 예루살렘 성을 쌓으소서

특별히 다윗은 방금 전 나단 선지자의 예언을 들었습니다. 다윗의 회개를 하나님께서 들으시고 용서해 주신다는 것, 그리고 그의 모든 기도를 들어주신다는 것입니다. 하나님께서는 다윗을 정결하게 해주시고 하나님과의 관계를 회복시켜 주셨습니다.

어떠한 경우에도 하나님께서 다윗을 버리지 않으시고 성령이 떠나지 않게 하겠다는 약속도 하셨습니다. 그리고 구원의 즐거움과 자원하는 심령을 허락하셨습니다. 한마디로 다윗의 영적인 정결 그리고

하나님과의 관계를 다 회복시켜 주셨습니다.

그러나 다윗의 집에 내리시겠다고 한 환난과 재앙을 거두어 가겠다는 말씀은 하지 않으셨습니다. 더구나 다윗의 범죄 때문에 여호와의 원수가 비방거리를 얻게 되었다는 말씀을 하셨습니다. 오히려 이 말씀을 더 강조하셨습니다.

> 삼하 12:13-14 다윗이 나단에게 이르되 내가 여호와께 죄를 범하였노라 하매 나단이 다윗에게 말하되 여호와께서도 당신의 죄를 사하셨나니 당신이 죽지 아니하려니와 이 일로 말미암아 여호와의 원수가 크게 비방할 거리를 얻게 하였으니 당신이 낳은 아이가 반드시 죽으리이다 하고

안티는 어느 시대, 어디에나 있다

■ 당시 다윗 시대에도 다윗의 안티가 있었습니다. 사실 절대 권력은 없습니다. 아무리 다윗이 신정정치를 하고 하나님을 기쁘게 하는 정치를 해도 안티는 있습니다. 제가 아무리 신정 목회를 하고 로드십 목회와 생명나무 목회를 해도 우리 새에덴교회에도 소 목사를 달갑지 않게 생각하는 안티들이 왜 없겠습니까? 조금은 있을 것입니다.

다윗 시대에도 마찬가지였습니다. 다윗 시대의 안티는 다윗의 안

티이자, 예루살렘 성의 안티요, 하나님의 안티였습니다. 원래 사울이 통치할 때 수도는 기브아였습니다. 그런데 하나님이 사울을 버리고 다윗을 왕으로 세우셨습니다.

다윗은 이스라엘의 왕이 되자마자 여부스 성을 공격했습니다. 그리고 예루살렘 성을 정복했습니다. 그리고 그곳에 다윗 성을 세우고 이스라엘의 수도로 삼았습니다. 또한 그 다윗 성 안에 하나님의 언약궤를 모셨습니다.

원래 이 시온이라는 말은 예루살렘 안에 있는 산을 가리키는 말이었습니다. "요새"라는 뜻인데 나중에는 "거룩한 산, 여호와의 산, 예루살렘에 있는 하나님의 산"이라고 쓰였습니다. 그래서 훗날 예루살렘의 또 다른 이름을 시온이라고 하였습니다.

특별히 이곳에 여호와의 언약궤를 모셨습니다. 하나님이 왕이 되어 이스라엘을 직접 통치하시고 다스려달라는 의미에서 그곳에 언약궤를 모신 것입니다. 그러므로 이곳은 하나님의 영광과 임재가 가득한 곳이었습니다.

그런 의미에서 이스라엘 백성들이 바벨론 포로 이후에 다시 예루살렘으로 돌아올 때 이런 노래를 부른 것입니다.

"시온의 영광이 빛나는 아침 어둡던 이 땅이 밝아오네~"

♪ 시온의 영광이 빛나는 아침 어둡던 이 땅이 밝아오네
　슬픔과 애통이 기쁨이 되니 시온의 영광이 비쳐오네

다윗은 이곳을 중심으로 다윗 왕국을 견고히 세워 나갔습니다. 하

하나님의 은혜로 다윗 왕국은 번성에 번성을 더하였습니다. 마침내 다윗 왕국은 절정기에 이르렀습니다. 훗날 이뤄질 하나님 나라의 모형이 되고, 다윗이 하나님 나라의 왕의 예표가 되었습니다. 하나님 나라의 왕으로 오실 예수 그리스도의 모형이 되고 예표가 되었습니다.

그런데 이러한 때에도 다윗의 안티가 존재했습니다. 사람이 사는 곳이란 어디나 안티가 조금은 있을 수 있습니다. 그런데 다윗의 안티는 시온의 안티이고 여호와의 안티요 원수라고 할 수 있습니다. 물론 그들은 아주 극소수였지만 베냐민 지파요, 기브아 사람들이었습니다.

또 이스라엘과 하나님을 대적하는 이방 족속들을 당시의 안티라고 볼 수 있습니다. 블레셋이나 암몬, 모압 등의 이방 족속들은 다윗에게 힘으로는 정복당하였지만 속으로는 아마 은근하게 이를 갈고 안티 노릇을 하고 있었을 것입니다.

더구나 그 안티는 다윗의 집에도 있었습니다. 이놈이 누군가 하면, 바로 압살롬과 그를 따르는 무리였습니다. 그놈들이 훗날 다윗을 향해서 역모를 일으키지 않았습니까?

이런 안티들이 다윗의 범죄로 말미암아 다윗과 예루살렘을 비방하는 호재를 얻게 되었습니다. 그러므로 그들이 다윗을 비방하고 예루살렘을 향하여 비아냥거리며 하나님까지도 조롱을 하게 될 것입니다.

"그래 꼴 좋다. 다윗이 그토록 하나님 마음에 합한 사람이라고 하더니 사울과 다를 게 뭐야? 아니, 사울은 그런 죄는 안 지었어. 남의 마누라를 범하고 그 남편을 죽여 버리는 그런 파렴치한 행동은 안 저질렀어. 이게 신정주의야? 이게 로드십 신앙이야? 이게 바로 하나님 나라의 모형이야? 말도 안 돼."

사방에서 다윗을 빈정대고 조롱합니다. 얼마나 다윗을 빈정대고 비아냥거렸으면 압살롬이 반역을 일으켰겠습니까? 압살롬이 역모를 일으키고 반역을 일으켰을 때 다윗은 얼마나 비참하게 도망을 갔습니까?

> 삼하 15:30 다윗이 감람 산 길로 올라갈 때에 그의 머리를 그가 가리고 맨발로 울며 가고 그와 함께 가는 모든 백성들도 각각 자기의 머리를 가리고 울며 올라가니라

다윗이 이렇게 맨발로 머리를 풀고 도망을 갔던 모습은 하나님의 영광과 축복을 완전히 땅에 떨어뜨리는 모습이었습니다. 이것이야말로 다윗의 수치요, 예루살렘의 수치요, 하나님의 수치였습니다.

그렇게 도망가는 다윗을 향하여 시므이가 얼마나 저주를 합니까? 시므이는 베냐민 지파의 후손이었습니다. 베냐민 지파 중에서도 꼴통 중의 꼴통이었습니다. 그가 다윗에게 돌을 던지며 욕하고 저주하지 않습니까?

"피를 흘린 자여! 에라이 파렴치한 인간이여! 밧세바를 범하고 우리아를 죽인 의리도 없는 인간이여! 가라! 하나님이 너를 저주하셨다! 에라이, 인간도 아닌 놈아!"

> 삼하 16:7-8 시므이가 저주하는 가운데 이와 같이 말하니라 피를 흘린 자여 사악한 자여 가거라 가거라 사울의 족속의 모든 피를 여호와께서 네게로 돌리셨도다 그를 이어서 네가 왕이 되었으나 여호

> 와께서 나라를 네 아들 압살롬의 손에 넘기셨도다 보라 너는 피를 흘린 자이므로 화를 자초하였느니라 하는지라

그뿐입니까? 압살롬이 백주 대낮에 다윗의 후궁들을 강간했습니다. 다윗 궁궐의 옥상에서 예루살렘의 온 거민들이 바라보도록 다윗의 후궁들을 강간한 것입니다.

> **삼하 16:22** 이에 사람들이 압살롬을 위하여 옥상에 장막을 치니 압살롬이 온 이스라엘 무리의 눈앞에서 그 아버지의 후궁들과 더불어 동침하니라

이 모든 사건들은 다윗의 말할 수 없는 수치요, 예루살렘의 수치요, 하나님의 부끄러움이었습니다. 한마디로 예루살렘의 영광과 위엄과 거룩성을 땅에 완전히 추락시켜 버리는 사건들이었습니다. 예루살렘의 영광과 위엄이 땅에 떨어지니 하나님의 영광과 거룩성도 나락으로 떨어질 수밖에 없었습니다.

하나님의 영광성 회복을 위한
다윗의 처절한 기도

■   다윗은 이러한 사실을 미리 예측이라도 한 듯이 하나님께 처절하게 간구했습니다.

시 51:18 주의 은택으로 시온에 선을 행하시고 예루살렘 성을 쌓으소서

이쯤 되면 다윗의 기도가 어떤 기도인가를 알 수 있지 않겠습니까? "하나님, 제가 어떤 고난을 당하더라도 예루살렘 성에 이가봇의 사건은 없게 하여 주옵소서. 제가 아무리 수치를 당하는 한이 있더라도 예루살렘의 영광이 땅에 떨어져서는 안 됩니다. 하나님이 저를 치시는 것은 좋습니다. 그러나 주의 은혜로 시온만큼은 수치를 당해서는 안 됩니다. 주여, 시온을 버리지 마옵소서. 시온에 선을 행하시옵소서. 절대로 예루살렘 성의 위상이 떨어지지 않게 하옵소서. 예루살렘 성의 위엄과 영광과 위상이 절대로 땅에 추락되지 말게 하시옵소서. 그러나 제가 이렇게 중한 죄를 짓고 이 범죄의 사건이 다 소문나게 되었사오니, 어찌 예루살렘에 수치가 없겠습니까? 저의 죄악 때문에 시온을 향한 엄청난 공격이 왜 없겠습니까? 그 말할 수 없는 조소와 비아냥, 빈정거림…. 그러니 잠시 예루살렘 성의 위상과 위엄이 땅에 떨어질 수밖에 없다는 사실을 저도 잘 압니다. 그렇지만 그럴지라도 다시 예루살렘 성을 세워주시기 바랍니다. 다시 시온의 성을 견고히 쌓아주시기 바랍니다. 저 때문에 예루살렘 성이 영적으로 추락한다 할지라도 다시 하나님이 시온을 선대하여 주옵소서. 다시 예루살렘 성을 기쁘게 하여 주옵소서. 그래서 하나님의 은택으로 무너진 예루살렘 성의 영광성과 거룩성을 세워 주시기를 바랍니다."

얼마나 처절한 기도입니까? 다윗이 예루살렘 성을 어떻게 세웠는데 예루살렘 성의 영광이 어떻게 세워졌는데 말입니다. 그 누구도 엄두를 못 냈던 예루살렘 성 탈환을 자신이 하지 않았습니까? 다윗은 죽음을 무릅쓰고 여부스 족속을 몰아내고 그곳에 다윗 성을 세웠습니다. 그리고 그곳은 하나님의 거룩한 성전이 세워질 곳입니다. 그래서 하나님의 언약궤를 미리 모셔왔습니다.

자신의 단 한 번의 실수와 범죄로 예루살렘의 위엄과 영광이 추락해갈 것을 생각하니 가슴이 미어지고 흘러내렸습니다. 그래서 다윗은 하나님께 울고 또 울었습니다.

'아, 나 때문에 예루살렘 성의 위엄과 영광과 거룩성이 땅에 떨어지다니…. 그러면 안 되는데…. 그러면 안 되는데…. 나 때문에 시온의 영광이 땅에 떨어지고 하나님의 영광이 땅에 추락하다니…. 이런 일은 있어서는 안 됩니다. 하나님, 제발 도와주세요. 나는 망하고 나는 추락해도 하나님의 성은 망하지 않고 추락하지 않게 해주세요."

그는 이런 마음으로 머리를 풀고 울며 기드론 골짜기를 건너갔습니다. 그러나 그때 그는 하나님의 언약궤를 모시고 가지 않았습니다. 사실 하나님의 언약궤를 소유하고 있으면 정치적으로나 영적으로나 그는 이스라엘 사람들의 마음을 얻을 수 있었습니다. 왜냐면 하나님의 언약궤는 하나님 자신을 의미했기 때문입니다.

다윗이 도망가더라도 하나님의 언약궤를 가지고 도망가면 이스라엘 백성들이 이렇게 생각할 수 있습니다. '그래도 하나님이 다윗과 함께 하시는구나. 그래도 하나님이 다윗을 버리지 않는구나' 하고 말입니다. 그러나 그는 언약궤를 모셔가지 않았습니다. 자기의 편의와 이익을 위해서 언약궤를 가져가지 않았습니다.

왜냐하면 예루살렘의 영광을 위해서였습니다. 예루살렘의 영광을 보존하고 싶은 마음, 예루살렘의 위엄을 지키고 싶은 마음 때문에 언약궤는 예루살렘에 그대로 두고 갔습니다. "하나님이 다시 은혜를 베푸시면 내가 다시 하나님의 언약궤 앞에 와서 경배를 하리라"고 생각하면서 말입니다.

그리고 그는 하나님께 누를 끼치지 않기 위해서 언약궤를 모셔가지 않았습니다. "하나님의 언약궤는 신성한 곳에 모셔야지 어떻게 광야까지 모셔간단 말인가." 그는 그만큼 예루살렘과 하나님의 영광을 생각하며 배려했습니다.

> **삼하 15:24-25** 보라 사독과 그와 함께 한 모든 레위 사람도 하나님의 언약궤를 메어다가 하나님의 궤를 내려놓고 아비아달도 올라와서 모든 백성이 성에서 나오기를 기다리도다 왕이 사독에게 이르되 보라 하나님의 궤를 성읍으로 도로 메어 가라 만일 내가 여호와 앞에서 은혜를 입으면 도로 나를 인도하사 내게 그 궤와 그 계신 데를 보이시리라

다윗은 예루살렘을 생각했습니다. 하나님의 영광을 배려했습니다. 그리고 자신의 죄로 말미암아 예루살렘 성이 무너지는 것을 통탄하

며 탄식했습니다. 그런 마음으로 그는 하나님께 기도했습니다. 예루살렘 성을 다시 쌓아달라고 말입니다.

시 51:18 주의 은택으로 시온에 선을 행하시고 예루살렘 성을 쌓으소서

오늘날도 마찬가지입니다. 오늘 우리가 하나님께 범죄하면 우리만 징계를 당하고 환난을 당하는 것이 아닙니다. 이 범죄가 온 세상에 퍼질 수 있습니다. 그 죄가 들통나고 드러나면 걷잡을 수 없습니다. 이처럼 우리가 죄를 지으면 빨리 회개하는 것이 좋습니다.

그런데 그렇게 드러나면 교회의 안티와 하나님의 원수들이 얼마나 좋다고 박수를 치는지 모릅니다. 왜냐면 비방거리를 또 얻었기 때문입니다. 비방할 호재를 얻었단 말입니다. 우리 하나님이 어떤 하나님입니까? 공의의 하나님 아닙니까? 아무리 사랑의 하나님이라 할지라도 우리가 범죄하면 하나님도 어쩔 수 없습니다.

더구나 지도자의 죄가 세상에 드러나 버리면 어쩔 수 없습니다. 그렇게 되면 하나님의 원수들, 교회의 안티들이 얼마나 하나님께 참소를 하고 또 비방거리를 얻는지 모릅니다. 그래서 인터넷과 언론을 통해서 얼마나 비방을 하고 조소를 하는지 모릅니다. 그 비방의 파급효과가 얼마나 큰지 아십니까?

특별히 오늘날 우리 한국교회의 현실이 더더욱 그렇습니다. 오늘날 기독교 안티와 하나님의 원수들이 얼마나 교회와 목사들을 비방하고 조소합니까? 그것도 큰 교회와 큰 교회 목사들을 말입니다. 물론 이런 이유는 시대적인 추세이기도 합니다.

네오마르크시즘 사상이 퍼져서 어떻게 해서든지 대기업이나 큰 교회를 끌어내리려고 합니다. 자기들은 소수의 편이라고 말입니다. 요즘은 성정치를 통해서 교회를 끌어내립니다. 왜냐하면 교회가 타깃이기 때문입니다. 또 교회는 동성애나 간음과 같은 것을 싫어하기 때문입니다.

그런가 하면 지도자의 부도덕이 이유가 되기도 합니다. 지도자의 부도덕이 없더라도 안티와 원수들은 시대적인 흐름에 편성해서 목사들과 교회들을 비방하고 조소합니다. 그런데 거기에다 지도자들이 부도덕한 행동을 함으로써 빌미를 줬습니다.

그들은 비방거리를 얻고 호재를 얻었다고 생각해서, 교회를 조롱하고 목회자들을 향하여 온갖 비아냥거리는 소리를 냅니다. 인터넷상에 교회를 향한 비방 댓글이 얼마나 많은지 아십니까? 그리고 공중파의 고발 프로그램에서 맨날 대형교회 목사나 교회 이야기가 나옵니다.

저는 그런 소식을 접할 때마다 가슴이 찢어집니다. 제 가슴이 흘러내리는 것 같습니다. 그리고 하나님과 교회를 향한 의협심이 활화산처럼 솟구쳐 오릅니다. 엘르아살의 아들 비느하스의 의분이 제 안에 생겨납니다.

우리는 어떻습니까? 그런 의분이 치밀어 오르지 않습니까? 전혀 그런 의분이 없다면 하나님을 향한 의협심이 없다는 증거입니다. 우리도 이런 의협심이 있어야 합니다. 우리 안에 거룩한 의분이 넘쳐나길 바랍니다.

♪ 우리에게 소원이 하나 있네 주님 다시 오실 그 날까지
　우리 가슴에 새긴 주의 십자가 사랑 나의 교회를 사랑케 하네
　주의 교회를 향한 우리 마음 희생과 포기와 가난과 고난
　하물며 죽음조차 우릴 막을 수 없네 우리 교회는 이 땅의 희망
　교회를 교회 되게 예밸 예배 되게 우릴 사용하소서
　진정한 부흥의 날 오늘 임하도록 우릴 사용하소서
　성령 안에 예배하리라 자유의 마음으로
　사랑으로 사역하리라 교회는 생명이니
　교회를 교회 되게 예밸 예배 되게 우릴 사용하소서
　진정한 부흥의 날 오늘 임하도록 우릴 사용하소서

죽음을 무릅쓰며 불을 끄려고 한 이유

■　　　　　몇 년 전 서재에 조그마한 불을 냈던 적이 있습니다. 이것은 전적으로 제 잘못이고 부주의로 일어났던 일입니다. 그때 불은 헤어드라이어로 인해 일어났습니다. 스위치를 위아래로 움직이는 것은 잘 고장 나지 않습니다. 그런데 압력스위치는 겉으로는 꺼졌어도 실제로 안 꺼지는 경우가 있습니다.

　그런데 팬은 꺼졌는데 호일이 꺼지지 않은 것입니다. 호일이 켜져 있으니 전기가 합선되어 불이 났습니다. 저는 당연히 드라이어가 꺼진 줄 알고 이발 전용 의자에 두고 세수를 하고 소변을 보고 나왔습

니다. 그런데 그 순간, 이미 전기가 합선되어 이발 의자가 불타고 있었습니다.

저는 순간적으로 커튼을 떼어 불을 끄려고 했습니다. 그러나 꺼지지 않았습니다. 그때 제 옆에 한 사람만 있으면 되었을 것을, 아무도 없었습니다. 이불을 덮어서 끌까 생각도 해봤지만 나일론 이불인지라 더 큰 불이 날 것 같았습니다. 그 순간 대기실 쪽에 있는 소화기가 생각났습니다. 그래서 소화기를 향해 허겁지겁 달려갔습니다.

그런데 하필 제가 소화기 다루는 방법을 몰랐습니다. 소화기를 가지고 와서 불길을 향하여 손잡이를 당겼습니다. 그런데 안전핀을 빼고 당겨야 하는데 그냥 냅다 스위치를 당기니, 될 리가 만무했습니다. 오히려 손잡이가 부러졌습니다.

저는 비서실로 달려갔습니다. 그 시간이면 항상 비서실에 두세 사람은 있어야 되는데 일이 안 되려고 그랬는지 한 명도 없었습니다. 그래서 밖에 계신 임정선 권사님께 물을 떠 오라고 소리를 질렀습니다. 그분은 또 말을 못 알아듣고 다른 쪽으로 달려갔습니다.

그래서 다시 소화기 손잡이를 눌러봤지만 또 깨져버리고 말았습니다. 마음이 급해진 저는 엉겁결에 119로 신고한다는 것이 112에 신고를 해 버렸습니다. 바로 그 때, 우리 교회 부목사인 장승찬 목사님이 왔습니다. 장 목사님을 바라보는 순간 제가 얼마나 반가웠는지 아십니까?

"어이 장 목사, 소화기 들고 와! 소화기 들고 와! 지금 저 이발 의자 쪽에 불이 났으니까 빨리 와서 뿌려!"

그때는 이미 유독가스가 자욱했습니다. 그런데 장 목사님이 선뜻

들어가지 못했습니다. 그래서 제가 먼저 들어갔습니다. 이리 와서 빨리 끄라고 소리를 지르고 숨을 쉴 수 있게 유리창까지 열어 주었습니다. 저는 물불이 두렵지 않았습니다. 불이 내 몸을 태우고 유독가스를 좀 마시면 어떻습니까? 저는 무조건 들어갔습니다.

그러나 장 목사님이 따라오질 않는 것입니다. 또 다시 소리를 질렀습니다.

"장 목사, 이쪽에 뿌려!"

그리고 저는 또 다시 소화기를 가지러 갔습니다. 장 목사님께 두 개를 연달아 뿌리도록 하기 위해서였습니다. 그런데 제가 소화기를 가지고 돌아왔을 때 장 목사님은 이미 나가버린 후였습니다.

거기서 저는 깨달았습니다. 주인과 일꾼은 바로 여기서 차이가 난다는 사실을 말입니다. 우리 교회 김문기 장로님이 월남에 가서 저 하늘을 향하여 총을 쐈던 것처럼 장 목사님은 서재 입구에서 그냥 공중을 향하여 적당히 발사하고 나가버린 것입니다. 그때 장 목사님이 불을 꺼줬다면 제가 지금 얼마나 잘해 주겠습니까?

저는 또 한번 소화기를 부러뜨리고 말았습니다. 그때 제 뒤에 누구 한 사람만 소화기를 들고 따라왔더라면 초장에 불길을 잡을 수 있었을 것입니다. 그런데 그때는 저 혼자 죽을 각오를 하고 불에 들어갔습니다. 아무도 없었습니다. 또다시 소화기만 부러뜨리고 또다시 소화기를 가지러 나갔습니다.

그러다 거기서 고상석 목사와 김필환 강도사에게 붙잡히고 말았습니다.

"목사님! 통합관제실 직원이 올라와서 호스로 물을 뿌리고 있습니다. 곧 불길을 잡게 될 것입니다. 어서 빨리 옷을 입고 우선 숨을 쉬고 계십시오" 하면서 저를 카페테리아로 데려갔습니다.

그런데 그것은 거짓말이었습니다. 여전히 불길은 천장 벽까지 타오르고 제 책들을 태우고 있었습니다. 수많은 저의 설교 자료들과 제 친필로 썼던 원고들이 다 타고 있었습니다. 통합관제실 직원도 유독가스가 겁이 나서 물을 뿌리지 못했습니다.

그때 소방차가 오고 있기는 했습니다. 그런데 불길이 이미 잡혔다고 잘못 알려줘서 어떤 여전도사님이 집사님에게 소방서에 다시 전화를 걸라고 시켰습니다. 교회에 불이 났다고 하면 덕이 안 되니 불길이 이미 잡혔으니 안 와도 된다고 말한 것입니다.

그래도 다행히 소방서가 교회 가까이 있어서 다시 연락해 오게 했습니다. 그런데 소방서 직원들은 서재에 불이 났으니 유독가스가 엄청나게 나와 함부로 들어가지 못한다고 했습니다. 자기들도 몸조심하려고 도면을 보며 이리 연구하고, 저리 연구를 하고 있었습니다.

그때 제가 김문기 장로님께 전화했습니다.

"빨리 유리창을 깨고 사다리 타고 올라가서 불길을 잡으라고 해요."

그렇게 소방서 대원들이 사다리를 타고 올라가 불길을 잡았습니다. 아마 도중에 이런 일만 없었으면 불길을 적어도 7-8분 먼저 잡았을 것입니다. 그러면 그 소중한 원고들을 태우지 않았을 것입니다.

제가 이 이야기를 나중에 알고 얼마나 가슴이 미어졌는지 모릅니다. 불은 꺼졌지만 완전히 물방죽같이 되어 버린 제 서재를 보며 얼마나 절망하고 좌절했는지 모릅니다.

'내가 얼마나 교만했으면 서재에 불이 났을까? 내가 얼마나 죄가 많았으면 이렇게 하나님이 서재에 불이 나게 했단 말인가. 또 불이 났다고 하자. 그러더라도 내가 소화기만 다룰 수 있었다면, 초장에 불을 다 잡을 수 있었을 텐데…'

얼마나 제 자신을 자학하고 증오했는지 모릅니다. 누가 옆에서 저를 붙잡지 않았으면 뒤늦게라도 소화기를 들고 열 개, 스무 개라도 뿌리면서 죽었을 것입니다. 내 성질에 내 온몸이 불타서 죽더라도 불길을 잡기 위해 아마 죽고도 남았을 것입니다.

그런 의미에서 어쩌면 고상석 목사와 김필환 강도사가 저를 살렸는지도 모릅니다. 그러나 그때는 제 자신이 얼마나 미웠는지 모릅니다. 그래서 막 울었습니다.

'내가 불을 껐어야 되는데…내가 불을 껐어야 되는데…'

일주일 동안 얼마나 괴로웠는지 모릅니다. 내가 너무나 밉고 주님 앞에 너무 죄송해서 고개를 들 수 없었습니다. 하늘을 우러러볼 수도 없었습니다. 그날은 엉겁결에 주일 1, 2, 3부 설교와 저녁 설교까지 다 했지만 정말 죽고 싶었습니다.

바로 그 다음 주는 미국 집회를 가야 했기에 비행기를 탔습니다. 비행기 안에서 나는 죄인처럼 한 마디 말도 못했습니다. 얼마나 괴로웠는지…우리 장로님들이 저를 위로한다는 의미에서 1등석을 끊어 주었습니다. 그러나 저는 1등석에서 주는 좋은 음식도 안 먹고 우울증 환자처럼 고뇌하고 있었습니다.

오히려 저는 1등석 비행기에서 죽을 수만 있다면 차라리 죽고 싶은 심정이었습니다.

'차라리 비행기가 떨어져버렸으면…태평양 한가운데 떨어져 죽어버

렸으면…'

그렇게 편하게 죽고 싶은 마음뿐이었습니다. 내 자신이 너무나 싫고 미웠기 때문입니다.

그러나 오해는 마십시오. 절대로 하나님을 원망하지는 않았습니다. 하나님은 단 한 번도 실수가 없고 모순이 없고 나를 섭섭하게 한 적이 없으시기 때문입니다. 단지 내가 미워서 내 잘못을 원망한 것입니다. 나 때문에 하나님의 영광이 떨어지지는 않을까, 나 때문에 교회의 위상이 떨어지지는 않을까 하는 마음에 제 자신에게 화가 났습니다.

'우리 교회 서재에서 검은 연기가 나고 불길이 치솟을 때 지역사회의 주민들이 왜 교회에서 불이 나느냐고 손가락질하지는 않았을까? 우리 교회 짓는다고 민원을 내고 방해를 했던 저 현대아파트와 한라아파트 주민들 중에 교회를 향하여 비난하고 손가락질하지는 않았을까?'

우리 교인들 가운데도 '왜 약속의 성전 안에 불이 날까, 왜 프라미스 콤플렉스에 불이 날까? 목사님이 얼마나 교만하고 죄를 지었으면 불이 났을까?' 하고 생각하는 사람이 단 한 사람이라도 있을까봐 원통해서 잠을 못 잤습니다.

너무나도 억울해서 잠 못 이루는 밤을 얼마나 많이 보냈는지 모릅니다. 혼자서 기도하며 많이 울었습니다.

'행여나 하나님, 나 때문에 하나님의 영광이 떨어지면 안 됩니다. 나 때문에 교회와 하나님의 거룩성과 영광성이 떨어지면 안 됩니다.'

그렇게 잠 못 이루며 후회하고 탄식하며 기도했던 때가 엊그제 같은데 벌써 오랜 세월이 지났습니다.

대검찰청 중수부 검사의 고백,
"목사님, 참 훌륭한 분이시네요."

■   몇 년 전에는 이런 일도 있었습니다. 제가 대한민국 대검찰청 중수부를 다녀오지 않았습니까? 그때 하마터면 큰일 날 뻔했습니다. 옛날에 저축은행 사건으로 얼마나 떠들썩했습니까? 그때 어떤 분이 우리 교회에 와서 고액의 헌금을 했습니다. 그분은 그 저축은행의 브로커였습니다. 그분을 우리 교회의 한 장로님이 데려왔습니다. 장로님이 데려와 소개를 시켜주고 또 어느 대학의 이사장이고, 또 과거 어느 외무부 장관의 아들이라고 하며 돈을 수천 억 가지고 있다고 했습니다. 명함도 가지고 와서 저에게 기도를 받고 그러니 당연히 믿을 수밖에 없었습니다.

그러면서 참전용사 행사에 쓰라고 거액의 헌금도 가지고 왔습니다. 그럼 저는 또 좋다고 덥석 받아서 아주 잘 썼습니다. 그런데 알고 보니 그분이 저축은행의 브로커였습니다. 제가 대통령과 가까이하고 청와대를 들락거리고 정권의 실세와 가까이하다 보니 저를 이용하려고 왔던 것입니다.

결국 그분이 잡혀 구속되었습니다. 그런 부정한 돈을 어디에 썼는가 취조하니 새에덴교회 목사에게 갖다 줬다고 한 것입니다. 새에덴교회 목사에게 청탁을 하고 로비비로 줬다는 것입니다. 그 사람의 말대로라면 저는 영락없이 알선수재 혐의와 변호사법 위반 혐의로 구속 아니면 적어도 기소가 되어야 합니다.

그래서 검사들이 저를 내사하고 있다는 정보를 들었습니다. 그때 제가 얼마나 스트레스를 받았겠습니까? 미안하지만 저는 그런 로비비로 일 원 한 푼도 받아 본 적이 없습니다. 교회에 헌금했습니다. 그리고 그 사실이 재정부에 그대로 들어가 컴퓨터에 입력되고 참전용사 행사에 잘 쓰였습니다.

그럼에도 불구하고 검찰이 악의적으로 저를 흠집 내려고 하면 다른 어떤 것을 가지고도 흠집을 낼 수가 있었습니다. 그러니 제가 얼마나 스트레스를 받았겠습니까? 더구나 그 구속된 사람이 저를 사전에 만나 저에게 아주 특별한 로비 청탁을 했다고 했습니다. 어느 장소에서 만났다고 구체적으로 주장했다는 것입니다. 그것이 사실이라면 제가 헌금을 받아 쓰지 않아도 법에 위촉됩니다. 그러니 얼마나 제가 스트레스를 받았겠습니까?

그러나 저는 떳떳했기 때문에 교인들에게 단 한마디도 하지 않았습니다. 기도해달라고 부탁하면 이 말이 또 일파만파 소문이 다 납니다. 그러면 나중에 언론에 나갈 수 있습니다. 소강석 목사가 이런 혐의로 수사를 받고 내사를 받는다고 말입니다. 얼마나 소 목사의 안티들에게 호재거리를 주는 일입니까?

그래서 행여나 언론에 나갈까봐 저는 성도들에게 한마디 광고도 하지 않았습니다. 언론에 한번 잘못 나가면 치명적이지 않습니까? 아무리 무혐의를 받고 무죄를 받아도 언론에 나가버리면 벌써 치명타가 되는 경우가 있습니다. 안티들이 "소 목사, 저렇게 참신하게 목회하고 저렇게 깨끗하게 목회한다고 하더니, 소 목사도 별거 없네. 봐라, 이번 차례는 소강석이지 않느냐?" 하고 얼마나 비아냥거리고 비판하겠습니까?

저는 대검찰청에 가기 전에 정말 하룻밤을 꼬박 새우며 기도했습니다. 그리고 한국교회 대표자로 간다고 생각했습니다. 저는 대표성의 원리를 깨닫고 있었기 때문에 더 간절하고 절실하게 기도했습니다. 가령, 1992년 바르셀로나 올림픽 마지막 날 마라톤 경주에서 황영조 선수가 메인스타디움에 1등으로 들어섰을 때 온 국민이 함께 응원하며 울었습니다. 왜냐면 손기정 선수 이후로 대한민국에서 최초로 마라톤 월계관을 쓴 선수였기 때문입니다. 그때는 나라를 빼앗겨 손 선수가 가슴에 일장기를 달고 메달을 받아야 했던 서러움과 한이 있었습니다.

그런데 황 선수가 그것도 일본 선수를 제치고 1등으로 들어왔을 때 현장에 있었던 한인들은 기립해서 함성을 지르고 온 국민은 TV 앞에서 눈물을 흘리며 환호하였습니다. 그때가 새벽이었는데 저도 목 사이기 전에 한민족의 신분으로 함께 울었습니다. "황영조 만세, 대한민국 만세, 할렐루야, 아멘"을 외치면서 말입니다. 그리고 언젠가 황 선수를 만났을 때 악수하며 "대한민국을 빛내줘서 너무 감사했다"고 인사한 적이 있습니다.

우리는 왜 이렇게 울었습니까? 그것은 대표성의 원리가 작용했기 때문입니다. 황 선수는 우리나라와 국민을 대표해서 뛴 것입니다. 그러니까 황영조 안에는 대한민국 국민이 다 들어 있었던 것입니다. 또 황 선수가 뛸 때 우리도 함께 뛴 것입니다.

성경에도 이런 대표성의 원리가 있습니다. 아담도 하나님과 언약을 맺을 때 개인으로서 언약을 맺은 것이 아니라 그 이후에 태어날 모든 사람들의 대표자로 언약을 맺은 것입니다. 그래서 아담이 언약에 실패했을 때 아담 안에 있는 모든 사람들도 다 죄인이 된 것입니다. 또 예수 그리스도도 자기 안에 있는 모든 언약 백성들의 머리요, 대표자로 십자가를 지셨습니다. 그래서 자기 안에 있는 모든 사람이 다 구원을 받고 영생을 얻게 된 것이 아닙니까?

구약에서도 제사를 드릴 때 대표성의 원리로 제사를 드렸습니다. 가정의 대표·족장·제사장이든, 또 회중을 위해서든 제물을 드릴 때는 반드시 수컷을 드렸습니다. 수컷 짐승은 대표성을 의미했기 때문입니다. 그런 의미에서 사도 바울도 교회론을 이야기할 때 대표성의 원리로 이야기하지 않았습니까? 가정의 대표는 남편이요, 교회의 머리는 그리스도라고 말입니다. 이런 대표성의 원리는 지금의 교회와 교계에도 적용되어야 합니다. 그래서 저는 일개인이 아니라 한국교회 목회자를 대표해서 간다고 생각했던 것입니다. 그래서 더 간절한 심정으로 하나님께 기도했습니다.

"하나님, 저는 좋습니다. 저야 아무래도 괜찮습니다. 그러나 저 때문에 하나님의 명예가 실추되고 한국교회에 누가 되면 어떻게 됩니까? 하나님, 절대로 언론에 나지 않게 하시고 절대로 저로 인해 하나님이나 교회에 누가 되지 않도록 도와 주시옵소서."

그때 제가 얼마나 기도했는 줄 아십니까? 우리 정 권사님은 금식기도를 했습니다. 그래서 검찰에 출두하는 날 우리 교회 장로님 한 분만 같이 갔습니다. 변호사를 대동하지 않고 저 혼자 갔습니다. 그리고 당당하게 11시간 가까이 맞짱을 뜨고 제 발로 떡하니 걸어 나왔습니다. 무혐의도 아닙니다. 입건유예로 처리하고 제 발로 걸어 나왔습니다. 물론 그 입건유예 건은 다음에 시간이 지나 통보받았습니다마는.

조사를 다 마치고 검사가 제게 이렇게 말했습니다.

"목사님, 오해를 해서 죄송합니다. 목사님, 여기저기 내사를 해보고 모든 면에서 내사를 해봤지만 목사님은 참 훌륭한 분이었습니다. 목사님은 목사로서 결격사유가 없고 흠과 티가 없는 완벽에 가까운 목사님이었습니다. 이제 조사가 마쳐졌으니 다시 제가 존경하며 사랑한다는 말씀을 드리겠습니다. 안녕히 가십시오."

얼마나 감사했는지 모릅니다. 그리고 입건유예 소식을 받고 바로 하나님께 감사기도를 드렸습니다. "하나님, 저로 인해서 하나님께 큰 누가 되지 않아서 감사합니다. 우리 교회뿐만 아니라 한국교회에 누가 되지 않게 해주셔서 감사합니다" 하고 제가 얼마나 감사했는지 모릅니다. 얼마나 하나님의 은혜가 크게 느껴졌는지 모릅니다.

왜냐면 저는 하나님을 향한 의협심, 하나님의 영광성과 거룩성에 대한 부분이 지나치게 예민하게 느껴지기 때문입니다. 그래서 전혀 불필요한 오해와 억측을 불러일으킬 수 있는 기사도 나지 않고 법원에서도 입건유예 판결이 난 것이 너무나 감사했던 것입니다. 다윗도 그런 대표성의 원리를 알았습니다. 그래서 기도했던 것입니다. "주여, 다시 예루살렘 성을 쌓아주십시오"라고 말입니다.

오늘 우리도 그렇게 기도해야 합니다. 무너져가는 한국교회의 모습을 바라보면서 우리도 비느하스의 마음과 다윗의 심정을 가지고 기도해야 합니다.

"주여, 무너져 가는 한국교회의 위상을 세워 주옵소서. 교회의 영광성과 거룩성을 세워 주옵소서. 특별히 나로 인하여 하나님의 영광이 가려지지 않게 하옵소서. 나를 통해 언제나 하나님의 영광이 드러나게 하옵소서. 내가 하나님의 영광을 높이게 하옵소서. 나를 통하여 교회의 위상을 세우게 하옵소서. 결단코 나는 하나님이나 교회에 누가 되는 일을 행하지 않게 하옵소서. 정의를 행한답시고 교회를 개혁해야 한답시고 하나님과 교회에 누가 되는 일을 행하지 않게 하옵소서. 그저 하나님의 영광, 그저 하나님의 교회의 위상을 높이 세우는 일에 선봉장이 되게 하옵소서. 오늘 우리에게 비느하스의 마음을 주옵소서. 다윗의 심장을 주시옵소서. 그래서 다윗의 기도대로 오늘의 한국교회에 영적인 예루살렘을 세워 주옵소서. 하나님의 영광을 높이게 하여 주옵소서. 무너져가는 교회의 위상을 우리가 다시 세우는 일에 쓰임 받게 하옵소서."

이렇게 기도할 뿐만 아니라 그런 삶을 살아야 합니다. 우리 모두 대표성의 원리를 깨달아야 합니다. 그래서 절대로 우리 때문에 하나님의 영광과 교회의 위상이 땅에 떨어지는 일이 없어야 합니다. 아니, 우리를 통하여 하나님의 영광과 교회의 위상이 세워지는 일이 많아야 합니다. 우리 모두를 통해 하나님의 도성이 세워지고, 영적 예루살렘이 든든하고 견고하게 세워지는 역사가 있기 바랍니다.

♪ 우리에겐 소원이 하나 있네
　주님 다시 오실 그 날까지
　우리 가슴에 새긴 주의 십자가 사랑
　나의 교회를 사랑케 하네
　주의 교회를 향한 우리 마음
　희생과 포기와 가난과 고난

하물며 죽음조차 우릴 막을 수 없네
우리 교회는 이 땅의 희망
교회를 교회 되게 예배 예배 되게
우릴 사용하소서
진정한 부흥의 날 오늘 임하도록
우릴 사용하소서

시편 51편 강해

새롭게 하소서

1판 1쇄 발행 _ 2017년 10월 30일
1판 2쇄 발행 _ 2017년 11월 10일

지은이 _ 소강석
펴낸이 _ 이형규
펴낸곳 _ 쿰란출판사

주소 _ 서울특별시 종로구 이화장길 6
편집부 _ 745-1007, 745-1301~2, 747-1212, 743-1300
영업부 _ 747-1004, FAX 745-8490
본사평생전화번호 _ 0502-756-1004
홈페이지 _ http://www.qumran.co.kr
E-mail _ qrbooks@gmail.com / qrbooks@daum.net
한글인터넷주소 _ 쿰란, 쿰란출판사
등록 _ 제1-670호(1988.2.27)
책임교열 _ 송은주·오완

ⓒ 소강석 2017   ISBN 979-11-6143-060-7 03230

책값은 뒤표지에 있습니다.
이 출판물은 저작권법에 의해 보호를 받는 저작물이므로 무단 복제할 수 없습니다.
파본(破本)은 구입처에서 교환해 드립니다.